综合卷

SHANGHAIJIAOYUCONGSHU
上海教育丛书

典藏版

上海课程改革
25 年（1988—2013）

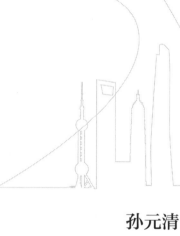

孙元清
徐淀芳
张福生
赵才欣

著

上海教育出版社
SHANGHAI EDUCATIONAL
PUBLISHING HOUSE

《上海教育丛书》编委会

总　序

　　建设一流城市，需要一流教育。办好教育，最根本的是要建设好教师队伍和学校管理干部队伍。

　　在长期的教育实践中，上海市涌现了一大批长期耕耘在教育第一线呕心沥血、努力探索，积累了丰富经验的优秀教师；涌现了一批领导学校卓有成效，有思想、有作为的优秀教育管理工作者。广大优秀教育工作者教育教学和管理工作的经验，凝聚着他们辛勤劳动的心血乃至毕生精力。为了帮助他们在立业、立德的基础上立言，确立他们的学术地位，使他们的经验能成为社会的共同财富，1994年上海市领导决定，委托教育部门负责整理这些经验。为此，上海市教育局、上海市中小学幼儿教师奖励基金会组织成立《上海教育丛书》编辑委员会，并由吕型伟同志任主编，自当年起出版《上海教育丛书》（以下称《丛书》）。1995年上海市教育委员会成立后，要求继续做好《丛书》的编辑出版工作。2008年初，经上海市教育委员会领导同意，调整和充实了《丛书》编委会，并确定夏秀蓉同志任执行主编，协助主编工作。2014年底，经上海市教育委员会领导同意，调整和充实了《丛书》编委会，确定尹后庆同志担任主编。《丛书》的内容涵盖了基础教育和中等职业教育的各个方面，包含有较高理论水平和学术价值的著作，涉及中小学教育、学前教育、师范教育、职业教育、校外教育和特殊教育,以及学校的领导管理与团队工作,还有弘扬祖国优秀文化、促进国际教育交流等方面的著作,体现了上海市中小学教育改革与发展的轨迹,体现了上海市中小学教育办学的水平与质量,体现了优秀教师和教育工作者的先进教育思想与丰富的实践经验。《丛书》出版后,受到广大教师、教育工作者及社会的欢迎。

为进一步搞好《丛书》的出版、宣传和推广工作,对今后继续出版的《丛书》,我们将结合上海教育进入优质均衡、转型发展新时期的特点,更加注重反映教育改革前沿的生动实践,更加注重典型性、实用性和可读性。希望《丛书》反映的教育思想、理念和观点能起到抛砖引玉的作用,引发大家的思考、议论和争鸣;更希望在超前理念、先进思想的统领下创造出的扎实行动和鲜活经验,能引领当前的教育教学改革工作,使《丛书》成为记录上海教育改革历程和成果的历史篇章,成为广大教师和教育工作者的良师益友。限于我们的认识和水平,《丛书》会有疏漏和不尽如人意之处,诚恳地希望广大读者提出宝贵意见,帮助我们共同把《丛书》编好。

《上海教育丛书》编委会

目录

第一章

为每一位学生的终身发展奠基

——课程改革的动因、条件和历程

　　课程体现国家的意志,课程改革有其特定的动因、条件和历程。本章介绍:上海市为什么要进行课程改革? 即课程改革的动因;为什么能进行课程改革? 即课程改革的实践基础和理论基础,课程政策,高考改革,领导组织;为什么课程改革能不断地深化? 即课程改革的历程。

第一节　课程改革的动因

一、课程是什么

这里我们所说的课程，一般是指学校课程。在学校教育活动中，影响学生发展的基本因素是学校课程。社会对人发展的需要一般体现在学校课程之中。

"课程"（curriculum），是学校教育中用得最多也用得最杂的一个概念，而且随着教育的发展，课程不断地进行改革，课程的概念也有所发展。在西方，"课程"一词，拉丁文原意是"跑道"（race-course），转义为教育上的术语，就表示学习者学习路线的意思，因此课程与"学习过程"（course of study）的意义大致相同。我国《教育大辞典》就"课程"条目列出了三条释义：第一，课程是指"为实现学校教育目标而选择的教育内容的总和，包括学校所教各门学科和有目的、有计划、有组织的课外活动"；第二，课程"泛指课业的进程，在一定时间内应完成的一定分量的学业"；第三，课程是"学科的同义语，如语文课程、数学课程等"。美国《新教育百科辞典》"课程"条目所作的解说，代表了与历来的概念不相同的更为广义的课程定义："所谓课程，系指在学校的教师指导下出现的学习者学习活动的总体。"这种定义，不仅包括一般学校课程表所表示的正式课程，还包括作为课外实践特别计划并实施的课外活动，以及在整个学校生活中潜移默化地影响学生的心理形成的学校传统或校风，亦即支配学校的教师和学生集体的价值观、态度、行为方式等的校园文化中的非制度侧面。

1988年5月，上海市启动了中小学课程教材改革。在教育部的领导和指导下，在上海市人民政府直接领导和全市各方面的共同努力下，借鉴国际课程改革经验，以及学习国内兄弟省市的教育教学经验，到2013年，顺利地走过了25个年头。

在上海的课程改革中，"课程"从过去的学科课程扩展为学校教育内容总和的课程，包括校内与校外的活动以及不同学习领域、不同培养功能和不同课程性质等多元的有形（显性）课程和无形（隐性）课程。

二、为什么要进行课程改革

上海市为什么要进行课程改革?

(一) 课程改革是上海教育改革的核心问题

1977 年全国恢复高校招生考试后,片面应试教育的现象也跟着恢复。为改变这种现象,1979 年上海市教育局向全市提出"加强基础,培养能力,发展智力"的教学改革方针,从总结中小学各门学科教学的经验和问题开始,并抓点试验,进行中小学教学改革。

经过几年改革的发展,上海市的学校在实践中碰到了三大难题:一是教学大纲和教材的不适应。教学大纲和教材的要求及内容、教材的体例、教材中的实验和作业等方面不适应培养能力、发展智力、培育非智力因素的教学和学习,必须进行调整和改革。二是教学计划的不适应。能力的培养、智力的发展和非智力因素的培育,需要相关的教学内容、学生亲身的实践和体验,必须在教学理念、学科设置与活动及课时安排、教学方式、学科测试与评价等方面进行调整和改革。三是全国统一高考的制约。高考是全国统一的,教材和高考命题的依据是全国统一的教学大纲。教学大纲是全国教育教学的"宪法",教材是经过国家严格审查的。

我们深刻地认识到:课程改革是上海教育改革的核心问题,课程集中体现教育方针和培养目标,具体体现学校教育的基本活动和全面安排,直接影响到学校的发展、教师的发展、学生的发展和教育质量的整体提高;高考改革是教育改革和课程改革的导向,是教育教学的"指挥棒"。两者一头一尾,相得益彰。

1984 年,由上海市教育局申请,经过教育部批准,上海市独立实行高校招生考试改革和高考命题;上海市教育局根据改革需要,可以对教育部颁发的教学计划和教学大纲及其教材进行调整,并于 1985 年 6 月举行第一次高中一年级历史学业水平会考。1988 年根据实践的经验和问题,又第二次调整教学计划、教学大纲和教材。

随着改革开放的发展,上海城市功能的转变,国际"经济中心、金融中心、贸易中心和航运中心"的战略定位,建设世界一流的国际化大城市目标的确立,上海教育的要求从 20 世纪 80 年代的"先一步、高一层",90 年代的"一流教育",到

21世纪的率先实现"教育现代化"。教育改革要从上海的今天和明天出发,进一步解放思想,转变观念,改变教育与经济社会不相适应的状况,必须建立与上海经济建设和社会发展相适应,与国际接轨,具有中国特色、上海特点的社会主义教育新体系,包括:开发学生潜能,全面发展,提高素质,为人的终身发展打好基础;发展学生个性特长,为培养有创新精神、实践能力的多层次、多规格的各种人才打好基础;既要抓普及又要抓提高,建设一批一流的学校;上海是中国最早实施和普及九年制义务教育的地区,20世纪末上海实现高中阶段的普及教育。上海的基础教育实行地方负责、分级管理的管理体制,市、区县、乡镇各级政府有明确的管理职责,并将基础教育纳入本地区经济与社会发展的总体规划。上海的教育要改革开放和快速发展,上海的教育模式要转型和实现现代化,迫切需要课程教材的改革。

（二）课程改革是世界教育改革的趋势

20世纪60年代以来,世界各国教育改革此起彼伏。80年代以后,各国特别是发达国家更是瞄准21世纪的竞争,先后开始了大规模的教育改革,特别是基础教育的课程教材改革。在20世纪后期,教育改革已经成为世界性潮流。

1981年召开的第38届国际教育大会提出,"中小学要为培养全面发展或平衡发展的人才打基础,以适应科学技术迅速发展的形势","要逐步改革中小学课程,增加现代化生产所需要的内容"等。1984年召开的第39届国际教育大会,更明确提出了三点:(1)基础教育要适应本国的经济和社会发展。(2)科学技术的启蒙教育是初等教育改革中十分重要的内容。要致力于发展儿童对科学的基本态度,如创造性、客观性、严格性,并培养他们接受和运用科学概念的能力,如观察、操作、测量、探求的能力。(3)改革课程设置和教学内容是改革中小学教育的中心环节。

几十年来,各国都从本国的经济与社会出发,进行了以课程教材改革为中心环节的教育改革。

例如美国。美国的课程教材改革从20世纪60年代起经历了一个曲折的过程。1957年受苏联第一颗人造地球卫星上天的震动,美国开始了第一次教育改革,即以布鲁纳(Jerome S. Bruner)的学科结构论为指导的数学与自然科学课程的改革。这次改革基本没有成功,因为它过分重视理论,忽视实际,使学生接受知识产生困难。20 世纪 70 年代,美国社会出现了"回归基础运动",但它也没有改变美国中小学的数学和自然科学教育的落后状况,致使美国总统里根呼吁:"美国中小学的数学和科学教育,已经到了威胁国家军事和经济安全的可悲地步,严重危及国家未来的发展和美国工业将来在国际市场上的竞争能力。"(《纽约时报》1982 年 5 月 13 日)由美国教育部部长贝尔组织的"国家高质量教育委员会"研究对策,经过 18 个月的调查,于 1983 年发表了报告《国家在危险中:教育改革势在必行》。报告中提出,教育落后还将危及美国的社会结构;课程改革仍然是教育改革的中心,但需要改革的不仅限于数学和自然科学课程,还需要加强英语、历史、地理、经济和外语的教学。该报告掀起了第二次世界大战后美国教育改革的第二次浪潮。改革措施主要有:改革课程,包括确定各年级各门课程的详细内容,修订课程标准,提高教材质量,增加教学时间,增加必修课程等,这是针对美国选修课程特别多、基础教育质量不理想的实际;加强教师队伍,提高教师待遇,也提高对教师的要求;加强学校管理,开展模范学校运动。

又如苏联。苏联在第二次世界大战胜利后出现过三次教育改革。第一次改革在 1958 年,以解决中学毕业生的就业问题为目标,把学制由 10 年延长为 11 年,以增加周课时来加强职业技术课的教学和劳动。这次改革没有达到预定目的,却降低了文化知识课的教学水平。第二次改革在 1964 年,把学制由 11 年改为 10 年,小学由 4 年改为 3 年。明确教学内容要符合现代科学技术发展水平,重新制订教学大纲和编写教材,七年级起开设选修课,打破了多年来中学只设必修课不设选修课的传统。这些改革措施有利于提高学生的文化科学知识水平,但大部分需要就业的中学毕业生还是缺乏思想准备和知识技术准备,问题仍然没有解决。第三次改革在 1977 年,要求中学生掌握一定的职业技能,要求建立一个与学生掌握科学知识紧密相连的教学、教育和职业定向体系。制订了一年级至十年级的劳动教学大纲,统一考虑和规划普通教育与职业教育;对课程的内容、年级分配、教学时间等,对教材的编写,都提出了原则性要求。

再如日本。日本在第二次世界大战战败投降后,从 20 世纪 50 年代初至 80 年代,进行了四次教育改革,几乎是每十年一次。第一次改革在 1951 年,强调职业技术教育和科学技术教育。其教育思想受到美国"以生活为中心"思想的影响。第二次改革在 20 世纪 60 年代,对教育工作、培养人才提出具体要求,使日本职业技术教育获得了很大发展,普通教育则由"以生活为中心"改变为"以系统为中心",即"以知识为中心"修订了中小学学习指导要领。第三次改革在70年代,仍把科学技术教育放在重要地位,加强了数学和理科教学内容的系统性,强调基本概念,教法上注意引导学生像科学家那样探求知识。其教育思想可以说由"以知识为中心"进入"以探求为中心"。第四次改革在80年代初,提出"面向21世纪,全国改革教育"的主张,要求改革教育制度,使教育内容具有多样性、灵活性和选择性。再次修订中小学学习指导要领,提出提高学生的文化素质,广泛加强综合性基础教育的主张。要求精选教学内容,降低必修课难度,把高要求的内容放入选修课,相应减少初、高中必修课的学时和学分,以利于学生多修选修课。

从20世纪80年代末的一些资料可以看到,世界各国特别是发达国家的教育改革,有一些共同的趋势:一是教育都要进一步适应形势的需要,必须进行改革;二是教育改革都是从基础教育、普通教育改革入手;三是任何一个国家的教育改革都把教育的理念、内容和方法的改革作为重要环节;四是普通教育改革一般都同职业教育改革同步进行;五是各国的教育改革都从本国的国情出发。如美国基础教育原来不强调统一要求,所以它强调最基本的规格,加强必修课程。而日本的教育原来高度统一,所以它强调加强选修课程,强调发展人的个性,强调国际化。

国际性的中小学课程教材改革的潮流,既给上海带来挑战和压力,也是促进上海于1988年决策进行中小学课程教材改革的动力。

(三) 课程改革旨在适应国家发展的需要

教育是社会发展的产物,又是推动社会发展的基础。社会发展到一定的程度,就会对教育提出新的要求,促使教育进行改革。上海中小学课程教材改革的一个重要动因,正是为了适应国家发展的需要。

党的十一届三中全会以后的改革开放,使国家发生了深刻的变化,社会的政治、经济、文化都有了巨大的进步。"文化大革命"后,中国通过拨乱反正、全面改革,实现了从"以阶级斗争为纲"到以经济建设为中心,从封闭到改革开放,从计划经济到社会主义市场经济的历史性转变。相应地,看学历文凭、靠计划分配的用人机制,也被双向选择的人才市场替代。适应以往社会需要的教育体系,已不能适应新历史时期社会发展的需求。社会的发展呼唤一种全新的教育体系。

世界政治风云变幻,国际竞争日趋激烈,科学技术发展迅速。世界范围的经济竞争、综合国力竞争,实质上是科学技术的竞争和民族素质的竞争。从这个意义上说,谁掌握了面向 21 世纪的教育,谁就能在 21 世纪的国际竞争中处于战略主动地位。

无论是国内形势还是国际形势,都要求我们高瞻远瞩,抓住机遇,及早筹划上海教育事业的大计,进行相应的教育改革,迎接 21 世纪的挑战。中国伟大的政治家、改革开放的总设计师邓小平已经把教育放到战略重点地位,在"文化大革命"浩劫后复出时做的第一件事,就是自告奋勇抓教育。他还高瞻远瞩地写下"教育要面向现代化,面向世界,面向未来"的光辉题词。"百年大计,教育为本",教育的战略重点地位几次被写进中国共产党全国代表大会的政治报告。摆在教育工作者面前的任务就是要贯彻落实邓小平教育思想,加快教育的改革和发展,建立适应社会主义市场经济体制和政治、科技体制改革需要的教育体制,进一步提高劳动者素质,培养大批人才,更好地为社会主义现代化建设服务。

(四) 课程改革旨在突出人的发展需要

当代的中国教育,由于应试教育的影响,不仅存在严重的"目中无人"或"分数至上"倾向,忽略学生主体地位,漠视学生精神自由与个性特点,使得学生的学习压力过大和课业负担过重,而且存在严重的功利主义色彩,片面地强调社会发展的需要,使得教育脱离学生的生活实际和思想实际,脱离学生的兴趣和发展需要,脱离学生的身心发展规律。

人类的历史就是发展的历史,发展是人类社会永恒的主题。人类的发展史表明,发展的真正主体是人自身,人的发展是一切发展的核心。经济社会发展归根结底是为了人的全面发展。只有经济发展而没有社会发展,不叫全面发展,同样,只有经济和社会发展而没有人的发展,也不叫全面发展。

春秋时期齐国名相、杰出政治家和思想家管仲(? —前 645)在《管子·霸言》中最早明确提出"以人为本"的思想:"夫霸王之所始也,以人为本。本理则国固,本乱则国危。"意为霸王的事业之所以有良好的开端,是以人民为根本的;这个本理顺了,国家才能巩固,这个本搞乱了,国家势必危亡。管仲所说的"以人为本"，就是以人民为本。

人类自近代以来，以经济增长为目标的发展模式造成的后果表明，社会发展的本质和核心是人的发展。在知识经济时代，以人的发展为本正日益受到人们的重视。

马克思、恩格斯在唯物史观的基础上十分看重"人的自由而全面发展"思想，把它视为建构未来共产主义社会的基本原则。马克思指出："人以一种全面的方式，也就是说，作为一个完整的人占有自己的本质。"其内容主要包括：人的需要的全面发展；人的能力的全面发展；人的个性的全面发展；人的社会关系的全面发展等。

美国教育家杜威（John Dewey）曾经明确提出："一切教育的最终目的是形成人格。"科学家爱因斯坦（Albert Einstein）曾经告诫："用专业知识教育人是不够的，通过专业教育，他可以成为一个有用的机器，但是不能成为一个和谐发展的人。"美国心理学家布鲁纳在 20 世纪 50 年代倡导认知革命，提出的人的认知结构发展理论曾经引起世界性的关注。但是，他到了晚年开始反思社会、文化、宗教、政治等多种因素对认知发展的深刻影响，并对基于认知的教育改革思想进行修正，明确提出：教育要从仅仅关注"学习什么"转向关注"学习做什么人"，强调联系人类身份的发展来理解学习。

联合国教科文组织提出："做人不是人的自然本性表现，而是主观努力的结果。总之，要'名正言顺'，切合自己的身份和地位，履行自己的责任和义务，完成自己的职责和使命。""把一个人在体力、智力、情绪、伦理各方面的因素综合起来，使他成为一个完善的人，这就是对教育基本目的一个广义的界说。"

我国当前亟须转变教育发展的理念，确立"以人的发展为本"的新发展观。这既是对国内外发展经验的总结，也是由我国社会与人的发展现状和面临的发展任务决定的。以学生发展为本的理念有三个内涵：一是以学生为发展的主体；二是以学生全面发展为本，学校教育是有目的、有计划、有组织地全面培育学生的活动；三是以学生个性发展为本，每一个人都具有发展自己潜力的能力和动力，个性是人类社会存在和发展的前提，是人才培养的客观依据，尊重学生个性差异，学校教育是按学生自己的意愿去发展的活动。

（五）课程改革旨在改革教育制度的弊端

人才培养的质量和效率，学生课业负担过重等问题，既有社会、家庭教育方面的原因,又有学校教育方面的原因,唯有通过综合改革和互动才能有效解决。教育改革包括教育制度、教育理念、教育内容、教育方式、教育资源和教育管理与评价的改革等。

从中华人民共和国成立到 1988 年课程改革前的几十年里,我国中小学实施的都是全国统一的教学计划、教学大纲和教材以及高等学校统一招生考试制度等。但是,我国是发展中国家,又是各地区发展很不平衡的大国,随着社会主义事业的发展和改革开放的深入,中小学课程教材不能很好地适应各地社会改革和经济发展的需要,矛盾和弊端越来越尖锐地暴露出来。

这个矛盾的集中表现是,以"升学—应试"为中心,以培养大学生、研究生为唯一目标,中小学课程教材体系基本上是以"升学—应试"为中心的,所有中小学都挤向升学一条道,"千军万马过独木桥"。在 20 世纪 80 年代以前大学生人数占同龄人人数的比例,全国只有 3%～5%,上海只有 12%～14% 的情况下,这种课程教材体制既浪费了绝大多数学生的大量精力,影响学生德、智、体全面发展,又造成大批学生课业负担过重,因达不到这种面面俱到、各学科俱高的要求而丧失信心,也使在某一或某些方面有才华的学生难以钻其所爱、展其所长;毕业生一旦不升学而走上社会,其就业的思想准备、知识准备、能力准备又非常不足。

事实上,社会主义事业需要基础教育以培育有理想、有道德、有文化、有纪律的公民为目标,着眼于全民族素质的提高,为培养人才打好基础,不仅需要将来成为专家或工程师的大学生、研究生,而且还需要数以千万计、数以亿计的各级各类的管理人员、技术人员以及第一线的操作人员和劳动者。这是一支多层次、多方面的人才大军。

从当时和未来的要求特别是 21 世纪的需要看,我国中小学课程教材的状况是与之不相适应的。

其一,课程模式过分划一。首先,全国使用统一的课程计划、教学大纲和一套通用教材,不适应我国的国情。地域广大、有着十多亿人口、经济文化发展极不平衡的中国,几十年来都是用统一的课程计划、统一的教学大纲和统一的教材,这样的教育实际上不能做到因地制宜。其次,在"升学—应试"体系中,中小学几乎都按一个模式办学,几乎都以考试分数和升学率作为评价标准,往往忽视人格的培养和学生的个性发展,造成学校办学无特色,教学无特点,学生无特长。

其二,课程结构不合理。在单一的以"升学—应试"为目标的课程教材体系中,学校课程几乎都是普通课程,缺少职业技术的基础课程;基本上是必修课程,没有或很少有学校设选修课程,学生个性得不到充分的培养和发展;教学和考试重视书本知识的死记硬背,忽视应用操作的实践环节;课程结构固定、死板,缺乏灵活性和弹性;很多学科的教材对现代科技、生产、生活反映得不够,知识面偏窄,要求偏高,脱离社会实际和学生实际,忽视学生德、智、体的全面发展和整体素质的提高,造成中小学生不懂实践应用、动手操作能力薄弱等缺陷,与现代社会的需要及培养21世纪人才的目标差距很大。

其三,学生负担过重,影响身心健康。在"升学—应试"体系中的中小学课程和以学科为中心的教材,教学偏深、偏难。升学率几乎成为评价学校教育、评价学生学习质量的唯一标准。升学竞争和一切为了考分的压力,使得学校、家庭对学生层层加码,导致了题海的泛滥。无穷无尽的校内外作业和考试,压得学生喘不过气来,造成学生课业负担和心理压力过重,严重影响学生的身心健康。不能升学或不能升入重点中学、重点大学的学生形成"失败者"的心态,他们的心理受到严重损害,从小就失去了童年的天真和欢乐。"救救孩子!""还给孩子欢乐的童年!"成了中小学师生和全社会的共同呼声。

正是上述这些弊端,造成中小学教育越来越不适应社会的需要,使人们深切感到改革中小学课程教材体系的必要性和迫切性。

三、课程改革追求的价值

（一）课程改革是一项多因素、多环节的系统工程

课程改革工作要整体地、综合地和辩证地处理教育中各种因素和各个环节之间的关系,科学地实施素质教育,为每一位学生的终身发展奠定良好的基础。

（二）课程改革是一项继承与发展的工程

课程改革工作要有广阔的视野和远见,重视教育的全局性、整体性、引领性和规律性,对重大问题进行改革和突破,实现优秀课程文化的继承、发展和创新,重视培养学生的思想道德、创新精神、实践能力和个性特长,促进学生的发展,促进教育质量的飞跃,适应时代发展的要求。

（三）课程改革是一项理念与操作同步变革的工程

课程改革工作不仅要有课程理念的深刻变革,构建新的课程体系,还要实事求是,扎实地改革和完善教育教学的技术和方式,提高教育教学的管理和评价水平,提升教师的专业素养,建立教育的新体系新模式,最终促进学生的健康发展。

（四）课程改革是一项不断实践和探索的工程

上海的课程改革工作不仅是上海的事情,而且受教育部委托,有得天独厚的条件,要在全国课程改革中先行一步,有所突破、有所超越和有自己的特色,还要在实践和探索的过程中,不断积累课程改革的灵感、经验和教训,为全国课程改革和教学改革探路。

第二节　课程改革的基础

上海是中国基础教育最发达的地区之一。上海的基础教育拥有一批历史悠久、人才辈出、闻名遐迩的名牌学校,有一批德高望重、学识渊博、教有专长的名师专家,有一支勤奋好学和善于吸纳新生事物的教师队伍。"文化大革命"结束后,在党中央的领导下,1977 年全国恢复了高校招生考试。在上海市委和市政府的领导下,上海教育系统迅速投入到教育的拨乱反正工作中,同时如饥似渴地吸收外来的先进教育思想,积极稳妥地进行教育教学改革,为上海的课程教材改革打下坚实基础。

一、课程改革的实践基础

（一）六项重要的改革实践和探索

1. 试行教学规章制度

为了拨乱反正,加强教学工作和管理,上海市教育局教学处(教学研究室的前身)在调查研究和继承传统的基础上,制定了《中小学校长、教导主任领导教学工作的若干意见》《中小学教研组工作和组长职责》《中小学教师备课的几点要求》《中小学生学习与作业的基本要求》《中学实验室管理办法和实验(管理)员职责》《当前改进中小学各学科课堂教学的意见》等一系列教学工作文件的试行稿,并于 1982 年印发,在全市试行,以加强教学管理,推进学校的教学和改革工作。

2. 试办高中理科班

根据 1977 年中央教材会议精神和邓小平同志关于为了多出人才、快出人才,重点中学要试办理科班的指示,1978 年上海市教育局拟定并印发了《上海市重点中学理科班教学计划(试行草案)》,并从当年秋季开始试行。理科班的任务:为了实现新时期的总任务,加快培养人才,理科班均需贯彻《全日制十年制中小学计划(试行草案)》的指导思想和基本原则,同时又要重点学好数理化,加快步伐,为高等学校以及国民经济各部门输送德智体全面发展的、具有较高的数理化水平的中学毕业生。重点中学的初中阶段必须按照教学大纲打好扎实的基础,学生必须经过考试合格才能进入理科班。根据试验需要,1977 年上海市就开始组织人员专门编写理科班的数理化教材,在编写体系上作了不同程度的改革:结构适当调整,内容适当更新,理论适当加深,"双基"训练适度加强,其目的是帮助学生理解和掌握"双基",培养兴趣和自学能力。通过两年的教学试验,理科班的学生对"双基"的理解和掌握比较好,提高了学习兴趣,抽象思维能力和解题能力比较强,平均成绩有了提高;这也激发了中学理科教师进行教学改革的热情,提升了教师教学思想和专业水平,促进了教学要求、教学内容和教学方法的改革。

但是,在试验中也发现了教材的要求偏高,内容偏多偏深,学生负担偏重等问题,建议高中学制从 2 年改为 3 年,同时要深入改进教学内容、教学方式和考试方式。

3. 开设劳动技术和计算机课程

1979 年上海市教育局教学处与上海教育出版社科学技术编辑室合作,编写出版了全国第一套中小学劳动技术教材,在全国发行,制定劳动技术教育大纲,并开始了教师培训,促进劳动技术教育这一门新课程的开设。

从 1980 年秋季开始,上海市在华东师范大学第一附属中学、华东师范大学第二附属中学和复旦大学附属中学相继试验开设计算机选修课。1983 年秋季在华夏基金会的支持下,上海中学、南洋模范中学进行比较系统的计算机必修课和选修课的教学试验;上海市的计算机教学自 1984 年起有了比较快的发展,到 80 年代末,高中普及了计算机教育,90 年代末,初中普及了计算机教育,21 世纪头几年,小学也普及了计算机教育。

4. 青浦数学教改经验

青浦县数学教研员顾泠沅在县教育局领导的支持下,从 1977 年开始,在县里逐步组织起一批有志于献身教育事业的教师开展中学数学的教学研究活动。他们着眼于大面积提高数学教学质量,经过八年的努力,闯出了一条调查—筛选—实验—推广的教育研究路子,找到了大面积提高数学教学质量的途径,取得了初步的成效。1985 年之后,数学研究活动也推动了其他学科根据本学科特点开展研究,逐步形成广泛而深入的教学改革的大好局面。青浦县初中各学科教学质量明显提升,学生素质也有相应提高。事实证明,只有坚持正确的教育思想,按照教育规律办事,提倡奉献精神,才有可能改变落后面貌,创造出新的业绩。

1986 年,上海市教育局决定向全市推广青浦数学教改经验,并在全市大会上正式将实验小组命名为"顾泠沅数学教改实验小组",以有效地推进青浦数学教改实验,深入数学教学原理和教学策略研究,推广青浦数学教改经验,促进上海市教育教学的改革和研究。

5. 试验布卢姆教学目标分类理论

1986 年开始,上海市教育局教学研究室组织教学研究人员,以布卢姆教学目标分类理论为指导,对各门学科积极开展教学目标的改革和试验。

美国著名教育家布卢姆(Benjamin Bloom)于 1956 年在芝加哥大学提出教育目标分类法,他对教学目标进行了分类,以便更有效地达成各个目标。根据布卢姆的理论,知识涉及认知领域、操作领域和情感领域。每个领域又对应有不同的学习层次。例如,在认知领域的教育目标可以分成认识、领会、运用、分析、综合、评价(2001 年发展为记忆、理解、运用、分析、评价、创造)。

布卢姆分类法基于生物分类学,以学生的外显行为作为教学目标分类的基点。以分类学为依据的分类方法具有可测量性和可观察性,对指导操作性、形成性的学习具有客观的价值。布卢姆以教学目标的复杂程度作为分类的依据,注重学科的纵向发展。布卢姆分类法由于具有可测量性、可观察性以及教学目标具有可描述性、可分析性,颇受课程编制者、教师和教学评价专家的好评。

各门学科的教学目标经过几年的改革、制定和试验,为后来上海课程改革制定课程标准奠定了良好的基础。

6. 贯彻教育体制改革的决定

1985 年 5 月《中共中央关于教育体制改革的决定》颁布。教育体制改革的根本目的在于提高民族素质,多出人才、出好人才。上海市教育系统围绕如何提高民族素质以及学校教育如何提高学生素质开展大讨论。经过一年的讨论,初步形成了一个共识:学校要对学生实施素质教育。

学校加强了课堂教学改革,更多学校开设第二课堂或第二渠道教学。为了更好地适应社会需要,针对课程教材理论脱离实践和社会生活实际的倾向,许多学校进行了各学科增强实践性、应用性环节的试验,并在中小学逐步加强劳动技术课教学,还有一些学校把职业技术教育因素引进普通教育,开设了职业指导课。

上海学科改革出现了百花齐放、精彩纷呈的局面。如:以政治课和其他各门学科结合、校内和校外结合等途径,强化学校德育工作;进行语文、数学、外语等学科内容的改革,突出它们的工具性、实践性和应用性;从小学一年级起开设自然学科;中学开设计算机学科等,为学生了解和掌握现代科学技术基础创造条件。农村学校还积极试验校园、家园和田园等"三园"教育。

上海市教育局还抓紧制定了"减少必修课,增设选修课,积极开展课外活动"的课程改革方案,并于 1987 年在上海市大同中学进行改革试验,以适应学生的发展,全面提高素质,发展健康的个性。有一批学校在 80 年代末就进行了控制必修课、增设选修课、加强活动课的整体改革实验。还有些学校进行了从幼儿园到小学再到初中、高中的"一条龙"学制改革实验,取得了良好的效果。

(二) 实践聚焦的七个问题

上海教育改革实践聚焦于以下七个问题。

1. 统一要求与个性发展的关系

日本、苏联强调统一要求,美国强调发展个性,英国、德国处在这两个模式的中间。总体上看,各国的教育改革都趋向中间模式。

2. 知识与能力的关系

我国与苏联向来注重知识,美国注重创造力,德国注重动手能力,日本也从注重模仿转向注重创造力。目前的改革大多同时注重知识和能力两种目标。

3. 现代化手段的引入

为解决教学时间的有限性与知识信息的增长之间的矛盾,各国都普遍重视教学手段现代化,如录像机、电脑等进入教室,信息技术进入课堂教学和教学管理等,促进教学内容、教学方式和教学评价的改革。

4. 课程教材改革

教育改革纷纷关注教学内容这一核心领域,传统的课程与教材弊端外显,新的课程教材逐步出台,有多种板块课程结构、组合式课程种类,层次性教材、结构化教材等,更适合 21 世纪提高学生素质的需要。

5. 教学中人际关系的改善

在教材、教师、学生三大教学要素构成的"三角形"中,教材改革是要有各种投入的,而改善师生关系往往能更有效地转化为教学动力,所以日益受到重视。

6. 打破我国课程教材"一纲一本"的旧模式

我国幅员广阔、区域差异显著,上海市作为经济发达地区,要从上海实际出发,朝"多纲多本"方向迈步,承担中国课程教材改革试验的历史任务。

7. 强化德育及其他人文因素的教育

新形势下德育也必须改革,例如,优秀传统美德的继承发扬以及适应改革开放的其他德育要求等,都迫切需要探索。

二、课程改革的理论基础

(一) 哲学基础

1. 世界观和方法论

长期以来,我们的课程教材在重视德育还是重视智育,重视知识还是重视能力,重视理论还是重视实践,重视课内还是重视课外,重视教师还是重视学生等之间作钟摆式的变动,陷入走极端的深坑。这既是世界观问题,也是方法论问题,我们不能片面、绝对地去看待事物,也不能简单、机械地去处理事物。上海中小学课程教材改革力求克服走极端的倾向,在两者之间的恰当区域中寻找一个科学的位置,并努力处理好两者的关系。例如,以知识、课堂和教师为基础,也要以思想道德、能力、实践和学生为重,尽力使课程方案建立在唯物辩证法的基础之上。

2. 教育价值观

在教育价值观上,基本存在四种流派:一是经验中心主义,认为具体的知识方法最有教育价值;二是理性中心主义,强调理论的学习,注重培养学生敏锐的观察力、丰富的想象力、深刻的思维能力,以及创造精神等;三是个性中心主义,注重发掘和发展儿童的潜力;四是社会中心主义,培养学生关心社会、了解社会的精神,肯为社会作贡献,以适应社会需要。这四种流派正好是两两对立。上海的课程改革方案,在考察研究前人成果的基础上不走极端,而是采取实事求是的思想方法,均衡处理。

（二）课程论基础

1. 现代课程论

在我国最有影响的课程理论是泰勒的现代课程论,在近现代影响最大的课程论流派大体有三种:一是学科中心课程论,重视学科知识的系统化、完整性,忽视学生的接受情况和社会的需求;二是儿童中心课程论,重视儿童的兴趣和活动的编排,忽视学科体系与社会需求;三是社会中心课程论,重视社会现实需要,讲究课程教材的实用性,忽视学科体系与学生的兴趣爱好。这三种流派在不同的时代背景下都有产生和推行的合理性。

2. 上海课程编制的三角形教育学模型

图 1-1　三角形教育学模型

图 1-1 所示的三角形教育学模型的三个顶点表示:以社会需求为出发点,以学生发展为依据,以学科体系为基本线索;三角形的重心表示学生素质,三个顶点围绕这个中心,力图提高学生素质。在不同学习阶段有不同的侧重:小学阶段突出学生发展,初中和高中阶段突出学科体系与社会发展的需要并逐步增强。这个三角形教育学模型的核心是提高学生素质,发展学生个性。

3. 课程呈现方式

课程呈现方式有显性课程和隐性课程。显性课程有具体的课程名称、教学大纲和教材,对时空条件限制大;隐性课程没有具体的课程名称、教学大纲和教材,但它的确在教育或影响学生,如学风和各种教育环境等,有些还可以内化在显性课程中。

4. 课程性质(修习方式)

课程性质(修习方式)根据对学生要求的差异而定。必修课程是每个学生都必须学习的、具有基本统一要求的课程属于基础性课程。选修课程与活动课程则没有绝对统一的要求,以发展学生个性为目的,具有选择性和灵活性。选修课程与活动课程也有差异:选修课程有一定的系统性,教师主导作用较强,而活动课程以学生的主体活动为主。三者形成课程的完整结构。

5. 课程模式

我们重视多种课程模式的结合,根据要求和内容的需要可以采用不同的模式。目标模式注重知识的达标;过程模式注重知识的来龙去脉,有智力开发和能力培养要求;情境模式注重知识的情境处理,可以激发学生发现问题,探索解决问题的办法,培养学生的创造力和交际能力。

6. 课程容量

一般性课程有 1 学年至 12 学年不等,微型课程为 1 学期甚至几个学时,如有些选修课程就如此。

(三) 教学论基础

1. 基础学力

基础学力是一种由三元素组成的结构,可以借助如图 1 - 2 所示的同心圆模型来表示。该模型的核心是学习态度,要肯学、爱学;中圈是学习能力,要会学、巧学;而最外圈的基础知识应是学生终身最有用的,也是学习能力与学习态度的载体。这就是可以影响学生终身的、多元的基础学力。

图 1 - 2　基础学力构成模型

2. 基础知识的精选、结构化和范例化

这是现代教学论的又一个要求。学科主要由若干基本概念群组成,但不能机械地堆积这些概念,而应该使它们互相联系,形成结构。所谓范例,是指所举例子、习题的代表性要强,可以起到举一反三的作用,而不是靠题海来使学生掌握知识。

3. 教学过程优化

这是从系统论演绎过来的,主张针对学生的实际情况,从教学目的、教学内容处理、教学方法与手段、习题设计等方面,先逐项优化再总体优化。这里有两点应引起重视:一是最近发展区理论,赞可夫主张新知识与学生认知基础要保持差距,要"跳一跳可摘到果实";二是教学过程多元要素中的重心移动,20 世纪 70 年代我们提出要狠抓"双基",1979 年提出开发智力与培养能力的重要性,1983 年提出要重视非智力因素的作用,1986 年又提出关键要提高学生素质的问题,1988 年以来则提出,既要培养全面素质又要发展学生个性。

4. 教学中的人际关系

20 世纪 50 年代,美国心理学家罗杰斯(Carl R. Rogers)发现,学生的学习障碍多在人际关系上。他提出处理好师生关系的关键在于:一要真实,表里如一,这是情感交融的基础;二是接受,及时了解学生对教学接受程度的信息,不能排斥信息,否则不利于改进教或学;三要理解,在备课或教学中,可以设想师生双方对换角色位置,设身处地地看待师生关系。这些都需要心理调控。

如何在教学过程中处理好师生关系?这就要想方设法地让教师站在学生的角度来设计教学。如可以作如下安排:首先提出要解决的问题,接着建议或指出解决问题需要参考的材料,包括课本与课外读物,然后传授解决问题的方法,最后还要指出解决该问题的社会价值和个人价值。这样使学生感到老师不是局外人,学习任务是在师生的共同参与下完成的。20 世纪 60 年代苏联推行的合作教学,就体现了人际关系的因素。20 世纪 80 年代,德国创立了人际关系教学论。这些理论成果在上海的课程方案中都有一定的体现。

(四) 脑科学与心理学基础

1. 脑科学基础

从人的大脑结构和功能看,左、右脑的功能不同,左脑是语言发展区,负责逻辑思维;右脑为非语言发展区,负责形象思维和协调动作,它有许多棘突触,为其功能单位,但发育慢,需要多次刺激方可发育。研究得知,创造力的培养主要与右脑有关。凡是创造能力强的人,其发明创造一般都是由直观、形象思维入手,产生创造的"火花",然后经逻辑推论,逐步严密化。"抓斗大王"包起帆的创造就是这样的例子,物理学家爱因斯坦从小爱好艺术,经常拉小提琴,右脑也发达。上海课程改革中强化体育、音乐、美术、试验、劳动技术等科目,就是基于这一依据。

2. 心理学基础

从儿童身心发展规律看,小学低年级阶段是一个人语言发展的最佳时期,整个小学阶段也是反应能力训练的最佳时期,所以提出语文、数学"双峰避让"的方案,体育课安排短跑、起跑等培养反应力的学习内容,这些都是有心理学理论作为支撑的。

(五)教育评价理论的基础

教育评价理论发展很快,我们特别要注意到如下四点。

1. 关于评价目的

评价不仅是为了考核,更重要的是明确学生的发展方向,以及学校教学的增值。

2. 关于评价性质

评价不能仅重视终结性评价,更要重视诊断性评价和形成性评价,使评价更好地起到导向和调控作用。

3. 关于评价领域

评价从知识领域扩大到德性领域、认知领域、操作领域和情感领域。

4. 关于评价方式

评价不能停留在靠笔试及定量评价的老办法上,还要重视面试和动手操作,对不适宜定量考核的内容,要兼用定性评价方式,使测试和评价更加科学合理。

这些教育评价理论,在上海课程改革方案中都有一定的体现。

三、高考改革的导向

上海市从 1985 年起逐步实行在普通高中会考基础上减少高校选拔考试科目的制度。

普通高中会考是国家承认的地区性毕业水平考试,也是普通高中阶段各学科的目标参照性考试。其目的是检验学生在文化知识和某些技能方面是否达到高中毕业生的水平。会考科目为语文、数学、政治、历史、地理、物理、化学、生物和外语。会考对象为上海市普通高中所有在校学生,同等学力者也可参加,均可获得证书。为了进一步推动中学改革和高考改革,有教育整体改革方案及教学大纲并能认真实施的少数中学可以申请免于会考。为了体现"全面提高素质,重视发展个性"的原则和新课程的设置,全市还设立科学文化知识、信息技术和劳动技术等若干选考科目,凡考试合格,发给合格证书。

高校选拔考试减少科目,并分成 6 个科目组:(1)语文,数学,政治,外语;(2)语文,数学,历史,外语;(3)语文,数学,地理,外语;(4)语文,数学,物理,外语;(5)语文,数学,化学,外语;(6)语文,数学,生物,外语。各高校根据各自招生学科和专业特点,选择上述一组作为选拔考试的科目,并根据专业相近的原则,允许高校在上述科目组范围内提出兼报和兼收的科目组。除了上述选拔考试科目外,为加强专业能力的考查,外语类要增加外语口试,艺术类、体育类要加试专业,其他少数专业类经批准,可增加面试或专业考查。

第三节　课程改革的课程政策

一、什么是课程政策

课程体现了国家意志及对教育的要求,它涉及国家的教育方针、教育制度、教育目标、教育内容和教育评价等。

课程政策的制定旨在满足国家需要,解决课程问题和达成课程目标。所以,课程政策系推行课程工作的指针,亦为达成课程宗旨的策略。

不同学者因政策观点的差异,对课程政策有着不同的表述。课程政策的基本含义是,哲学家和教育行政主管部门在一定社会秩序和教育范围内,为了调整课程权力的不同需要,调控课程运行的目标和方式而制定的行动纲领和准则,其本质是解决"由谁来决定课程"或课程权力的分配问题,其载体是课程计划、课程标准和教科书。

国际上大致有三种课程决策类型:第一种是行政型,采用自上而下模式,由中央教育行政部门决定或修订课程,变动性较小,课程权力集中在中央,包括概括性的指导方针、通过政府立法作为国家政策而制定的正式文件、每个学生要获得的具体能力等。如法国自拿破仑统治时期开始,一向由中央政府以指令性文件规定全国统一的基础教育课程,迄今仍是。在 1917 年"十月革命"前,俄国参照法国先例,实施集中统一的国家课程。第二种是草根型,采用由下而上方式,由各地教师团体或地方教育行政部门决定或改变课程,其变动性较大,在课程权力上,地方拥有较大的自主权,没有统一的课程标准。美国一向实行地方分权的行政管理体制,州各自为政,在同一州范围内,不同社区的课程设置也有一定区别。第三种是示范型,既依循中央教育行政部门的要求,即国家对教育事业的预期目标,又能广采专家、学者、教师、家长等的意见,并将课程研究成果先进行示范性的试用及修订,通过充分的实验研究,然后普遍实施。在课程权力上,学校拥有较大的自主权。如英国政府对学校课程一向不加干涉,基本上由学校自主决定。不同课程决策类型中,课程决策主体(国家、地方、学校、教师、家长及学生)的权限是不同的。

这三种课程决策类型是在不同的历史和文化背景下形成的,反映了不同的课程文化观,不能随意地判断孰优孰劣,客观地讲各有优缺点。在当前的情况下,这三种课程决策类型所体现的课程决策权在一国不同层次及不同课程相关人员之间各有侧重点,并渐趋"共有"。

课程政策是抽象概念,它的主要精神和实施手段要通过具体的、制度化的特定载体来实现。这些载体涉及面很广,但主要是指课程计划(教学计划)、课程标准(教学大纲)和教科书等。

因此,课程政策可以分为两类不同功能的政策,对课程施加不同的制约:一类是制约课程政策制定的政策,即关于课程政策制定过程(具体说是课程开发与编制)的政策,规定了课程由谁领导、参与、编写和审查以及相关的权限,课程开发与编制要遵循的程序;另一类是制约课程政策本身的政策,即关于课程政策制定过程的产物(具体说是课程开发与编制的产物,指课程计划、课程标准和教科书等)的政策,规定课程的理念、目标、内容、性质(必修或选修)、课时等。

实际上,随着时代的发展,以及国际国内重大变革的影响,课程政策会有不同程度的变化。

二、我国课程政策的沿革

我国的基础教育经历了不同的发展时期。在不同时期,我国制定实施了相应的课程政策,对课程的建设与实践产生了不同作用。

中华人民共和国成立以来,在中小学课程教材政策方面,基本上是国家统一制定教学计划、教学大纲,统一编写教材,统一实行高校招生考试。全国使用的是人民教育出版社的统编教材。这就是通常所说的课程的中央管理和教材国定制。这样,长期以来导致我国课程教材的开发与编制是中央的事、少数专家的事,教师的课程意识很差,就教材论教法。

当然,这期间在遇到社会大变革的形势下,国家也试验过下放课程设置、教材编写和选用的权限。

新中国成立后的 20 世纪 50 年代初期,是改造旧教育、学习苏联经验的时期。这段时期的课程政策经历了改造旧课程、学习苏联课程到建设新课程的过程,确定了统一性的课程政策:改造旧课程,学习苏联经验,发展新课程;课程教材由国家制定,全国推行基本统一的课程教材。1950 年 12 月成立的人民教育出版社,为国家统一编辑出版中小学教材的专门机构,承担编写出版中小学教材的任务。

1958 年,各地在经济"大跃进"的同时,掀起了"教育大革命""开门办学"。根据中共中央和国务院的规定,教育部发出通知,允许各地方因地制宜、各校因校制宜自编教材。这是中华人民共和国成立以来第一次下放了中小学课程教材制订和编写权限,也是课程从国家完全统一到局部多样化的第一次尝试。

1961 年,课程政策再次调整,回归统一,回归"系统""双基"。1963 年教育部颁布了十二年制中小学教学计划(第三套教学大纲),人民教育出版社编写了相应的第四套教材。

1966—1976 年,我国经受了十年"文化大革命"的大破坏。

1977 年,我国开始对教育拨乱反正,中小学课程教材开始重建,调整修订课程大纲,重又实行课程教材的国家统一编写和"国定制"。

1985 年 1 月,教育部颁布的《全国中小学教材审定委员会工作条例(试行)》指出:"今后中小学教材的建设,要把编写和审查分开,人民教育出版社负责编写,各省、自治区、直辖市教育部门,学校、教师和专家可以编写;全国中小学教材审定委员会负责审定,审定后的教材由教育部推荐,供各地选用。"1985 年 5 月 27 日,《中共中央关于教育体制改革的决定》指出:"教育体制改革的根本目的是提高民族素质,多出人才、出好人才。""把发展基础教育的责任交给地方,有步骤地实行九年制义务教育。""实行九年义务教育,实行基础教育由地方负责、分级管理的原则,是发展我国教育事业、改革我国教育体制的基础一环。"1986 年 4 月,第六届全国人大第四次会议通过的《中华人民共和国义务教育法》提出:"国家实行九年义务教育。""义务教育事业,在国务院领导下,实行地方负责,分级管理。国务院教育主管部门应当根据社会主义现代化建设的需要和儿童、青少年身心发展的状况,确定义务教育的教学制度、教学内容、课程设置,审订教科书。"这些都为我国基础教育的课程教材确定义务教育、多样化和三级管理政策提供了法律依据。为此,国家教育委员会制定了课程教材发展规划、课程教材多样化和三级管理政策,确定了教材审定制。

1988 年 3 月,国家教育委员会在山东泰安召开全国教材工作会议,会上提出"在统一基本要求下的教材多样化"政策,第二次打破了从新中国成立以来全国只有一套课程计划、一套教材的局面,全国有计划有组织地编写"八套半"教材。

1996 年国家教育委员会颁布的《全日制普通高级中学课程计划(试验)》第一次将"课程管理"部分单列,明确提出:"普通高中课程由中央、地方、学校三级管理",并实行有指导的逐步放权,明确各自的职责,保障和促进课程对不同地区、学校、学生的适应性。我国基础教育课程教材建设进入了新的历史时期。2001 年教育部又开展新一轮全国性的基础教育课程改革。

三、上海市基础教育课程政策

上海市基础教育课程政策采用的是行政型课程政策和示范型课程政策的有机结合,既依靠强有力的行政领导力,又依靠强有力的科学决策力,保障实现课程权力"分级管理,学校选择"和"多元目标,人人成才"的课程目标,以及实施"素质教育"和"学生发展为本"的课程价值。

（一）国家教育委员会授权委托

根据国家教育委员会1988年在山东泰安召开的全国教材工作会议精神,国家教育委员会授权委托上海市率先进行中小学课程改革,并有明确的要求和特殊的政策:适合经济发达地区的学校使用,中小学统一系统地整体设计;可以自己制订课程计划,可以自己制订教学大纲(上海改为课程标准),可以自己编审教材。课程改革请上海市人民政府直接领导,经费先由国家教育委员会申请贷款。自此,上海市成为全国课程改革的一个试验区,在教育改革上独步于全国。

（二）上海市人民政府批准

1988年4月,上海市九届人大一次会议通过的政府工作报告提出,要"抓好中小学课程、教材改革"。课程改革是一项艰巨的、跨世纪的系统工程。

（三）成立上海课程教材改革决策机构

为了切实搞好课程改革,完成国家教育行政部门委托的重大任务,上海市人民政府将课程改革作为教育改革的一件实事,1988年5月成立"上海中小学课程教材改革委员会"(简称"课改委"),后改名为"上海市中小学(幼儿园)课程改革委员会"(简称"课改委"),成为上海市政府领导下的中小学课程教材改革的领导、决策与执行机构,政府专门拨款并给予政策保障。课改委是由政府官员、校长、专家学者、教授教师等组成的机构,具有很强的科学决策力、执行力和协调力,为课程改革的顺利推进提供了有力的保障。课改委下设办公室和中小学教材编审委员会。在课改委的正确领导和决策下,20多年来,上海的课程改革得以顺利进行。

（四）实行分级管理和学校选择

在上海市人民政府的领导下,各个区县政府积极响应,教育行政领导部门及相关部门积极参与,支持学校从实际出发,因地制宜,因校制宜,创造性地开展课程改革。

第四节 课程改革的领导组织

一、国家教育委员会

1988 年,国家教育委员会(现教育部)委托上海市进行中小学课程教材改革,除了给予有关的政策,相关领导还直接听取上海市领导的课程改革工作汇报,亲自深入上海调查课程改革,提出了要求和期望,给予关心和指导。

根据国家教育委员会给予上海的课程政策,上海全面开展了课程改革工作:一是独立设计教学计划、教学大纲;二是独立编写教材;三是独立高考命题;四是进行幼儿园、小学、初中和高中课程的系统整体改革和设计。

国家教育委员会领导的要求和期望是,要面向发达地区,还希望上海先行一步,为其他地区提供经验和引发灵感。上海要搞超前试验,上海在全国是超前的。要抓观念转变,让大家有思想准备,转变观念。方案要有突破,要取得成功,要在实施中落实。一切都要经过试验,重大的改革要经过试验。

二、上海市人民政府

在上海市人民政府的领导下,课程改革的人力、物力、财力等,包括设施更新、场地更新、图书资料更新以及师资培训,都得到保障。各区县政府行政领导和部门以及新闻出版单位对课程改革充分重视、配合。各级教育行政部门也起着重要作用。"国家教育委员会—上海市教育委员会—各区县教育局—学校"构成了一个完整的教育行政系统。各区县教育局都非常重视课程改革的推进工作,成立了由教育局局长直接领衔的课程改革领导小组,领导各区县的课程改革工作。

三、上海中小学课程教材改革相关机构

(一)上海中小学课程教材改革委员会

上海中小学课程教材改革委员会(简称"课改委")成立时,时任上海市人民

政府副市长谢丽娟亲自参加并签发聘书,由市政府教育卫生办公室主任王生洪兼主任;由市教育局局长袁采、华东师范大学校长袁运开、市出版局局长徐福生、上海师范大学校长王邦佐、市教育局副局长凌同光、华东师范大学副校长江铭等兼副主任;聘请德高望重的苏步青、刘佛年、吕型伟等 17 人担任顾问;还聘请王沪宁、吴铎、恽昭世、倪谷音、徐匡迪、高润华、曹臻等 41 位政府官员、大学教授、中小学教师、专家、学者和关心支持教育的人士兼任委员。课改委从 1988 年开始一直由上海市人民政府直接领导,归口到市政府教育卫生办公室和 1995 年成立的上海市教育委员会,历届领导和委员有所变更。2006 年更名为上海市中小学(幼儿园)课程改革委员会(简称"课改委")。

2006 年后,市政府为了加强对课程改革的领导,除市教育委员会外,还增加市财政局、市物价局、市新闻出版局等部门参与课程改革的领导和协调工作。

这种由政府官员、校长、专家学者、教授教师等组成的机构,具有很强的科学决策力、推动力和协调性,为课程改革的顺利推进提供了有力的保障。

(二)上海市教育委员会教学研究室和上海中小学课程教材改革委员会办公室

上海市教育委员会教学研究室(简称"市教委教研室"),成立于 1949 年 10 月 1 日,在上海市教育委员会(当年是上海市教育局)领导下,承担上海市的基础教育教学研究工作。

上海中小学课程教材改革委员会下设办公室(简称"课改办")和教材编审委员会。课改办设在市教委教研室并由市教委教研室主任兼任主任,具体负责日常工作,规划、协调、管理和组织指导课程教材研究、教材编审以及课程改革基地学校的试验工作等。1995 年成立上海市教育委员会后,课改办与市教委教研室实行"一套班子两块牌子"。

课改委负责教材的编写与审查,设总编审和副总编,负责教材编写与审查中重大问题的研究、协调和处理。教材编审实行编写人员与审查人员分开,不得兼任。教材编写采取招标方式,建立 21 个学科编写小组。教材审查采取聘任的形式,建立 21 个学科审查小组。

在课改办的统一要求下,各区县教育局也相应成立了区县级课程改革试验领导小组及其办公室,具体指导和协调本地区课程改革基地学校的试验工作。同时,试验学校也成立以校长领衔的学校课程改革试验领导小组,直接负责学校的试验工作。

在职能上,市教委教研室负责教学研究,课改办负责课程改革,共同对全市中小学和幼儿园的教学工作进行管理、研究、指导和服务。教研员是这些职能的具体承担者。经过多年的发展,市教委教研室形成了高效有力的教研网络,拥有一支高水平的专兼职相结合的教研员队伍。他们通常是出身于教学一线的优秀教师,教学经验丰富,在学科教学领域颇具威望。

从"一期课改"后半期(约 1995 年)开始,教研员的主要职责范围从单一的教学逐步扩展到教学和课程,身兼两职,全面负责课程和教学工作,不仅管教学,而且负责课程教材的设计、编写和指导。这种转变,一是为了改变教研员就教学论教学的狭隘视角,使教研员具有教育改革的全局观,二是为了发挥教研员在课程改革中的积极作用,使教研员不再只是旁观者。这种转变,有利于更好地推进课程改革,使教育改革取得更好的效益。

教研员有市教研员和区县教研员。前者大部分为市教委教研室专职研究人员,具体负责某个学科的教学指导和课程改革。后者隶属于各区县教育学院或教师进修院校,负责对各个学校的教学和课程改革的具体指导。

各区县课程改革试验办公室,与各区县教研室一起,共同做好课程教材改革和试验推广工作。

(三) 教材编写组和审查组

课改办建立了一个阵容庞大的专家资源库,基本囊括了上海市教育教学领域所有的专家。以此为基础,课改办组织了两支队伍——教材编写组和教材审查组,实行编审分离。

教材的编写者以竞标的方式产生,主要由华东师范大学、上海师范大学、上海外国语大学和出版社等单位作为教材编写的主持单位,聘请主编主持教材编写工作。主编一般会挑选教学专家和一线教师共同参与教材的编写。

(四) 教材审查办公室

1995 年后,根据国家教育委员会(现教育部)规定,教材审查工作统一由教育行政部门负责,教材审查工作从课改委剥离出来,课改委和课改办只负责课程教材改革和教材编写。撤销总编审和副总编审。市教委专门成立上海市中小学教材审查委员会及其办公室(后者简称"审查办"),由上海市教育委员会基础教育处直接领导。

教材的审查者除了部分教研员外,主要是华东师范大学、上海师范大学、复旦大学、上海外国语大学、上海大学、上海音乐学院、上海戏剧学院等院校的教授,以及中小学校长和优秀教师。审查办专门建立专家库,其成员在不同时期会有所调整。

（五）教师培训机构

新课程教材在试验推广的过程中需要培训教师。培训者主要来自大学和各区县教育学院或教师进修院校,以及后来成立的"名师工作室""双名基地"。培训的内容包括课程改革的理念、新教材的特点、新的教学方法和新的评价方法等。培训方式为分级培训:市级培训组织学科教研员及骨干教师培训,骨干教师一般包括参与实验的校长及学科教研组长,培训规模较大,时间较短;区县级培训按学科组织各区县教师进行培训,相比之下,区县层面更容易把握教师的培训需求,也更容易把握区域课程改革推进对教师素质的要求。

（六）教育考试评价机构

上海市教育委员会领导教育的考试管理和教学评估任务。上海市教育考试院承担中考和高考命题的任务。上海市教育评估院承担教育评估任务。

在市教委的直接领导和课改委的具体领导及科学决策下,各区县教育局都设立了课程改革试验办公室,以区教育学院或教师进修院校为依托:积极试验,逐步推广;强调从实际出发,边实践边研究,原则性与灵活性相结合,教学实践与理论研究相结合;课程教材改革与社区教育建设相结合。全市建立起各级各部门相互分工合作、层层相扣的课程改革领导系统。在课程改革过程中通过各种媒体对社会、家长进行宣传。

在课程改革实践的基础上,"二期课改"期间逐渐完善了市、区县课程改革分工系统(见图 1-3)。

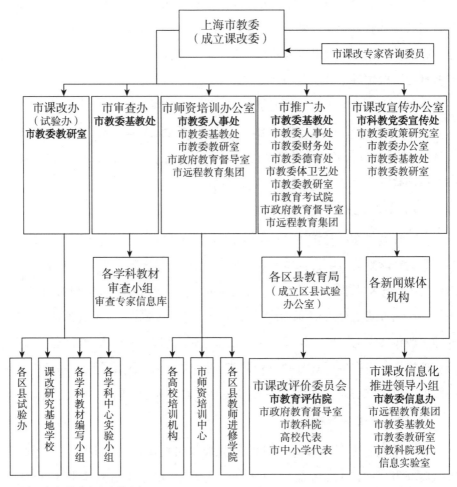

（注：加粗处室为牵头处室）

图 1-3　上海中小学课程改革相关机构

第五节　课程改革的历程

上海课程改革的历程也是上海课程开发的历程。它不仅要打破旧的课程体系,还要开发和建设新的课程体系;它不仅涉及课程专业技术问题,而且涉及课程政策、领导管理、经费投入、队伍组织,以及课程编制、课程实施、课程保障、课程管理与评价等各个环节。这是一个大的系统工程,是一个涉及国家、社会和家庭的跨世纪的伟大工程。

从 1988—2013 年,这 25 年上海的课程改革都是围绕提高学生素质这个目标展开的。由于社会的发展和课程改革的发展,需要解决的大问题不同,课程改革的发展可以分为两大阶段。

一、上海课程改革的第一阶段(1988—1997)

1988—1997 年是课程改革的第一阶段,又称为第一期工程(即"一期课改")。它以实施素质教育为理念,着重解决如何"全面提高学生素质"这个大问题,实现"两个改变,三个突破",即改变"升学—应试教育模式",改变"统一化单一化课程模式",突破"加强基础与培养能力"的矛盾,突破"提高质量与减轻负担"的矛盾,突破"全面发展与个性发展"的矛盾。为此,提出了三角形教育学模型和"基础学力观",构建了必修课程、选修课程、活动课程等"三板块"的课程结构,形成了"三线一面"和"三位一体"的德育体系,设计了"四个学科群"的学科课程系统和课程标准,更新传统课程,增设新课程。

1988 年 3 月,国家教育委员会同意委托上海市率先进行中小学课程改革。在 1988 年 4 月上海市九届人大一次会议通过的政府工作报告中,课程改革被列为上海市教育改革的一件实事。

1988 年 5 月,上海中小学课程教材改革委员会成立,正式启动上海市中小学课程改革。

（一）组建队伍、调查研究和编制文本阶段

1988 年开始组建课程教材的编写队伍和审查队伍,由大学教授、中小学教师和出版社编辑等 500 多位借调人员组成了一支有志课改、实力雄厚的队伍。1988—1989 年,这支队伍深入到全国 19 个大城市进行教育调查研究,制订课程目标、课程计划。1989—1990 年制订课程标准。1990 年开始进入紧张的教材编写阶段。

编制课程方案:九年义务教育和高中各设计一套方案。

编制课程标准:按九年义务教育和高中教育两个阶段的划分,各编制一套。有合订本,有单科本。

编写各科教材:必修教材——19 门学科,22 套教材,共 281 种,786 册;还编制了一批配套的音像教材和计算机辅助教学软件。选修教材——按学科发展型、综合应用型、技术艺术型等,共编写 140 种。活动课教材——按基本型和专题型,分别组织编写和出版约 80 种。

(二)课程教材整体试验阶段

1991 年 9 月 1 日,在全市 60 所中小学校进行课程教材整体试验,在 11 个区县进行单科教材试验。当时由于上海小学逐步进入入学高峰阶段,所以将小学六年级作为初中预备班进行课程教材试验。1993 年 9 月 1 日,在 30 所幼儿园试验新教材。

(三)课程教材全面试行阶段

1993 年 9 月 1 日,在全市小学一年级开始全面试行新课程教材。1995 年 9 月 1 日在全市六年级开始全面推行新课程教材。1995 年 9 月 1 日在全市高中一年级开始全面推行新课程教材。1997 年 9 月 1 日起,全市各年级全面使用新课程教材。全市出版 688 种必修课教材,127 种选修课教材,76 种活动课教材,21 种课程标准,5 种课改专辑。

(四)第一期工程总结现场会

1997 年在上海县实验小学召开课程改革第一期工程总结现场会,市、区县领导亲自参加并作了重要讲话。会上各区县提交了课程改革的总结报告,展出了学校课程改革的精彩展板,会后还轮流到各区县展览交流。

(五)在进程中遇到两大挑战和机遇

第一大挑战和机遇。1994 年国务院决定在全国实行平均每周 44 小时工作制,从 1995 年 5 月 1 日起在全国正式实行每周 40 小时工作制。因此,学校也相应每周由 6 天改成 5 天学习日制,周活动总量由 45 课时锐减为 34 课时。上海市教委每年下发的中小学课程计划,更从适应当年实际情况出发,在开设学科及其课时的安排上,对课程方案作出一定的调整:保证必修课,减少选修课和活动课。为此,课程结构已不能体现原来设计的初衷和平衡。

第二大挑战和机遇。恰逢世纪之交,科技迅速发展,社会的信息化、经济的全球化和知识经济时代已见端倪,人的道德行为、创新精神与实践能力已成为影响民族生存与发展的基本因素,培养学生的创新精神和创新能力已成为教育落实振兴中华民族、科教兴国的一项重要任务。

为此,1996 年开始,上海中小学课程教材改革委员会开展了三大项目研究:一是跟华东师范大学合作的项目组,研究"面向 21 世纪世界教育内容改革的展望";二是组织数学项目组,率先研究"数学课程改革行动纲领";三是组织课程项目组,率先探索"研究性活动课程"。

为了深入开展研究,上海中小学课程教材改革委员会和华东师范大学共同组建上海市中小学课程教材研究所,上海教育学院等也成立了课程教材研究所。

在这样的背景下,在第一期课改工程 10 年实践与认识的基础上,1998 年上海进入第二期课改工程。

二、上海课程改革的第二阶段(1998 年开始至今)

课程改革的第二阶段又称为第二期工程(即"二期课改")。在"一期课改"的基础上,"二期课改"提出"以学生发展为本"的课程改革理念,着重解决如何深入实施素质教育的问题,更注重人的发展,尤其是在个性发展中培养学生的创新精神、实践能力和健全人格的发展,使素质教育更加体现新时代的要求。这期工程主要解决三大问题:如何重点培养学生的创新精神和实践能力;如何更有效地实施和加强德育;如何以信息化带动课程教学的现代化。

"二期课改"重视辩证处理十大关系:统一性与选择性;基础性与先进性;理论性与实践性;继承性与创新性;封闭性与开放性;科学精神与人文精神;分科知识与综合知识;外显知识与内隐知识;开发潜能与健全人格;教育文化与技术文化。为此提出了"以学生发展为本"和"总学力观"的新理念,构建了以素质教育为中心理念,以基础型课程、拓展型课程、研究型课程等功能型课程为主干的多维度课程结构,并重新审视各门学科的功能、发展趋势、改革的突破口,重视信息技术的普及教育和应用,强化英语教育,积极试验双语教育等,完善课程体系和课程标准。

(一) 方向探索阶段

1998 年起,上海进入"二期课改"的方向探索阶段,主要研究和制定《课程方案(征求意见稿)》,编制 21 个学科课程的改革行动纲领和《课程标准(征求意见稿)》,以及英语、小学自然、初中科学和高中劳动技术等学科课程引进教材的编制工作。

(二) 文本编制阶段

2001 年起,"二期课改"进入文本编制阶段,主要完成了《课程方案》、34 个学科的《课程标准》,以及课程标准解读、《课程指导纲要》和各种学科教材等 1500 多种文本的编制工作。

(三) 试验推广阶段

"二期课改"自 2002 年开始进入试验推广阶段,在上海全市 151 所中小学课改基地学校试验。2004 年起在小学起始年级全面推广,2005 年起在初中起始年级全面推广。2005 年中共上海市科技教育工作委员会、上海市教育委员会发布并试行"两纲"——《上海市学生民族精神教育指导纲要(试行)》和《上海市中小学生生命教育指导纲要(试行)》。2006 年起在高中起始年级全面推广,2008 年全市 1500 多所中小学的全体学生全面实施新课程,使用新教材。

在课程方案和教材试验的基础上,为了提高教材质量,2005 年开始分期分批启动各门学科成套教材的修订工作。

(四) 质量提升阶段

2008 年,"二期课改"进入质量提升阶段,通过研制学校课程计划,加强教学基本环节的管理等,提升学校课程领导力,加强教育质量监测,完善课程标准和教材成套修订工作,不断提高课程建设和实施的质量。

(五) 创造性探索高中课程校本化

为贯彻国家的人力资源强国发展战略,为未来经济和社会发展培养各级各类创新人才,上海市教委于 2010 年上半年启动"上海市普通高中学生创新素养培育实验项目",在培育高中学生创新素养和对极小部分拔尖创新人才的早期培养两个不同的层面努力探索,实验学校创造性地提出各种校本课程方案,先行改革试点。2013 年完成项目总结,总结经验,提炼实践研究成果。

(六) "绿色指标"有力推进课程全面实施

面对单以学生的学科测试分数和升学率来评价教育质量的惯性及其带来的不利影响,上海市"二期课改"中推出了中小学生学业质量"绿色指标"。2012

年 7 月,正式向社会发布了 2011 年度"绿色指标"测试结果,率先在全国开始了中小学教育质量评价的破冰之旅。上海市在完善"绿色指标"评价体系的基础上,探索对教师和学校的评价体系,逐步形成义务教育质量综合评价体系,并逐步推广到普通高中,形成基础教育质量综合评价体系。"绿色指标"将有力推进课程方案和课程标准的全面实施。

（七）"学科育人价值"的研究和实施

从 2010 年开始,市教委教研室组织人员对中小学各门学科进行深入研究,于 2013 年推出《学科育人价值研究文丛》,在全市学校使用推广。学科教学是素质教育的主阵地,它承载着学生的成长价值与发展前途,也寄托着教师的人生价值与发展前途。教师对"学科育人价值"并不陌生,但不甚理解和重视。该研究针对各门学科的特点,对国内外课程标准进行了比较研究,调查了学科育人现状,分析了学科具体的育人价值,提出了学科育人的具体指导意见和实践案例,帮助教师深入理解,并自觉地贯彻在日常的学科教学中。

上海课程改革 25 年来,各个阶段既相互衔接又重点突出,从而保证了课程实施的系统性和连贯性,确保了课程改革有序有效推进。

第二章

培育学生基本素质和健康个性的课程

——构建素质教育的课程体系

　　课程改革是一项重大而长期的系统工程，需要开发课程体系。课程体系要培育学生的基本素质和健康个性，为学生的发展服务，给学生学习的自主权和选择权，给学校课程教学的自主权和选择权。本书从整体上来说是介绍课程体系的开发，本章着重介绍课程体系的构建。

第一节 课程体系编制的顶层设计

一、基本概念

(一) 课程体系

课程体系是由若干要素或环节组成的,包括培养目标、课程理念、课程结构、课程设置和标准、教材资源、课程实施、课程保障、课程管理、课程评价等。课程改革要取得成功,就必须改革课程体系,实施素质教育要编制素质教育的课程体系。

(二) 课程开发

课程开发是指课程编制、试验、改进、再编制、再试验和再改进等一系列过程的整体。它强调的是方向性、过程性和动态性,关心的是课程开发的方向、层次、机构、人员、决策和政策等。

(三) 课程编制和课程设计

课程编制是指课程的制定、制作和编辑。它强调的是编制的成果、编制的内容和质量,从技术层面关心和考虑各种课程因素。

课程设计就是指把课程各组成部分(课程要素)安排成为一个实际的整体。

如果将课程设计看作动词,它跟课程编制是同义词,也就是说,课程设计的过程就是课程编制。

(四) 课程管理和课程评价

国家的课程政策是实施三级课程管理:第一级是国家课程,第二级是地方课程,第三级是学校(幼儿园)课程。这种分级管理的课程,既有国家统一基本要求的课程,又有地区特点或学校特色的课程,便于因地制宜、因材施教。

课程评价是课程体系中自我诊断和自我完善的环节,实施课程评价包括课程本身评价、教学评价和学习评价。这是一种全面的、上下平等和互动的评价,有利于相互促进改革,降低课程落差,共同提高质量。

二、以三角形教育学模型为依托的课程编制思路

(一) 课程编制的三角形教育学模型

上海课程方案、课程标准和教材的编制,在理论上建立了一个三角形教育学模型。这就是列入指导思想的"以社会需求、学科体系、学生发展为基点,以全面提高学生的素质为核心"。调查研究过程中考察了国际国内的各种课程体系,包括三种典型的课程体系,即以社会为中心、以学科为中心、以学生为中心的课程体系及其理论思想。从教育价值论看,它们都各有其合理的因素和优点,但也有明显的不足。我国在"文化大革命"中曾走到以社会为中心的实用主义的极端,否定了学科体系和学生特点,使学生的思想、文化素质降到了很低的水平。此外,我国较长时期的课程体系偏于以学科中心,也有很多弊端。这次改革吸取了过去课程体系多次在社会和学科之间摆来摆去的经验教训,在设计思想上力求以社会需求、学科体系和学生发展作为新课程教材体系的基点,不走极端,而以提高学生的整体素质这个核心来求得三者的平衡。也就是说,由社会需求、学科体系、学生发展这三者的顶点构成一个三角形,以提高学生素质作为这个三角形的重心(见图 1-1)。

(二) 明确课程编制思路

从上述三角形教育学模型出发,明确编制课程教材的思路。

1. 社会需求是课程教材改革的出发点

上海的做法是从社会需求中抽取出人才应有的素质,主要是思想品德素质、文化科学素质、身体心理素质、劳动技能素质和健康个性等,再根据这些素质和个性来编制课程体系。

2. 学科体系是建立课程结构、传授知识技能所必需的

根据全面提高素质的要求和学生的年龄特点来设计课程,建立学科体系,编制课程标准和教材。把提高学生素质所必需的科目列为必修课程、必学内容,同时为学生个性发展提供自主选择的选修课程和活动课程也形成一定的结构体系。

3. 学生发展是编制课程体系的依据和归宿

设置课程、编写教材,要综合考虑社会需求、学科体系与学生的发展需要,并要以学生的发展及接受水平为依据。必修课程、选修课程、活动课程协调比

例,重视课程标准和教材中的目标、内容、要求。

三、课程编制的思想

(一) 指导思想

课程编制,最重要的是要有明确的指导思想。否则,改革会迷失方向,失之毫厘、差之千里。

贯彻党的教育方针和"三个面向"精神。贯彻"教育必须为社会主义现代化服务,教育必须同生产劳动相结合,培养德、智、体全面发展的建设者和接班人"的教育方针,"教育要面向现代化、面向世界、面向未来"的"三个面向"精神,这是涉及培养什么人和怎样培养人的方向问题。

以国情和继承为基础,以创新为利器,以改革为动力,运用唯物辩证法的认识论和方法论,汇聚群众智慧和力量,编制课程新体系。在一定的哲学理论、社会学理论、心理学理论和课程理论的指导下,综合考虑课程设计、实施、管理、评价等主要因素,然后深入思考和设计组成课程的基本成分,包括课程目标、课程内容和学习活动的方式等。

(二) 课程理念

课程理念是课程改革的灵魂,涉及课程改革的方向和内容。不同的课程理念有不同的课程体系。"实施素质教育"的课程理念要求课程体系为提升学生的素质服务,面向全体学生,全面提升学生的基本素质和健康个性,为学生终身发展奠定基础。

(三) 期望目标

期望目标是"两个改变,三个突破"。"两个改变",即改变"升学—应试"为中心的课程体系,改变统得过死、学得过死的课程结构或模式。"三个突破",即在加强基础和培养能力方面有所突破,在提高素质、发展个性方面有所突破,在提高质量和减轻过重课业负担方面有所突破。要建立一个以提高学生素质为核心的课程教材新体系,给学生学习的自主权和选择权,给学校课程教学的自主权和选择权。

(四) 总体要求

课程编制的总体要求是:体现中小学教育的基础性,面向全体学生提高思想道德品质,加强基础、培养能力、发展智力;以社会、学科、学生为基点,全面提高学生素质;坚持理论与实践的统一,把理论思考与国情市情结合起来;重视比较与借鉴,在继承的基础上发展创新;积极试验、逐步推广、全面配套,搞好教育的整体改革。

体现以社会需求、学科体系和学生发展为基点,以提高学生的素质为核心,重视学生个性的健康发展。

体现坚持正确的政治方向,贯彻德育为首、"五育"共举的精神,设计由必修课程、选修课程和活动课程(包括课外活动和社会实践活动)三个板块组成的课程结构。

体现合理安排各门学科。加强德育课程;打好语文、数学、外语的基础;重视社会科学和自然科学的学科;引进职业技术教育因素,加强劳动技术学科,开设职业导向和计算机必修课;重视音乐、体育、美术等学科。

体现各门学科的内容,力求广度和难度适当,重视与学生生活、社会实践和生产劳动相结合,加强应用性、实践性和人文性。

体现整体设计,统筹安排课程教材与教学过程、教学方法、教学评价、师资培训、教学资料和设施配套等环节,以利于教育的整体改革。

四、课程编制的理论指导

(一) 对主要课程理论的比较研究

课程理论的流派很多,对我国课程教材建设影响最大的是学科中心论、儿童中心论和社会中心论。

学科中心论是以教学各学科知识为中心的课程理论。按这种理论编制课程,有利于传授系统的科学知识,继承人类的文化遗产;但容易忽视学生的兴趣和特长,忽视社会的需要,不利于因材施教,不利于适应社会需要。这种课程理论在我国占主要地位,长期影响我国课程教材的编制。

儿童中心论是以儿童的兴趣、动机和需要为中心的课程理论。它与学科中心论相对立。按照这种理论编制课程,有利于克服传统教育没有考虑儿童的本能这一最大弊端,能满足儿童的当前需要,调动儿童学习的积极性和主动性;但是它往往不能帮助儿童掌握系统的文化科学知识,以及难以实现社会为学校规定的教育目标。这种课程理论在我国也有影响,但影响的面不广,实践也不长。

社会中心论是以适应社会需要为中心的课程理论。这种理论主张以社会需要和学生的个性发展问题为主题来编制课程(分科性或综合性)、编写教材。它是对儿童中心论的改造。这种课程理论主要着眼于从高中到大学阶段的课程,以培养出社会所需要的人才;对小学和初中阶段仍主张沿用儿童中心课程,以适应儿童的兴趣、动机和需要。但是,它往往不能帮助儿童掌握系统的文化科学知识。这种课程理论在我国不同时期的课程教材改革中都存在不同程度的影响。

从上述分析比较中可以看出,这三大课程理论流派各有长处,也各有不足。英国当代课程论学者丹尼·劳顿在这三大课程理论流派的基础上提出了情境中心论。

情境中心论是以培养儿童适应社会未来情境为中心来编制课程的理论。那么如何来培养儿童适应社会未来呢?它吸收了学科中心论、儿童中心论和社会中心论三者的长处,主张教育要发展儿童的自主能力,使他们学会适应步入社会后面临的各种情境;学校课程应针对学生离校后世界将要发生的情况,培养学生适应未来社会的能力;要求他们获得各种必要的知识,也重视他们自身获得某种经验的价值,使他们不完全受环境支配,而能对环境施加影响。可以看出,情境中心论比上述三种理论全面,不采取极端的做法,而且抓住一个要害——能力的培养。情境中心论实质上是能力中心论。它是以培养学生的能力来适应社会及其未来的需要,这无疑是对课程理论一个很大的发展。但是,这种课程理论也有不足,因为适应社会及其未来的需要,仅有能力是不够的。

(二) 探索建立素质中心课程论

为实现上海课程教材改革的期望目标,我们以哲学为指导,在分析学科中心论、儿童中心论、社会中心论和情境中心论各自利弊的基础上,以三角形教育学模型为依托,对构建素质中心课程论进行初步探索。

素质中心课程论是以提高学生的素质为中心的课程理论。按照这种理论编制课程,要求在各种教学情境中,以德育为先,以能力培养为重,必须科学地考虑社会发展、学科发展和儿童发展三方面的需要,选择和组织课程内容及相应的活动。这种理论实际上是一种综合课程论,它吸收了多种课程论的长处;也是一种多元课程论,考虑到多元要素的需要,为提高素质这个中心服务。

（三）素质中心课程体系的要点

1. 课程编制的核心是提高人的素质

学校教育的培养目标是提高人的素质，这是我们指导课程编制的灵魂，也是课程编制的中心任务。

人的素质有广义和狭义之分。广义素质包括先天素质（狭义素质）和后天素质。可以概括为以人的先天生理特点为基础，在后天环境和教育影响下形成并发展起来的生理和心理方面相对稳定的属性。

人的素质是个矢量。也就是说，人的素质是有方向好坏或高低之分的。人的素质有好的方向，也有坏的方向，这是以素质所表现的作用是否有益于社会发展和人类进步来衡量的；素质的高低是以人适应世界以及认识和改造世界的能动作用的大小来衡量的。我们的教育要最大限度地提高人的素质，以促进社会的发展和人类的进步。

人的素质是有结构的，具体如图 2-1 所示。

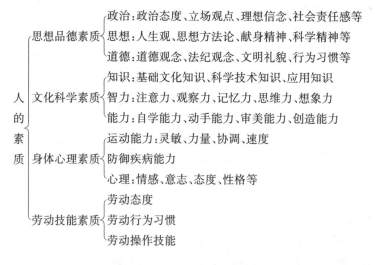

图 2-1　人的素质结构示意图

2. 课程编制必须考虑的三个要素

课程编制必须考虑的三个要素是社会发展、学科发展和儿童发展。

社会发展的需要主要考虑三方面：一是物质文明建设和精神文明建设的需要，尤其是经济发展需要以及爱国主义教育和传统美德教育的需要；二是改革开放的需要;三是信息社会发展的需要。为此,课程编制中,对课程的范围应该采取显性课程与隐性课程相结合,课程内容应该以提高基本学力(学习态度、学习能力、基础知识)为重点。

学科发展的需要主要考虑学科的基本思想、基本方法、基本内容和基础知识,基础知识要精选、范例化、联系实际。

儿童发展的需要主要考虑三方面:一是大脑的全面开发;二是生理、心理发展的规律,尤其是发展的关键期和最近发展区;三是最大限度地开发学生的各种潜在能力,更好地发展学生的个性。为此,课程结构要由必修课程、选修课程和活动课程三个板块组成;课程模式要注重分科模式与综合模式相结合,目标模式、过程模式与情境模式相结合。

3. 课程编制的逻辑系统

课程编制的逻辑系统是以社会发展的需要为出发点和重点,以儿童的发展需要为形式线索,以学科发展的需要为实质线索,建立起以素质为中心的课程教材体系。

社会发展的需要是课程设置和课程内容选择的出发点和重点,只有这样才能保证培养的人才适应社会的需要。例如:我们为了适应我国对外开放的需要,加强了外语课程;为了适应信息社会发展的需要,加强了计算机教育;为了适应经济发展的需要,政治课程中增加了金融、交通法规等知识。

以儿童发展的需要为形式线索(也称能力线索),是指课程设置与课程内容要符合儿童生理、心理的发展阶段,又能促进儿童身心的发展,不同的时期应该有不同的侧重。比如:小学要侧重儿童的生活,侧重培养学生良好的学习习惯和基本能力,培养广泛的兴趣,在玩中学;小学低年级是语言发展的关键期,要重视语文课程的开设;初中开始,尤其是高中,要侧重联系社会和接触社会,侧重学生学习能力的培养和学科的系统知识,侧重学生的个性发展。

以学科发展的需要为实质线索(也称知识线索),是指课程设置与课程内容要考虑不同学科之间知识的相互衔接,也要考虑本学科知识之间的相互衔接、纵向发展和逻辑关系。

4. 课程体系应该是开放的系统

课程体系应该是开放的系统。课程体系要全面实施,单靠学校是无法做到的,必须依靠学校教育、家庭教育和社会教育三位一体才能做到,尤其要依靠少年宫、少年科技指导站、社会场馆和一切可以利用的社会资源的支持。

5. 课程评价要与课程编制的目标相一致

课程评价与课程编制的目标相一致,才能导向并保证课程方案正确而有效的实施,才能全面实现培养目标。

实施课程评价,必须有明确的课程目标,并且将课程目标分解为章节目录,以使评价有明确而具体的目标。

实施课程评价,必须全面评价课程实施人员的教育思想、教师的教育教学素质、教育教学环境、教育教学的实际效果,只有这样,课程评价才有科学性和客观性。

实施课程评价,应结合使用传统评价方法与非传统评价方法。

第二节　制定课程改革中的培养目标

培养目标是课程、教材、教法的出发点和归宿,是进行课程教材改革的基本依据。设计上海中小学课程改革方案,就要先制定培养目标。

这次课程改革中的培养目标是在对全国东南沿海 19 个大城市的实践经验和有益建议进行调查研究的基础上制定的,全面发展仅是基本的素质要求,增加了心理素质的要求和劳动技能素质的要求,尤其是大胆提出了健康的个性发展的目标。

一、培养目标是教育方针的具体化

教育是传递社会生活经验并培养人的社会活动。教育历来都有培养目标,任何教育的培养目标都是国家教育方针的具体化。

我国是社会主义国家,我们的教育是社会主义的教育,是在中国特色社会主义制度下反映社会主义生产方式并为社会主义建设服务的教育。

在一个相当长的时期里,我国把毛泽东在《关于正确处理人民内部矛盾的问题》一文中提出的教育应该"使受教育者在德育、智育、体育几方面都得到发展,成为有社会主义觉悟的有文化的劳动者",作为中小学的培养目标。其实,这是对整个教育说的,不是某一种教育或某一学段教育的特定的培养目标。但当时从幼儿园到小学、中学甚至大学，从普通教育到职业教育，都一律把这句话作为自己的培养目标，既不区分各学段的特点，也不区分不同性质的学校的特点。这样就使得培养目标缺乏可操作性和可测性，而事实上，"升学—应试"却成了普通教育几乎唯一的培养目标，凡是不能升入高一级学校、不能升入高一级重点学校、不能升入大学的学生，大量进入职业学校、走上社会的学生，都成了被"升学—应试"目标刷下来的"失败者"。中小学作为基础教育，确实需要有针对自己的具体的培养目标。这个培养目标要强调为各种层次、各种前途的学生打下共同全面的基础，使学生既具有全面的基本素质，又有健康的个性特长，既有适应升学深造需要的基础，又有适应就业上岗需要的基础，各得其所，各展其长。这是上海中小学课程改革方案确定中小学培养目标的一个基本观点。

中小学教育阶段的任务可以概括为：把握政治方向，重视基础品德，培养基础学力，发展健康个性。这里，政治方向、基础品德是教育的核心，这是培养社会主义接班人的要求。此外，最重要的是培养基础学力。所谓基础学力，最基本的是读的能力、写的能力和计算的能力，还有主动适应能力、基本的劳动能力和劳动技能。解决了基础学力，青年学生中学毕业后，升大学也好，成为普通劳动者也好，当工人也好，当农民也好，就都有了一个自我发展的基础。以后，通过自己进一步的努力，就可能适应各个行业、各个岗位的要求。

中小学阶段的上述特点和基本任务，是上海中小学课程改革提出中小学培养目标的出发点。上海中小学课程改革方案提出：中小学的培养目标是对学生进行德、智、体诸方面的教育，使他们成为有良好的思想品德素质、文化科学素质、身体心理素质和劳动技能素质，个性得到健康发展的适应社会主义事业需要的建设者和接班人。

在上海课程改革方案的中小学培养目标中，身体心理素质和劳动技能素质是社会各界普遍反映需要强化而在过去被忽视的；健康的个性发展作为培养目标被提出，也是既尊重社会需要又尊重人的发展的一个重大突破。

至于小学、初中、高中的分阶段目标，在对中小学总的培养目标具体化时，力求做到内容上有继承、有发展，要求上有层次、可操作，不面面俱到。总的来说，各阶段的培养目标都不求全、不求高，而是实事求是地提出几条。其实，"全"是做不到的，片面求"高"也不符合中小学生实际。比较切合实际的是采用这样的原则：分阶段目标中"没写上的不等于不要，写上的要力争做到"。应该说,如果中小学生能真正做到分段目标所写的几条,就很好了。

二、培养目标以提高学生素质为中心

以提高学生素质为中心,是上海中小学课程改革的基本设计思想。培养目标中也突出了这个中心:对学生进行诸方面的教育是培养人的过程、手段;适应社会主义事业需要的建设者和接班人是基本目标;"四个素质"和"健康个性"是对这样的公民的本质性要求,核心是素质问题。

什么是素质?对此,社会上、教育界的理解还不完全统一。有人强调先天,有人认为包括后天。经过讨论、争论,尤其经过实践中的运用,"素质"这个词的含义有了不少发展。上海教育出版社出版的《教育大辞典》的"素质"条目,给出了两个解释。第一个解释是指"个人先天具有的解剖生理特点。包括神经系统、感觉器官和运动器官的机能特点。通过遗传获得,故又称遗传素质,亦称禀赋。……素质是人的心理特征形成、发展不可缺少的生物前提,但不是唯一的因素。如果一个人缺乏必要的学习和训练,不参加社会实践活动,尽管有良好的素质,也不能发展优异的才能和良好的品质。"第二个解释是指"公民或某种专门人才的基本品质,如国民素质、民族素质、干部素质、教师素质、作家素质等,都是个人在后天环境、教育影响下形成的"。这两个解释,前者指遗传素质,强调先天性;后者指基本品质,强调后天环境与教育的影响。我们的培养目标,讲的是通过德、智、体诸方面的教育后形成的良好素质,更倾向于第二种解释。制定培养目标,要注意认识以下两个关系。

(一)"五育"与"四个素质"的关系

要注意"五育"与"四个素质"之间不是"单通道"的一一对应关系,即不能理解为:进行德育,就只对应学生有良好的思想品德素质;进行智育,就只对应学生有良好的文化科学素质;进行体育、美育,就只对应学生有良好的身体心理素质;进行劳动技术教育,就只对应学生有良好的劳动技能素质。这样的理解,就把德、智、体、美、劳割裂开来了,把"四个素质"割裂开来了。教育是一个完整的系统的工程,不是单打一的。"五育"的区分是就其范畴、性质而言,是为了分类、表达、研究、分析的需要。教育活动不可能只有单一的德育活动或单一的智育、体育、美育、劳动技术教育。教育活动可能偏重于某一方面,但活动本身是综合的;"五育"的结果也是一种综合效应,而不是单一效应。当然,"四个素质"在范畴、性质上也存在区别,但是作为学生、作为一个人,其四方面的素质是集于一身的,每一个素质都是"五育"综合作用的结果,不可能单一地形成某一种素质。

（二）全面提高素质与健康发展个性的关系

如上所述,素质是作为人所具有的特点和品质来理解的,因此有生理素质和心理素质之分。人的个性,是"一个人经常表现出来的本质的比较稳定的带有一定倾向性的心理特征的综合",有着丰富的内容。个性心理特征是在生理素质的基础上,通过一定历史条件下的社会实践活动形成和发展的,其中教育是起主导作用的因素。而素质在个人身上的这种反映,由于遗传、禀赋和潜能所支配的生理结构及机能的不同变化,由于个人经历的教养、境遇的不同影响,便形成了个性的差异。因此,学校教育应该正视这种差异,在对学生群体的统一要求下,在重视全面提高学生素质的同时,注意学生个性特长的健康发展。

三、"四个素质"和健康个性

在上述两个关系的基础上,以下对"四个素质"和健康个性作一些分析。

（一）思想品德素质

这是通过德、智、体、美、劳五方面的全面教育,使学生获得的一个最重要的基本品质,是提高学生素质的首要问题。它包括政治觉悟、思想观念和道德品质。

政治觉悟是指对社会政治生活的认识、理解以及为一定政治目标奋斗的精神。政治觉悟不是自发产生的,而是在教育、引导下,通过参加一定的社会实践,联系实际学习知识和理论而逐步培养和提高的。其集中表现是坚持社会主义道路,坚持中国共产党的领导,坚持马列主义、毛泽东思想,为建设富强、民主、文明的社会主义现代化国家而贡献力量。

思想观念是指有明确的政治方向、立场、原则,以一定的世界观指导的思想状态和特征。表现为学生在个体行为上对特定思想原则和理想的深刻认识和坚定信念,并为此作不懈的追求。作为社会主义的教育,思想观念的根本特征是社会主义的信念、共产主义的理想和科学的世界观、人生观,以及勇于实践的精神、实事求是的态度和科学的思想方法。

道德品质是指一定社会或一定阶级的道德原则和规范在个人思想和行动中表现出的较稳定的特征和倾向。包括道德认识、道德情感、道德意志和道德行为,是知、情、意、行的集合体。社会主义学校要培养学生形成以共产主义道德原则为基础的社会主义、共产主义的道德品质,包括共产主义道德理想、社会主义公民道德规范、社会主义人道主义、职业道德、社会公德等。

培养学生形成良好的思想品德素质,不只是德育的任务,应该坚持"五育"共举、相互渗透的原则。过去,我们的德育课程观比较狭窄,认为提高学生思想品德素质的手段只是德育课程,德育课程又往往只局限于思想政治课,因而德育的渠道比较单一,影响了德育的效益。上海中小学课程改革方案建立了全方位、多渠道的德育课程新体系,全面加强德育工作,力求体现"五育"的综合效应,使学生形成良好的思想品德素质。

（二）文化科学素质

这是在"五育"互相影响、互相作用下学生获得的一种重要的基本品质,它是学生良好的思想品德素质、身体心理素质、劳动技能素质形成和发展的知识与能力基础。文化科学素质包括:系统全面的科学基础知识和基本技能;智力与能力;科学态度和探索精神,包括学习习惯和学习方法。下面分别作一些说明。

基础知识是一个常用的概念,指的是课程标准(或教学大纲)规定中小学生必须掌握的各门学科的基本内容,这是学生适应社会生活和工作要求或进行继续学习所必须具备的基础。基础知识具有相对稳定性,但也随现代科学的发展相应地拓宽更新。

基本技能也是一个常用的概念。技能原是指学生在已有知识、经验基础上,经练习形成的执行某种任务的活动方式。技能包括在头脑中对事物作分析、综合、抽象、概括等智力活动的智力技能,以及大脑控制机体运动而完成的操作技能两种。基本技能则是指学生为进一步掌握较高深的知识、复杂技术或专业知识所需要的基础性技能,它是日常广泛用到的技能,如读、写、算、实验操作、劳动的通用工具的使用与通用技术、计算机操作等。

　　过去,人们对文化科学素质的理解往往局限在获得的文化科学知识及有关技能范围,现在教育界有识之士已逐步形成共识,把获得文化科学知识及技能的智力与能力以及态度与精神等,也作为文化科学素质的重要因素。

　　智力与能力是文化科学素质中的能动因素。对智力、能力概念的表述与理解,历来众说纷纭,但一般比较公认的是:智力是指人认识、适应和改变外界环境的心理能力,集中表现为反映客观事物深刻、正确、完全的程度和应用知识解决实际问题的速度和质量。较多学者倾向于把智力看成各种认知能力的总和,包括观察力、想象力、注意力、记忆力、思维力等,而以思维能力为核心。智力一般被看作为认知素质,与感情和动机无关。它是影响人的行为与作业的总能力,而不是个别的具体能力;它是抽象的潜能,而不是具体的操作能力。能力一般是指完成某种活动所需要的个体特征,有一般能力和特殊能力之分。一般能力适用于多种活动要求,包括各种认识和实践。特殊能力适用于某种专业活动的要求。一般能力和特殊能力是相互制约、相互促进的。能力按发展水平可分为再造性能力和创造性能力,前者是后者的基础。个人经过进一步学习和训练而达到更高水平的可能性一般称为潜能或能力倾向。从智力和能力的概念分析可知,培养能力、挖掘潜能,发展智力、训练思维,对于提高学生的文化科学素质是十分重要的。

　　科学态度和探索精神包括学习习惯和学习方法等。不少人称之为非智力因素,虽然对此有不同意见,但不管怎样,态度、精神、习惯、方法以及情感、意志等因素,对于学生能否获得"双基",能否充分调动智力和能力,是十分关键的能动因素。因此,它们也被列为文化科学素质的组成部分。《中共中央关于教育体制改革的决定》中指出的"不断追求新知,具有实事求是、独立思考、勇于创新的科学精神",正是培养学生应该达到的一种较高的境界。

　　为了提高学生的文化科学素质,上海中小学课程改革方案设计了三个板块的课程结构,按学科群调整了学科的课时配比,更新了各学科的内容,重视了基础学力,强调了教法、学法、考法的改革,这些都体现了上述的教育理论与教育思想。

（三）身体心理素质

　　身体和心理一般是两个范畴的概念。但对于人来说,它们是人的基本品质的物质方面和精神方面,所以可以作为人的一个素质提出来。这样的提法,还包括了身与心的协调和谐发展的意思。

身体素质一般指身体活动时表现出来的力量、耐力、速度、灵活性和柔韧性等。它取决于身体形态结构特点和内脏器官、神经系统机能的调节状况。它是人们劳动、生活的物质基础。

心理素质是人比较稳定的心理品质,它的表现形式包括感觉、知觉、表象、注意、记忆、想象、思维、情绪、意志等方面。良好的心理素质有先天的因素,更有后天锻炼的作用。在我国的教育中,过去很少提心理素质,上海中小学课程改革方案把它列入了培养目标,这是很有意义的。如果说过去在身体素质的提高方面还有很多经验,有较系统的检测指标和手段,那么在心理素质方面我们是缺少经验的。我们还没有提高心理素质的系统经验,没有形成中国特色的心理测量体系,更缺少能开展心理咨询的经过专业培训的教师。这需要我们在实践中逐步完善。

在上海中小学课程教材改革中,对于心理素质的基本要求大体是:有较好的感知、注意、记忆、思维能力;有较强的意志和毅力,能控制自己的情绪,有应变能力;在群体中要有合作共处精神,既不自傲、排他,又不自卑、自弃。具体对中小学生怎样提出要求,提到什么程度为宜,还需要在实践中进一步研究并完善。

在上海中小学课程改革方案的分阶段培养目标中,每个阶段都提出了身体心理素质的要求,这一方面体现在思想品德素质和文化科学素质的有关表述中,另外还直接提出了一些关于身体素质和心理素质的要求。例如:小学"会唱,会画,会玩","爱清洁,讲卫生,爱好体育活动;懂得安排自己的学习、劳动、娱乐、休息时间"。初中"具有健康的体质和良好的卫生习惯","初步具有自制、自理能力,有积极进取的精神"。高中"有健康的体魄和审美能力,有良好的意志品质和一定的应变能力,有探索和创造的精神"。

(四)劳动技能素质

把劳动技能素质列入培养目标,是教育观念上的一个突破,是教育理论和实践的一个进步。这样做至少有如下理由:一是社会需要的各层次人才都应具有一定的劳动技能,即使大学生、研究生也不例外;二是基础教育的双重任务,有许多学生是不升大学的,他们需要一定的劳动技能基础,以适应社会主义建设岗位的需求;三是人的全面发展的要求,马克思、恩格斯认为造就全面发展的人的唯一方法是教育与生产劳动相结合;马克思把教育理解为智育、体育、技术教育三件事。

劳动技能一般是指顺利完成某种劳动任务所需要的、一定的知识和经验,主要是动作技能,包含控制成分和动作成分。劳动技能要在劳动中经过练习形成。

上海课程改革方案中小学培养目标所指的劳动技能素质在含义上要比劳动技能广一些,它包括:正确的劳动观点、劳动态度和劳动习惯,懂得人民群众是生产劳动的主体和社会历史的创造者,养成艰苦朴素、遵守纪律、关心集体、爱护劳动工具、重视产品质量、珍惜劳动成果的优良品质;初步掌握生产劳动或通用的职业技术基础知识和基本技能;有正确的职业观念和择业知识。

上海课程改革方案为了体现这个培养目标的要求,在课程编制中加强了劳动技术课,并新设了职业导向、职业指导课,引进了职业技术教育的元素。劳动技术学科虽然不是带有职业分工、职业定向性的职业技术专门课程,但它按照"二面四线"("二面"是指生活和劳动,"四线"是指使用保养维修、加工工艺、种植和农副产品加工等四个劳动技术系列),选择了一些职业技术项目作为载体,如工艺、园艺、编结、木工、钳工、电工、电子技术等,使学生掌握一定的作为职业技术基础的通用性实用技能,更好地了解国情,了解社会,了解工农群众,培养劳动态度和劳动观点。

（五）健康的个性发展

在强调全面提高学生素质的前提下,上海中小学课程改革方案中的培养目标提出了"个性得到健康发展"的思想。这是上海中小学课程改革方案的重大突破之一。过去很长一个时期,我国的教育结构、课程模式过分单一、过分集中——单一的必修课形态以及单一的升学、应试目标,因此就过分强调了共性,往往用固定的尺度、框框去要求每一个学生,忽视了人的差异性和多样性,忽视了社会对人才实际需求的多样性,这样也就忽视了学生个性才能的发展。此外,教育常常局限在抓"两头",即尖子生和后进生,不重视对全体学生中不同个性才能、不同能力倾向的学生的因材施教。其实,马克思主义是尊重人的个性发展的,《共产党宣言》就提出,"每个人的自由发展是一切人的自由发展的条件"。应该说,人的禀赋、爱好、性格和环境条件是不同的,有些人往往在某些方面或某一方面有才华,而在其他方面则一般甚至有某些缺陷。这样的人才、苗子,我们稍一疏忽就出不来,就不能很好地成长。如果要求面面俱到,把"全面发展"理解为"全优",那就会埋没甚至扼杀人才。因此,上海中小学课程改革方案提出的培养目标,一方面强调"全面发展"的基本素质,另一方面提出"发展个性",让学生学有所爱,学有所长,各得其所,使才华横溢的尖子或杰出人才不断涌现出来。

培养目标讲的"个性发展",是教育范畴的要求,是尊重客观上存在的人的发展的多样化。在设计思想上,有三点考虑:这里所谓的个性发展是有前提的,这就是"四个素质"的全面提高;培养目标提出的"个性",是指在性格、兴趣、爱好、特长等方面,一个人和其他人的区别,是反映个人的独特性,反映个人才能或能力倾向的差异;提出个性的健康发展,体现了教育的导向性,即通过教育的作用,个性的发展在健康的轨道上进行。

在中小学中谈发展个性,应该注意中小学生还处在"成长过程中"的特点。由此出发,对个性发展进行引导,至少应包括四个含义:一是个性发展的广域性。成长期的青少年的个性爱好不能太狭窄,要向较广泛的方向发展。尤其是小学、初中的学生,兴趣、爱好方向未定,还在自我探索、尝试选择的过程中,教育者在引导学生发展个性方面,要注意开阔他们的视野,不要限制得过狭、确定得过早。二是个性发展方向的可变性。青少年可塑性很大,个性爱好、兴趣特长也不是一成不变的。而且随着环境、学习条件、身心条件的改变,不仅可能而且必然会有所改变。有的学科来了一位好教师,一个班级便会有不少学生的兴趣转移到这门学科上来,有的学生甚至将其发展为终身的专长。三是个性发展的制约性。在引导个性发展时,要让学生懂得个性的发展与社会和环境密切相关,必然受到社会环境和社会需求的制约。四是个性发展的目的性。个性发展的目的是服务社会,个人要为社会主义事业服务,为人民服务。有了上述四点,才可以说个性发展是健康的、合理的。

为体现健康发展个性的目标,从课程方案到课程结构、学科群及各学科都作了相应的设计。

第三节 一期课程方案的编制

采用课程方案和课程标准的设计,其主要目的在于将课程教学的自主权适当地还给学校,学校可以从校情出发制定学校课程计划和学科教学要求,办出学校特色。采用三板块或三种功能型的课程结构,以及必修课程四大学科群或基础型课程分成八大学习领域的设计,其主要目的在于多给学生学习的自主权和选择权,促进学生的全面发展和健康的个性发展。

以 1989 年 4 月由上海中小学课程教材改革委员会通过的《上海中小学课程改革方案(草案)》(简称《'89 课程改革方案》)进行分析。

一、九年制义务教育课程方案

上海一期课程方案——《'89 课程改革方案》可以概括为:内容九年一贯,办学五四分段;优化课程结构,调整课时配比;改进课程设置,更新教学内容(见表 2-1、表2-2)。优化课程结构体现在设计三个板块的课程结构,建立必修课程的四个学科群。

表 2-1 全日制九年制义务教育周课时安排表

科 目 / 周课时 \ 年级			一	二	三	四	五	六	七	八	九	上课总课时
广 播 操			每天 15~20 分钟									
眼保健操			每天 10 分钟									
思想品德(时事)与晨会			每天 10~15 分钟,每周 3 次思想品德(或时事)课,3 次晨会									
公 民								1	2	1	2	200
工具学科	语文	阅读	6	6	4	4	4	5	4	4	4	2004
		写字	3	3	2	1.5	1.5					
		说话和作文	1	1	1	1.5	1.5					
	数学		3	3	4	4	5	4	4	4	4	1228
	外语				2	4	4	4	4	3	3	686

(续表)

科目 / 周课时 / 年级			一	二	三	四	五	六	七	八	九	上课总课时
社会学科	社会				2	2	2					216
	分科型	历史							2	2	2	200
		地理						1	2	2		170
	综合型	社会							(3)	(3)	(3)	300
自然学科	自然常识		1	1	1	1	1					180
	分科型	物理								2	2	132
		化学									3	96
		生物						2	3			170
	综合型	理科							(3)	(3)	(3)	368
技艺学科	体育与保健		2	2	3	3	3	3	2	2	2	792
	唱游　音乐		3	3	2	2	2	1	1	1	1	576
	美术		2	2	2	1	1	1	1	1	1	432
	生活与劳动		2	2	1	1	1					252
	劳动技术							2	2	2	2	288
	职业导向									1	1	72
	计算机									2		72
并设科目			7	7	9	9	9	10	11(10)	13(12)	12(11)	
周课时数			23	23	24	24	24	24	27(26)	27	27(26)	7766
选修课										2	3	168
课外活动	体育锻炼		3	3	2	2	2	2	3	3	3	828
	班、队、团活动		1	1	1	1	1	1	1	1	1	324
	兴趣活动 / 阅览与自习		每周共 6 课时			每周共 8 课时				每周共 5 课时			2232
社会实践活动			每学年 2 周						每学年 3 周			
周活动总量			33	33	35	35	35	35	39(38)	38	39(38)	11318

表2-2　每周课外活动和全年活动总量安排表

项目＼年级周课时			一	二	三	四	五	六	七	八	九	备注
每周课外活动	体育锻炼		3	3	2	2	2	2	3	3	3	
	班、队、团活动		1	1	1	1	1	1	1	1	1	
	兴趣活动		每周共6课时		每周共8课时				每周共5课时			学校可根据自身条件开展以学生为主体的社团、文艺、文学鉴赏、科技等各类富有特色的兴趣活动。
	阅览与自习											培养学生阅读能力和独立学习的习惯，也可用于完成作业，以减轻回家作业负担。
全年活动总量	考试学科	上课周数			34周	34周	34周	34周	34周	34周	32周	一、二年级取消升级考试
		复习考试			3周	3周	3周	3周	3周	3周	5周	
	考查学科	上课周数	每学年以36周计					每学年以34至36周计				
		复习	1周	1周	1周	1周	1周	1~3周	1~3周	1~3周	1~3周	
	小计		37周	37周	37周	37周	37周	37周	37周	37周	37周	
	社会实践活动		2周	2周	2周	2周	2周	2周	3周	3周	3周	
	活动总量		39周	39周	39周	39周	39周	39周	40周	40周	40周	

注:1. 一至五(或六)年级每节课为40分钟,小课每节20分钟,课间休息15分钟。六(或七)至九年级每节课为45分钟,课间休息10分钟。

2. 一、二年级不留课外作业。

（一）内容九年一贯，办学五四分段

内容九年一贯，办学五四分段，体现九年制义务教育的整体性和阶段性。

1. 内容整体性：内容九年一贯

从前，在没有实行九年制义务教育的情况下，部分小学生毕业后有就业的可能，与此相适应，小学的课程设置和教学内容同初中是相对独立、自成体系的。现在，按照《中华人民共和国义务教育法实施细则》，经济、文化比较发达的地区应率先实行九年制义务教育。小学生毕业即就业已经不可能、不允许，因而小学和初中相互独立、自成体系也就没有必要。从上海的实际出发，《'89 课程改革方案》对九年的内容作了一贯的安排，使它们成为一个整体。例如，自然常识从小学一年级起开设，直到五年级。

外语学科从小学三年级起开设，直到九年级。在设计上，小学阶段的三到五年级主要安排听和说，基本没有或很少安排读、写的要求。六年级起（初中）则逐步进行听、说、读、写的全面训练。

数学学科根据学生的年龄特点和接受能力，将原来的小学算术、初中代数与平面几何的内容，在九年内作统筹安排。代数方程在四、五年级逐步出现，以解决小学算术应用题这个难点，而不是非得在初中才开始学习代数；原来安排在小学的分数知识拆成两块，三年级先学习比较容易的同分母分数运算，到六年级再学习异分母分数，不硬把包括通分、约分、公倍数、公约数等一系列有关异分母分数运算的难度较大的知识放在小学，分散了原来的难点。平面几何知识也是从小学到初中全面安排，不是小学讲了一通以后，到中学又另下定义、另起炉灶。

劳动技术教育也是九年统一安排。一至五年级为"生活与劳动"，低年级偏重生活教育与生活自理劳动，以后逐步加强劳动训练与技术教育；六至九年级为"劳动技术"学科，既有生活劳动，又逐步加重生产劳动的通用技术基础；八、九年级并行开设"职业导向"学科。

2. 办学阶段性：办学五四分段

征求意见过程中，很多专家和社会人士认为，如果把义务教育的九年办在一个校园里，让 6 岁的和 15 岁的学生一起读书，学生的年龄特点和身心发展情况差异太大，对学生成长会有所影响，对学校的管理也会带来不少问题。《'89

课程改革方案》考虑到学生发展的这种阶段性,根据上海的实际情况,决定把一到五年级放在小学和六到九年级放在初中进行分段办学。

（二）设计三个板块的课程结构

根据贯彻国家教育方针的大前提和"两个改变""三个突破"的期望目标,《'89课程改革方案》设计了由必修课程、选修课程和活动课程三个板块组成的课程结构。

1. 设计新的课程结构

基础教育的课程通常有两类,一类是学科课程,一类是活动课程。

学科课程起源于古代中国和古希腊。它由一定数量的不同学科组成;各学科具有特定的内容、一定的学习时数和学习期限。在操作上,学科课程都有确定的教材和教学计划,有规定的教学目标和教学要求,以班级授课、课堂教学为主,要对学生进行考核评价,其成绩对学生的升留级或毕业发生影响。

活动课程相对于学科课程,主要倡导者是美国实用主义教育家杜威。其特征:(1)以儿童的活动为课程中心。内容关注儿童日常生活经验,要求儿童从自己的生活和经验中学习。(2)课程内容的选择取决于学生的需要和兴趣。学习计划由师生共同设计。不同学生的学习内容因兴趣的不同而有很大差别。组织形式一般为综合作业的形式。

根据既要有良好的基本素质又要有健康的个性的培养目标,上海中小学课程教材改革把学科课程和活动课程设计在一个课程结构中,有一定的配比,相互配合,成为一个整体。在学科课程中,从打好共同基础和个性选择相结合的角度,分别设置必修课程和选修课程,把它们称为板块,连同活动课程一起,形成两类课程、三个板块的课程结构。

2. 开设选修课程

选修课程是在学科课程之中、必修课程之外,由学校自定科目、由学生自主选科修习的一类课程。选修课程和必修课程都是学科课程,但它们又有很不相同的地方:(1)必修的各学科一般都按固定的教学班进行教学,选修课程则按修习同一科目的学生另组教学班;(2)必修课程规定同年级学生都必须修习,选修课程则允许学生根据个人的兴趣爱好自主修习;(3)必修科目的内容与要求,主要给全体学生打好共同的基础学力,确保基本素质的全面提高,必须掌握让全体学生基本上都能达到的水平,选修科目的内容与要求则既可偏重动手,也可偏重动脑,既可偏重深度,也可偏重广度,不必考虑是否所有学生都能掌握,主要有利于发展学生的个性才能。选修课程的作用,至少有三个方面:(1)增加学校课程设置的灵活性和弹性,使学校办出特色,教师发挥特长;(2)适应不同学生的不同能力、素质、能力倾向和职业倾向,使学生各得其所、各钻其爱、各展其长;(3)增强学生适应以后进一步深造和适应社会生产与生活需要的能力。

过去的课程计划,基本上是单一的必修课程。连高中都很少开设选修课程,初中就根本没有选修课程了。《'89 课程改革方案》在义务教育初中阶段的八、九两个年级开始开设选修课程,带有让学生初步适应和尝试探索自己的发展方向的性质。

3. 新设活动课程

上海课程改革方案中的活动课程,借鉴了杜威的活动课程思想,但又有很大的不同。杜威的活动课程是把学生的全部在校时间都安排为学生自主活动,而上海课程改革方案的活动课程,是由上海以往的课外活动发展而成的一种课程,它只占学生在校时间的 1/4 左右。也就是说,杜威的活动课程是课程的全部,而今天我们的活动课程只是整体课程的一部分。更重要的是,它既吸收了过去课外活动的长处——自主性和活动性,又改变了仅以尖子生和补课生的活动为主的不足,实现了课程化和全员化。这个方案中的活动课程是从学生的年龄特点、智能水平和生活内容出发,由学校组织的学生全员参加、自主自治的集体教育活动。活动课程和选修课程的共同之处是,都允许学生自主选择科目或项目,都侧重于发展个性才能;一般都不按固定教学班组织教学或活动,也不规定基础学力水平的要求。当然,活动课程与作为学科课程的必修课程和选修课程都有不同,学科课程一般以课堂教学为主,而活动课程有主要按班级组织活动的,也有更多是按兴趣和志愿组织成社团或小组开展活动的;必修课程和选修课程使用规定的或选定的教材,有教学进度计划,有教学目标要求,要进行考核,而活动课程不统一规定使用的教材,不规定教学进度和目标要求,深广自如,学生可各尽所能、各展所长。

从具有灵活性和弹性、发挥学校特色和教师特长、发展学生个性和培养学生能力等方面看,活动课程与选修课程的作用是相同的,但活动课程是作为课程结构中的学科外教育,具有一定的综合性、跨学科性,它给学校、教师和学生以更大的自由度来开展学生积极的集体活动和集体生活,保障学生个性、能力的发展;同时,通过课程化的集体活动和集体生活,丰富学生的整个生活。

《'89课程改革方案》中的活动课程与过去的课外活动相比,一是延伸拓广,二是课时增加,三是对象扩大。过去,一般学校也大多有课外活动,但往往局限于少数尖子参加的学科兴趣小组活动,或部分成绩较差学生的补课活动,而且活动时间很少,又没有正式列入课程计划,没有面向全体学生,学生可参加可不参加。上海课程改革方案把班团队活动、体育锻炼活动、学科兴趣活动、阅览自习活动这四项以分散安排为主的活动以及一般集中安排的社会实践活动合在一起,称为活动课程,正式作为学校课程的一个重要板块。在这个方案中,活动课程设计具有一个非常广阔的天地。活动课程的周课时数,小学较多,初中随必修课程科目和课时的增加,活动课程的课时适当减少,八、九年级起有了选修课程,活动课程的周课时又相应减少,但各年级仍然安排了每学年1～3周的社会实践活动。

要探索活动课程的教学模式,就必须认识清楚活动课程的本质和特点。设置活动课程旨在更好地实现素质教育,活动课程是指"在教师的指导下,以学生活动为中心,学生全员参加,并在活动中自主发展的一门课程"。根据这一界定,我们可以把握这样一些要素:(1)教师的作用是指导;(2)学生要全员参加;(3)学生是活动的主动者,可以根据自己需要,自由选择、主动参与、自己活动;(4)学生在活动中发挥才能,发展个性特长。把握了这些要素,接下来就要进一步思考:活动课程的本质究竟是什么?

要思考活动课程的本质,首先就要思考人的本质是什么。人的本质就是活动,是自觉的活动,人是在自觉的活动中得以生存的,是在活动中逐渐发展的;换个角度来说,假如没有活动,人们就无法认识和改造主观世界与客观世界,就没有今天的"人"。我们常说孩子生性好动,实际上就点出了人的本质。教育的本质就要体现人的本质,现在我们开设活动课程,就是抓住了人的本质,或者说,是自觉地把握了人的发展规律。有了这样一个认识,活动课程的本质也就清楚了,简单地说,可以把活动课程的本质概括为"做中学,在实践中认知",这与必修课程、选修课程是不同的。

以往学校的教学,主要通过必修课程和选修课程来完成教学目标,学科的知识性、系统性很强,而对学生的个性发展不够重视。上海的课程改革提出和实施了三个板块的课程结构。在这个课程结构中,必修课程、选修课程侧重于学生基础学力的培养与提高,而活动课程则重于培养学生积极参与的意识、综合运用文化科学知识的意识以及团队合作的意识,强调培养和提高学生的学习能力、动手能力、交际能力、创造能力等,或者说,活动课程强调学生潜能的开发,强调知识的综合运用,强调学生的活动与实践,这也就是活动课程的本质——做中学,在实践中认知。

把握了活动课程的要素,认识到了活动课程的本质,还要研究活动课程的特点。活动课程具有如下六个主要特点。

一是综合性和跨学科性。活动课程是以活动项目来组织的,必然涉及各方面的文化知识、科学技能以及交际能力、创造能力等,如《自制饮料及推销》一课,既有化学知识,又有操作能力、表达能力以及合作意识、竞争意识等,《音画水族馆》一课,既有音乐知识,又有美术知识、自然知识等,这就体现了活动课程的综合性特点。

二是实践性。活动课程是以学生的活动为中心的,是学生在活动中学习,在活动中提高认识、培养能力的,所以具有很强的实践性,而实践性这一特点其实也体现了自主性这一要素。尽管教师也有指导,但决不代替学生的活动,不给学生以结论性的意见,也不是进行知识的传授,而是让学生自己在活动的过程中有所体验,有所发现,有所概括。

三是全员性。尽管学生可以根据自己的特点来选择活动项目,但必须人人参与,这与过去学校开展的课外活动是不同的,因为课外活动学生可参加,可不参加。全员性这一特点,实质上就是要求全体学生在活动中培养自己的能力,发展自己的个性和特长。

四是兴趣性。活动课程强调学生自主地参与活动,培养和发展学生的兴趣爱好及个性特长,这就要求活动的项目本身带有兴趣性,也要求在活动中始终激发学生活动的兴趣。学生在活动中或动手实践、互相讨论,或独立思考,或随着节奏起舞,或振振有词自我推销,个个神情怡悦,这也可以称之为"乐为学"。

五是多样性。活动课程的开设,并不要求形式、内容的统一,而要求根据学校的特色和学生的特点,有针对性地来开设,学生则根据自己的兴趣爱好及特长,自主地来选择活动项目,这就要求活动课程带有多样性和多层次性,这也有利于学生个性、特长的培养和发展。

六是开放性。活动课程的内容、实践、空间可以不受限制,既可以在课堂里活动,也可以在课堂外活动,例如,在社会实践基地、图书馆、少年宫(少科站)、运动场等场所活动;有时可以是全校、全班的活动,有时可以是小组甚至小小组的活动。有些活动,例如调查、采访等,可以由学生自由选择对象,自己确定内容,自己组织外出活动。

从活动课程的本质和特点可知,学生的活动是素质教育中不可缺少的要素。活动课程的开设是实施素质教育的具有革命性意义的一项举措,因为素质教育就是根据社会和人的发展需要,充分发挥学生的主动性、主体性,最大限度地开发学生的潜能,形成健全的人格。

4. 优化板块课时配比,形成课程新格局

在设计三个板块的课程结构的基础上,《'89 课程改革方案》适当调整和合理优化了课时配比。这个方案与过去教学计划中的周总课时数大体相同,但新方案的必修课程课时由过去占总课时的 3/4 减少为占 2/3 左右,而活动课程加选修课程的课时由过去占总课时的 1/4 增加到占 1/3 左右。

三个板块的课程结构和合理优化的课时配比,是课程理论和实践的一个进步,也是实现两个"改变"、三个"突破"的期望目标的基本措施之一。必修课程的课时占总课时的较大比例,可以使学生获得扎实的共同的基础学力;而较为充分的选修课程和活动课程,一方面可以使学生的基础学力有进一步的发展,另一方面又能使学生个性在自己有兴趣、有爱好、有潜能的方向上得到健康发展。

课程结构和课时配比上的优化组合,形成了一个"五育"共举、各科互补的课程新格局。例如,在课程新格局中,德育系统是一个分布在三个板块上的网络,由显性的三条线以及显性与隐性相结合的一个面构成。三条线就是必修课程中的思想品德和思想政治课,活动课程中的班队团活动,每学年 1~3 周的社会实践活动。一个面,就是各门学科、各项活动都要贯穿和渗透德育,成为显性或隐性的德育工作阵地。为了保证上述"三线一面"的德育工作取得应有的效果,课程改革方案还提出建立以学校教育为主的学校、家庭、社会一体的"三位一体"的大德育机制,积极开发德育资源,拓宽德育渠道,优化德育环境,变封闭式教育为开放式教育,以更有效地克服德育脱离社会实际、脱离学生实际的弊端。

（三） 建立必修课程的四个学科群

根据学科的本质及其属性和功能的相近或相似,上海的课程改革方案将必修课程分成德育、工具、知识和技艺等四个学科群。建立四个学科群,不是为了精确分类,而是为了达到四个目的:(1)重视课程的全面性,认识每一个学科群的性质、价值和学习方法及其代表,便于学习和把握;(2)加强学科群中学科之间的联系;(3)发挥学科群的整体效应,减少内容不必要的重复;(4)体现学科的可选择性,培养学生的个性特长。各学科之间、学科群之间乃至各板块之间,都互为影响、互相配合,对学生进行德、智、体、美、劳诸方面的教育,产生一种结构互补的综合效应,使学生的素质得到全面提高,个性得到健康发展。

1. 德育学科群及其主要特色

德育学科群包括小学的思想品德学科和中学的思想政治学科,这些是显性的、有形的、基本的德育课程。

思想品德学科(一至五年级)为增强针对性和实效性,低年级在时间上由每周 1 节 40 分钟,改为每周 3 小节各 15 分钟;高年级在时间上可以每周 1 节 40 分钟,也可以每周 3 小节各 15 分钟。内容主要以国家颁布的《小学德育纲要》《小学生日常行为规范》和《小学生守则》为依据,编写专题组合式的、以故事形式为主的教材。

思想政治学科,初中阶段(六至九年级)四个学年分别学习公民道德、公民心理、公民法制、公民责任等四个专题,目的是使学生了解社会主义社会公民的基本道德准则及其基本内容、社会主义法制的基本原则和主要内容、公民心理素质的基本品格和培养方法等方面的知识,了解社会主义公民的基本权利、义务和重大国策,了解自己承担的社会责任。高中阶段以马克思主义常识为中心,三个学年分别学习人生观和世界观、社会主义政治以及社会主义经济。

2. 工具学科群及其主要特色

工具学科群包括语文、数学和外语学科,这些学科除了学科本身的科学知识外,还有被其他学科所用,作为解决文字读写的、计算的、空间模式的有关问题的工具,特别是还能使学生掌握理解、表达和处理生活与思想的"文化技术",

因而对这些学科的改革特色是要突出它们的工具性。

语文学科努力改变过去以文字辨析、文章分析、文学赏析为主体，不重视作为工具学科的语言文字知识应用和交际表达能力培养的教学体系，建立以训练阅读能力为主线、以强化表达能力为重点、以提高语文整体素质为目标的新体系，重视知识积累、习惯培养、学法传授、思维训练和德育渗透，运用多种教学媒体和教学手段，加强实践性和应用性，突出工具性。

数学学科改变过去忽视由实践抽象出数学模型而忽视运用数学于实践，单纯强调数学运算和数学推理等做法，突出数学学科的实践性、应用性。

小学数学同原来的小学算术相比，简化了繁复的数字运算，降低计算的熟练性要求，提高估算与合理运算的训练；打破整数、小数、分数分块的格局，加强三者之间的糅合与联系；提前在四年级引入负数（负整数）与一元一次方程，降低算术应用题的难度；简化珠算，而从三年级起有计划地引入并介绍计算器，但不作为日常学习和运用的计算工具。

代数比过去加强了函数观点，重视形数结合；简化式的运算，降低用纸、笔求解方程的难度；增加统计知识和实际应用的内容。

几何从一年级到九年级作了统筹安排。一至五年级主要是以观察实物直观为学习方法的"直观几何"，六至七年级主要是以图形运动变换为实验手段的"实验几何"，八至九年级才是主要以训练推理论证能力为目标的"论证几何"。这三个阶段连成整体、循序渐进，整个几何教学注意加强操作实验，重视感性认识的形成以及由感性认识到理性认识的过渡，降低繁难论证的要求，加强逻辑推理能力和实际应用能力的培养。

外语学科改变长期来以语言知识结构和语法结构为主的结构法体系，建立语言、语法结构与语言交际功能并重的结构功能法体系，即以结构为框架，辅以实际情景，而以交际功能的训练贯穿始终。

小学阶段的三至五年级开设外语学科，着重听听、讲讲，适当进行字母书写；将简单、实用的几十句日常用语，编写成小对话、小故事、儿歌、游戏，用有声磁带作为主体教材，以情景式的书面图文作为辅助教材。

六至九年级在继续培养听、说能力的基础上，逐步加强读、写能力的培养。教材的课文以对话为主，八、九年级适当增加叙述体课文，结构法和功能法相结合。

3. 知识学科群及其主要特色

知识学科群包括社会学科方面的历史、地理或综合文科，以及自然学科方面的物理、化学、生物或综合理科。这些学科都是以一定的系统知识作为其内容，目的是使学生掌握这些知识内容。但过去的知识学科普遍重视理论性、系统性和严密性，忽视社会实践和技能操作实践。上海中小学课程教材改革中，针对这些学科各自的特点，加强了理论和实际的联系，加强了实践、操作和应用的环节。

社会学科融合政治、经济、历史、地理、法制、伦理等方面的知识，以块、面、点组合的构建形式，由近及远、学用结合，形成新的体系。注意反映日常社会生活和对外开放中的有关内容。每一方面的知识，都重视渗透社会发展、社会公德和公民责任等思想政治教育要求，教育学生正确认识社会、适应社会、服务社会。

地理学科分别在六、七、八三个年级学习自然地理、中国地理和世界地理。教学内容突出乡情、国情和世界概貌，把了解乡情作为了解全国、了解世界的起点。注意传统地理和现代地理有机结合，自然地理和人文地理恰当组合，区域地理和系统地理相互渗透。既注意学科系统性，又采取专题式、特征式编排，以符合学生的年龄特点和接受能力。

历史学科按中国史和世界史分开学习，不强求系统性，但注意历史的内在联系。突出中华民族优良传统和国情教育，适当删减政治史的一些内容，删去古代土地赋税制度和难懂的历史概念；拓宽知识面，增加科技文化、中外交往、发达地区经济发展、人口环境等方面的内容，还增加了各历史时期的社会生活与风俗。

综合理科(科学)是让一些学校试验替代原来分科的物理、化学、生物和自然地理的一门综合学科。它是在原有四门分科的基础上，通过科学思想、科学方法和共有的理论结构，采用覆盖性主题、交叉的边缘性课题和应用性课题等综合的组织方法，在不同层次上将有关知识融为一体，组成一个完整的理科学科体系，培养学生从整体上初步地认识自然界及其相互联系的规律，热爱自然界和自然科学，认识人与自然的关系，学习和运用一些科学的方法，并为学习分科科学打下基础。

物理、化学、生物学科根据社会生产发展和人民生活改善等方面的实际应用，从初中学生的接受水平出发筛选更新内容，降低定量要求，强化定性分析。体系上，物理学科以物质及其相互作用、运动、能为主线；化学学科以物质结构、元素化合物的内在关系及变化规律为主线,或将化学在社会实践中的应用课题所组成的系列作为主线;生物学科改变动物、植物分科各成体系的做法,以植物、动物、微生物的一般生命活动的现象为主线。安排上注意在具体事实的基础上,让学生通过观察、实验、探究,来获得有关物理现象、化学现象和生命现象的基础知识和基本技能,同时培养学生自己获取知识的能力。

4. 技艺学科群及其主要特色

技艺学科群包括计算机、劳动技术与职业导向、音乐、美术、体育与保健等,这些学科大体上是以实用制作活动和艺术表现活动为主的。但是过去这些学科也偏重于知识性、理论性和系统性,教学内容和模式单调枯燥,轻视实用性和实践性,轻视动手操作和表演活动。上海中小学课程教材改革明确了这些学科的性质和定位,内容丰富多彩,形式生动活泼,加强了动手操作、实践运用和学生活动。

计算机学科改变学习计算机语言和程序设计为主的内容体系,重点学习电子计算机的一般常识和基本操作,包括正确的键盘指法,开机、关机及软盘驱动器和简单软件的使用等,重视知识性与实践性、应用性与操作性相结合。

劳动技术与职业导向学科改变单纯按职业技术行业安排内容的职业化、专业化倾向,从小学到中学按生活和生产两个方面,安排了生活起居、加工工艺、使用安装维修、种养与农副产品加工等四个系列。每个系列选择某些劳动技术项目为载体,使学生掌握简单、基本的劳动工具和劳动技能,培养良好的劳动习惯和劳动态度。八、九年级的职业导向学科是全新的内容。它向学生介绍社会职业知识,使学生了解社会职业的分工,不同职业类的性质、社会作用、发展趋势,以及不同职业对从业人员的思想、文化、身心、技能等基本素质的要求,帮助学生学习了解自己的学业、生理、心理、兴趣、特长、能力和气质等特点,引导学生扬长补短,使学生明确正确的择业观、价值观和人生观,初步培养职业感情。

音乐学科在一、二年级称唱游课,三年级起为音乐课。设计上改变单纯唱歌、内容单一的结构体系,从培养学生感受音乐、表现音乐和鉴赏音乐的能力出发,做到歌唱、舞蹈、演奏、欣赏并重,知识、视唱、练耳兼容。小学低年级唱游强调动中学、玩中学、乐中学;中、高年级以读谱、识谱的知识和技能为主线,强调感性的认识和技能技巧的运用;中学以音乐要素为主线,以主题单元的形式螺旋上升的结构,将以前学习的音乐知识和技能扩大、延伸、提高,发展对音乐的理解和分析能力。

美术学科提升了美术学科的定位和要求。美术学科是学生获得造型艺术的基础知识和能力、对学生进行审美教育的重要课程。从美学角度对学生培养兴趣,培养观察能力、记忆能力、想象能力和创造能力,初步学会使用工具和技法,能够欣赏美,用美术表达自己的心愿以及歌颂周边美好的人物和生活。

体育与保健学科改变以竞技体育为主要内容的教学体系。小学的体系以发展学生的基本活动能力为主线;初中的体系以发展学生的身体素质为主线。从小学到中学比较系统地编排了体育、保健的基础知识和基本技能。体育侧重于发展体质的功效,保健侧重于养护体质的作用。两者的结合,可以达到更有效地增强体质的目的。

5. 调整优化学科群及学科之间的课时配比

课程改革方案对各学科群之间、各学科之间的课时配比也作了调整优化。与过去的课程计划相比,还有以下两点做法。

其一,在工具学科中,语文、数学两科的课时占比略有下降。因为过去这两科的课时占比太高,繁琐陈旧的内容不少,经过新的处理后稍稍减去一点课时,这已得到近十年的教育教学实践的证明。在工具学科中,外语学科的课时占比有所增加,三门工具学科在必修课程总课时中的占比达 50% 以上。社会类、自然类学科的课时分别占必修课程总课时的 10% 左右,既保证知识学科群的占比达到 20% 以上,又避免在课时上出现文轻理重的现象。在技艺学科群中,音乐、美术、体育三科的课时占比略有增加,而计算机、劳动技术、职业导向三门职业技术教育基础学科的课时占比增幅较大,以利于促进学生应用实践、动手操作能力的提高和职业观念的加强。

其二,在语文、数学这两门课时最多的学科的关系上,课程改革方案的处理方法是错开课时高峰。过去,小学一、二年级语文和数学两科的课时都是各年级中最多的:语文每周 11 节,数学每周 6～8 节,造成两个高峰重叠,压在小学生身上,不利于学生身心的健康发展。课程改革方案把两个高峰错开,一、二年级安排语文每周 10 节,以确保学生掌握汉语拼音、识字写字,而数学则只安排每周 3 节,课时数为各年级数学课时中最少的,不急于学多学难。三年级起语文课时逐年减少,数学课时逐年增加,到六年级起两科都稳定在每周 4～5 节。这样做既有利于学生学好知识,又不会过分加重学生的学业负担。

（四）改进课程设置，更新教学内容

新编九年制义务教育课程方案同过去小学、初中的教学计划相比，改进了课程设置，更新了教学内容。改进课程设置的主要做法，一是增设新学科，二是革新原有学科。增设新学科，主要是增设了综合性的社会学科和理科学科，分别把历史、人文地理、社会学综合为社会学科，物理、化学、生物、自然地理综合为理科，供学校选择试验，替代分科性社会学科和分科性自然学科。小学阶段一至五年级的自然常识，是与过去的教学计划相同的，都是综合性的学科；初中阶段的七至九年级，对于综合性和分科性就不搞一刀切，课程改革方案既设置综合性的社会和理科，又设置分科性的历史、地理和物理、化学、生物，两种类型都提供教材，由学校决定开设哪种类型的学科。此外，课程改革方案增设的学科还有八、九年级的职业导向学科和八年级的计算机学科。

革新原有学科，主要有：小学的劳动改为生活与劳动，中学的劳动技术学科形成一个系列，加强知识和技能的生活性、通用性；所有年级的体育学科改为体育与保健，适当减少竞技性，增加保健性；一、二年级的音乐改为唱游学科，增强娱乐性、兴趣性。

更新教学内容，是课程改革方案对各门学科的共同要求。各科都作了很多努力，共同的做法有三：(1)各科都注意改变理论偏深、内容偏多、习题偏繁偏难、知识面偏窄、作业偏难、过分强调系统性完整性的学术化理论化倾向，适当降低难度，删减繁琐陈旧的内容，充实新知识，拓广知识面，增加联系社会、联系生活的内容；(2)各科都重视加强思想政治教育、国情教育和情意领域(情感、态度、价值观)的各种教育；(3)各科都力求加强实践性、应用性和人文性，加强学科之间的联系，建立学科的新体系，体现学科课程的新特色。

二、一期高中课程方案

高中课程方案的设计框架跟九年制义务教育基本相似。

在我国和世界上很多国家，高中教育都属于非义务教育。我国的发达地区已实施小学和初中九年制义务教育。初中毕业生在进入高中阶段时，有一次较大规模的分流，将近有 40% 的学生进入普通高中，而有 60% 左右的学生进入中等专业学校、中等技工学校和职业高中等三类职业学校。根据我国发达地区高中阶段教育的上述结构特点,普通高中除了肩负向社会直接输送就业人才的任务外,还承担着为高等学校输送合格新生的任务。

上海的高中课程改革方案,作为供我国发达地区参考的课程方案,既充分考虑了高中阶段学生的思想、心理、生理特征,也充分考虑了普通高中承担的上述双重任务,还特别注意在全面提高学生素质的同时,发展学生的个性,把课程体系设计得更活、更有弹性。

上海的高中课程改革设计了试行方案和试点方案两种不同结构的方案。

(一)"二一分段,高三分科"的方案

高中课程试行方案供面上大部分学校试行,是"二一分段,高三分科"的格局(见表2-3至表2-6)。

表2-3　高一、高二课程与课时安排

科目	周课时 年级	高 一	高 二	授课总时数
工具学科类	语　文	4	4	280
	数　学	4	4	280
	外　语	3	3	210
知识学科类	政　治（暂用名）	2	2	140
	历　史	3		105
	地　理		3	105
	物　理	3	3	210
	化　学	3	2	175
	生　物		2	0
技艺学科类	体育与保健	2	2	144
	计　算　机	2		72
	劳动技术与职业指导	2	2	144
	周总课时	28	27	1935
	选修课时	4～5	5～6	内容安排见表2-4
	课外活动	6	6	活动安排见表2-4
	周活动总量	38～39	38～39	

（续表）

周课时＼年级　　科目	高一	高二	授课总时数
社会实践活动	2周	2周	
全年上课周数	35周	35周	
复习考试	3周	3周	
学年总周数	40周	40周	

表2-4　高一、高二选修科目和课外活动

周课时＼年级　科目举例			高一	高二	备注
选修科目	知识学科类	古文选读　欧美文学知识	2	3	将组织编写选修课教材,供学校选用。各校可根据当地经济发展的需要和师资、设备条件,选择开设几门选修课,也可自编乡土教材另设其他选修课,形成学校的特色
		逻辑　　　哲学常识			
		科技英语　英语语法			
		应用数学　影视评论			
		演讲与辩论　新能源开发			
		天文学基础　遗传工程简介			
		人口、资源与环境　理科提高型实验			
		心理学基础　乡土史地			
	技艺学科类 技能学科类	打字　　　识图	1～2	1～2	
		缝纫裁剪　服饰设计			
		金工与木工　食品与营养			
		水产养殖　种植与饲养			
		家电使用与保养　测量与绘图			
		珠算和簿记　简易护理			
	体育艺术类	器乐　　　作曲	1	1	
		体操　　　健美			
		舞蹈　　　球类			
		田径　　　书法			
		绘画　　　工艺美术			
		雕刻　　　摄影			
		美术设计　养身			

（续表）

科目举例 周课时 　　　　年级		高一	高二	备　　注
周总课时		4～5	5～6	
课外活动	体育活动	3	3	
	班、团活动	1	1	
	兴趣活动	2	2	学校可灵活安排项目
	周总课时	6	6	
社会实践活动		2周	2周	

注：高二结束时，对物理、化学、生物、历史、地理五科进行会考；劳动技术由学校进行考核。

表2-5 高三文、理科班课程与课时安排

科　　目			周课时	授课总时数	备　　注
必修科目		语　　文	4	120	1. 高三结束时，语文、数学、外语、政治进行会考；劳动技术在高三期间按要求由区县进行考核 2. 除体育与保健学科按34周计算外，其他各学科均按30周计算
		数　　学	4	120	
		外　　语	3	90	
		政　　治（暂用名）	2	60	
		体育与保健	2	68	
		劳动技术与职业指导	3	90	
选修科目	知识学科类	语文Ⅰ、Ⅱ 数学Ⅰ、Ⅱ 外语Ⅰ、Ⅱ 物理、化学、 生物、历史、 地理、政治等	11	330	语文、数学、外语复习型（Ⅰ）和提高型（Ⅱ），每个学生对这3门学科必须各选2课时；余下2课时可自选其他1～2门学科
	体育艺术类	同高一、高二内容	1	30	
课外活动			6～8		同高一、高二内容
周活动总量			36～38		
社会实践活动					1～2周
全年上课周数					30 周

（续表）

科　　　目	周课时	授课总时数	备　　　注
复习考试			8周
学年总周数			39～40周

表2-6　高三职技班参考课程和课时安排

类别举例 科目举例	文秘与 管理类	商业、财经 与服务类	农、畜、庭园类	工业类	周课时	总课时
职技科目	管理学基础	经济学基础	农业管理基础	工业管理基础	22	748
	公共关系	公共关系	蔬菜园艺学基础	工业英语		
	实用英语	商业英语	植物栽培	制图		
	复印技术	商用数学	庭园经济	电子技术		
	公文与合同	会计初步	禽畜饲养	家电维修		
	情报资料	商业设计	农药与化肥	金工		
	管理心理学	商业法令	养蚕	电工		
	速记	烹饪	花卉栽培	木工		
	打字	美容	食用菌	环境技术		
	信息处理 文书	社会心理学	土地资源评价 与管理	工业配置与 布局原理		
	实　　　习					
公共科目	政治常识与职业道德				2	68
	语　　　文				2	68
	数　　　学				2	68
	体　育　与　保　健				2	68
合　　　计					30	1020

注：1. 课外活动、社会实践活动的时间同高三文理科班，复习考试2～4周。

2. 以上各类职技班所列科目仅是举例。在实施中，各类职业班还可开设不同专业，并根据所设专业选定科目，统筹安排，编写教材。

在这个格局下，高一、高二主要让学生获得共同的基础学力，设计了较多的必修课程，适量的选修课程和活动课程，使学生在主要接受高中阶段共同的基础教育的同时，个性特长得到一定的发展。高三分文科班、理科班和实科班三种，由学生根据自己的意愿和文化知识、劳动技能的成绩自由报名。文科班和理科班除语文、数学、外语、思想政治、劳动技术、体育与保健等六门必修学科外,历史、地理、物理、化学、生物只作为选修学科;理科班由选修理科的学生组成,文科班由选修文科的学生组成。实科班的必修学科为语文、数学、外语、思想政治、体育与保健等五门,其余按工、农、商、文秘等类别开设选修课程。文科班与理科班办在本校,实科班由区、县统一办班。

(二)"三年一贯,办特色学校"课程方案

高中课程试点方案供少数学校试点,实行"三年一贯,办特色学校"的格局(见表2-7)。高中三年不分段,采用学分制。这个方案与高中课程试行方案相比,必修课时减少,选修课时从高一年级起有较大幅度增加。必修学科中的语文、数学、外语、思想政治、劳动技术、体育与保健等六门的内容、要求和课时,都与高中课程试行方案相同,而自然类和社会类学科则采取综合设科形式。选修课程在这个方案中不仅一般地满足学生的爱好、特长,而且起着办特色班,形成特色学校的作用。选修学科分A、B两组,A组是特色型的,分文史哲、数理、外语、体育艺术等四类,学校可以从中选设几类,办特色班;B组是共同的,各特色班都应开设,包括劳动技艺、音乐美术两类。各校在高中招生时就宣布所办特色班的类别与招生人数,学生自愿选择。在办特色班的基础上,将逐步形成特色学校。

表2-7 高中三年一贯试点方案课程设置与课时安排

科　目 \ 周课时 \ 年级	高一	高二	高三	上课总时数	占上课总时数百分比	学科学分数	备　　注
必修科目 语文	4	4	4	400	10.1%	24	
数学	4	4	4	400	10.1%	24	
外语	3	3	3	300	7.6%	18	
政治(暂用名)	2	2	2	200	5.1%	12	经济常识,政治常识,科学人生观常识
社会科学基础	2	2	2	200	5.1%	12	基础知识与方法论并重
自然科学基础	3	3	3	300	7.6%	18	
体育与保健	2	2	2	200	5.1%	12	
劳动技术与职业指导	2	2	2	200	5.1%	12	
周课时数	22	22	22		55.6%		
学年学分数	44	44	44			132	

（续表）

科目 周课时 年级		高一	高二	高三	上课总时数	占上课总时数百分比	学科学分数	备注
选修科目	A组 文史哲类	5	5	5	500	12.6%	30	各校可根据自身条件选开其中一类或几类,办特色班,形成特色学校
	A组 数理类							
	A组 外语类							
	A组 体育艺术类							
	B组 劳动技艺类	2	2	2	200	5.1%	12	
	B组 音乐美术类	1	1	1	100	2.5%	6	
	B组 计算机类	2			70	1.8%	4	根据各校情况可安排在高一或高二
	学年学分数	18	18	16			52	
周总课时数		31	31	30				
学年学分总数		62	62	60			104	
课外活动	班、团活动	1	1	1	888	22.4%		
	体育活动	3	3	3				
	兴趣活动	4	4	4				
周活动总量		39	39	38				

三、一期课程方案的特点

上海从 1988 年开始的被称为"跨世纪育人工程"的中小学课程教材改革，在全国率先提出要把中小学教育由"升学－应试"教育的轨道转变到提高国民素质教育的轨道。

上海中小学课程教材改革的意义主要不在于其在全国较早提出了"向素质教育转变"的口号，而在于最早把素质教育课程化，在"建立以全面提高学生素质为核心的中小学课程教材新体系"的改革目标下，对中小学的课程结构、学科设置、教学内容、教学要求、教学方法和教学评价，进行了全面、系统的改革，并从 1991 年进行试验，1993 年逐步推开试行。

（一）落实素质教育是一期课程方案的基本特点

上海中小学教育界的广大人士在实践中体会到，实施上海中小学课程改革方案,搞好中小学课程教材改革,是落实素质教育的一个直接而有力的举措。具体说,《'89课程改革方案》至少有如下四点非常突出。

1. 把素质教育落实到中小学培养目标中

上海的课程方案明确提出了使学生"具有良好的思想道德素质、文化科学素质、身体心理素质和劳动技能素质,个性得到健康发展"的总的培养目标。这四大素质中的心理素质、劳动技能素质和个性健康发展等都是上海课程方案首先提出的,已经被《中国教育改革和发展纲要》肯定。

上海课程方案还将总目标分解到小学、初中、高中,制订了三个阶段的培养目标;接着在课程标准中又把阶段目标分解到学科,制订了各学科的教学目标;学科课程标准又把学科目标分解到章节和单元,制订章节、单元的具体目标,素质教育可以具体落实到课堂教学中。这就形成了一个完整的素质教育的目标系统。

2. 把素质教育落实到中小学课程结构中

上海课程方案将学科类和活动类两类课程分为必修课程、选修课程、活动课程等三个板块。必修课程侧重于对共同基础学力的培养,选修课程和活动课程侧重于对个性爱好特长的发展。这个方案比过去的教学计划增加了选修课程的课时;将以前的课外活动列入学校课程,称为活动课程,强调有目的、有计划地开展和学生全员参加,以学生在活动中直接获取知识、能力为目标,以学生自己开展活动为主要方式。

按照课程理论和脑科学的理论,上海课程方案强化了学科群的整体效应,设计了德育、工具、知识、技艺等四个学科群的较为完整的学科系统,并安排合理的课时比例。

课程方案不仅建立了一个"三线一面"和"三位一体"的新的德育课程体系,而且为了使学生具有适应改革开放、现代化建设需要的基本素质,方案增设了新学科,革新了原有学科。例如,从小学三年级开始增设外语学科,在八年级增设计算机学科,高中一年级开设计算机课程,高中各年级开设艺术欣赏学科,在八、九年级和高中开设职业指导学科。此外,体育学科革新为体育与保健学科,小学一、二年级的音乐学科革新为唱游学科等。

这个课程结构能保证学生的思想品德素质、文化科学素质、身体心理素质、劳动技能素质得到全面提高,个性得到健康发展。

3. 把素质教育落实到中小学教材内容中

落实从应试教育向素质教育的转轨,必须解决学习内容与教学课时之间、提高教学质量与减轻学生过重课业负担之间的矛盾。课程改革方案的对策是面向全体学生,以提高学生素质为核心,培养学生的基础学力,改革教材体系和教学内容。

上海的新教材非常重视德育,重视基础知识、学习态度和学习能力等基础学力的培养。对基础知识注意精选、结构化和范例化,还注意按照提高基本素质、培养基础学力的要求和各科教学的特点改革教材体系。例如:语文加强了阅读、写作能力的培养,建立了以提高学生素质为目标的新体系;外语加强听、说、读、写能力的培养,建立结构功能法体系;生物学科改变动物、植物分立的传统体系,建立了以生命活动和生命现象为线索的新体系;历史学科加强中外历史的联系,建立了中外合编的体系;体育学科改为体育与保健学科,减少竞技性,增加保健性,建立体育素质训练体系;音乐、美术学科改变单纯唱歌、画画的体系,建立了多种艺术、生动活泼的学习与欣赏的体系等。在改革各科教材体系的基础上,在编写教材时还注意强化教材的基础性、先进性、实践性、应用性和教育性等。这样的教材,能够为实施素质教育提供较好的思想资料和教学资料。

4. 把素质教育落实到中小学教学评价中

新课程教材建立了新的教学评价系统。根据四大素质的要求,将教学评价的领域与教学目标系统相呼应,作了相应的改革:评价目的包括发展和选择;评价性质包括诊断、形成和终结;评价领域包括认知、操作和情感;评价方式包括定性与定量。这种对教育评价与教育测量的改革,已从日常的评价改革发展到大规模的高中招生考试与高中会考的改革。

到目前为止,外语学科已从单纯的书面考试发展为书面考试和听力考试相结合;文科重视考查学生的应用能力,采用了开闭卷结合的方式;理科重视考查学生的动手操作能力,除书面考试外,增加了实验操作考试。

从平时考查、学校考试到全市性的中考和高中会考,都引进听力考试、开闭卷考试和实验操作考试的做法,这对于中小学向素质教育转轨是很有力的促进。

(二) 一期课程方案的具体特点

上海《'89 课程改革方案》还体现了以下六个具体特点。

1. 加强德育课程,把对学生的政治思想、品德教育放在首位

这个方案在改革显性的德育理论教育的内容和方法的同时,注重潜移默化、情意效应的隐性教育的作用,设计了多渠道、全方位的"三线一面"的德育课程体系。"三线"是指方案安排的显性德育渠道有三个:一是理论教育,包括一至五年级每周 3 次各 15 分钟的思想品德学科,六至九年级的公民专题及高中的马克思主义常识学科;二是班级、少先队或共青团的活动,每周 1 课时;三是社会实践活动,每学期 2~3 周。"一面"是指各学科、各项活动都要全方位地贯穿和渗透德育,以显性或隐性的形式在德育工作中发挥积极的作用。

2. 保证文化科学基础

课程改革方案把语文、数学、外语三科作为基础学力的核心,其课时数在所有必修学科的总课时中占 50% 以上;自然类、社会类学科的课时所占比例各为 10% 左右,并将在选修课程中得到补充,让学生在自己有兴趣爱好的方向上发展。在各科的内容和要求方面,方案力求改变理论偏深、内容偏多、知识偏窄和过分强调系统性、完整性的倾向,适当降低难度,删减繁琐陈旧的内容,充实新知识,加强实践性、应用性和人文性,加强学科之间的联系。

3. 减轻负担,活跃身心

课程改革方案规定的一周总课时数与现行方案基本相同,但必修课程课时有明显减少,选修课程、活动课程课时有明显增加,这就为减轻学生过重的负担,活跃学生的身心提供了条件。此外,方案增加了文科、技术、体艺等学科的课时比例,以利于学生动手动脑、文理协调。方案还要求各科都重视情感领域的教育,重视非智力因素的开发,使学生养成健康的心理素质。

4. 重视培养劳动技能

小学设置生活与劳动课,初中设置劳动技术学科,八、九年级单独设置职业导向学科,高中设置劳动技术与职业指导学科,形成了"自我服务劳动、家务劳动、公益劳动,以职业技术项目为载体的劳动技术教育与职业指导训练"系列,培养学生良好的劳动习惯和劳动态度,掌握简单、通用的劳动工具和劳动技能,熟悉社会职业分工情况和各行业对从业人员的素质要求。劳动技术学科还规定,学生动手操作的时间不得少于其课时数的 2/3,以加强对学生动手能力的培养。此外,方案还要求各有关学科注意渗透职业技术教育因素,加强联系实际的动手动脑训练。选修课程和活动课程更重视劳动技术方面的训练,各项活动

都重视加强实践环节,加强动手操作能力的培养。

5. 重视发展个性特长

这个方案在落实共同的基础学力和提高整体素质的同时,作出了重视发展学生个性特长的安排。方案控制了必修课程的课时,增加了学生有自由度的选修课程和活动课程的课时。选修课程在八至九年级为 2~3 节,高中试行方案中高一、高二年级为每周 5 节,高三为 14 节,活动课程中的课外活动时间,一至九年级为 10~12 节,高中也有 5~6 节。高三以前的选修课程主要为拓广型、单科型的学期课程和微型、组合型课程为主,目的是初步形成和发展学生的兴趣爱好、个性特长。高三选修课程按分科情况开设,进一步发展学生的特长。课外活动给学生更大的自由度发展自己,提倡学生自主、自理。这样做可以在人才个体发展不平衡的基础上,达到群体的高水平,获得提高全民族素质的整体效应。

6. 体现发达地区的需要

作为发达地区类型的课程方案,上海的一期课程方案很重视体现发达地区改革开放、社会发展对人才的需求。事实上,上述各个特点都反映了发达地区的需要。此外,方案根据《中华人民共和国义务教育法》关于发达地区首批实行九年制义务教育的规定,改变了过去在非义务教育情况下形成的小学、初中各自独立的课程体制,把九年制义务教育阶段作为一个完整的教育阶段,与非义务教育的高中相对独立开来。在教育科目上,为适应发达地区需要,加强了外语、计算机、劳动技术、职业指导等现代社会公民所不可缺少的学科;其他各科也要求从体系改革抓起,重视动手能力、应变能力的培养,并在教学内容中增加和渗透有关经济、贸易、市场、金融等方面的知识和技能。选修课程还更多地开设适应发达地区的经济、文化、社会生活等方面的科目,及时反映科学技术和文明建设的新成果,适应形势的需要。

第四节　二期课程方案的编制

1998 年开始的上海"二期课改",主要基于素质教育理论、多元智能理论、现代课程理论和后现代课程理论,通过借鉴国际课程改革的很多先进理念,依据

2001 年教育部颁布的《基础教育课程改革纲要(试行)》,以及形势发展的需要,结合上海课程改革的经验与问题,对上海 1500 多所中小学的课程与教学又进行了全面系统的改革与发展。这是一个庞大且复杂的系统工程,涉及课程理念、课程目标、课程结构、课程内容、课程实施、课程管理、课程评价等课程要素。

一、确立新的课程理念

课程理念有两方面的发展:一方面是基本理念内涵的发展,在"一期课改"素质教育基本理念统筹考虑社会需求、学科体系和学生发展的基础上,更进一步重视学生的发展,学生的发展是内因,是根本;另一方面是表述方式的发展,在整体式表述基本理念的基础上还采用分体式,针对课程要素提出具体理念,做到课程要素更好更有针对性地贯彻基本理念。

(一)"以学生发展为本"的基本理念

首先,确立了"以学生发展为本"的基本理念:重视全体学生的发展、学生的全面发展、学生的终身可持续发展;重视以学生为主体,主动、生动、活泼地发展;重视学生发展的一般规律,抓住学生发展的关键期;重视学生发展的差异性,尊重学生的个性,多给学生选择的机会,实施因材施教。通过课程,为学生提供品德形成和人格发展、潜能开发和认知发展、体育与健身、艺术修养和发展、社会实践等学习经历,为实现让课程适应和促进每一位学生有个性、有差异和终身可持续的发展奠定良好基础。

(二)针对课程要素的具体理念

1. 课程要为学生提供多种学习经历,丰富学习经验

确立学生在学习中的主体地位,关注学生的已有经验和兴趣爱好、个性特长等发展特点。树立课程要为学生提供多种学习经历的观念,通过课程体系的构建与实施,为学生提供品德形成与人格发展、潜能开发与认知发展、身体与心理发展、艺术审美、综合实践等方面的学习经历。关注学生学习的过程,通过创设学习情境、开发实践环节和拓宽学习渠道,帮助学生在学习过程中体验和感悟、建构和丰富学习经验,实现知识传承、能力发展和积极情感形成的统一。

2. 以德育为核心,注重培养学生的创新精神、实践能力和积极情感

丰富德育内涵,在重视品德和行为规范教育的基础上,加强以爱国主义

为核心的民族精神教育,弘扬上海"艰苦奋斗、追求卓越、海纳百川、崇尚科学"的城市精神,增强学生的民主与法治意识、诚信意识和生命意识,重视人文精神与科学精神的培养。改进德育方式,拓宽德育渠道,突出各学习领域的德育作用,加强共青团、少先队组织活动,发挥学校、家庭和社会的综合德育功能,提高德育的针对性和实效性。重视培养学生乐于动手、勤于实践、勇于创新的意识、习惯和能力。通过多种途径,包括各类实践活动、社团活动和班团队活动等,促进学生形成积极的生活和学习态度、良好的学习策略和可持续发展的学习能力。重视教育中的情感因素,充分发挥积极情感的优教促学作用,营造良好的情感氛围和育人环境,促进学生认知与情感的和谐发展。

3. 拓展基础内涵,加强课程整合

重视课程内容的基础性和发展性,从知识与技能、过程与方法、情感态度与价值观三个方面,拓宽基础内涵,改变课程内容繁、难、偏、旧和脱离学生实际的现状,精选学生终身学习必备的基础内容。加强普通中小学各阶段课程的衔接,整体设计十二年的中小学课程体系,构建体现基础性、整体性和多样性的课程结构。重视各学习领域的合理配置,加强各学习领域及各科目之间的联系,注重科目内学科、活动、专题之间的有机联系以及模块或主题之间的有机联系,促进学生形成合理的认知结构。加强课程与信息技术的有机整合,将信息技术作为资料的来源、交流的平台、认知的工具和管理的手段,应用于课程的设计、实施、评价和管理的全过程,全面提高课程的信息化水平和学生的信息素养。

4. 完善学习方式,拓展学习时空

倡导自主探究、实践体验、合作交流的学习方式与接受性学习方式的有机结合,倡导"做""想""讲"有机统一的学习过程,倡导合理灵活地利用各种课程资源和信息技术进行学习,实现学习方式的多样化,通过多种途径满足学生多样化和个性化发展的需要。

加强学校、社会和网络教育资源的同步建设,重视课内、课外多种学习途径的结合,重视学校课程与更广泛的社会实践的有机结合,形成丰富多彩的学习环境。

5. 赋予学校合理的课程自主权，形成有效的课程运行机制

实行国家、地方和学校三级课程管理，赋予学校合理的课程自主权，鼓励学校在遵循课程基本设计思想的前提下，结合实际，设计有特色的学校课程计划。

重视校长、教师课程意识的培养，鼓励教师成为课程建设的参与者。形成校长、教师和学生积极创新与实践的课程管理和运行机制，提高学校的课程研究、设计、实施和评价能力。

另外，为了更好地贯彻"以学生发展为本"的理念，在"一期课改"学力观的基础上，"二期课改"还提出了总学力观，虽然后来没有正式建立，但在课程实施中有所影响。总学力由基础性学力、发展性学力、创造性学力三个层次的学力组成：基础性学力，即培养学生爱学习的态度、基本学习能力、结构化的基础知识；发展性学力，即培养学生发展观、自学能力、生存能力、心理调控能力、发展性的基础知识；创造性学力，即培养学生创新精神、创造性思维和实践能力、创造能力，以及问题性知识。

二、课程目标的发展

(一) 课程总目标

上海市普通中小学课程总目标：培养学生初步形成正确的世界观、人生观、价值观，具有民族精神和国际视野、民主与法治意识和社会责任感；具有适应终身学习的基础知识、基本技能和学习策略；具有初步的创新精神、实践能力和可持续发展能力；具有基本的人文素养和科学素养；具有健康的个性和良好的身心素质，养成健康的审美情趣和生活方式，成为有理想、有道德、有文化、有纪律的公民。

在总目标确定的基础上，再具体落实到各学段目标中。

(二) 各学段目标

1. 小学阶段(一至五年级)

小学课程要着重形成学生良好的道德行为习惯和学习习惯，培养学生学习的兴趣，呵护学生的好奇心和求知欲。学生能：尊敬国旗、国徽、会唱国歌；热爱集体，热爱家乡，热爱生活，热爱大自然；自觉遵守学校和社会的各项规章制度，爱护公共财物，惜时守信，诚实正直，尊敬师长，友爱同学，礼貌待人；乐于参加公益活动和力所能及的家务劳动；掌握语言、运算、社会和自然等方

面的基础知识;具有良好的学习态度和学习习惯;具有一定的阅读、表达和运算能力,具有基本的观察、比较、辨别和概括能力,具有探究意识和动手操作的习惯,富于想象和好奇心、敢于质疑,学会倾听,乐于分享,能感受美、欣赏美;喜爱体育活动,具有良好的卫生习惯和健身习惯,开朗自信,具有自我保护的意识。

2. 初中阶段(六至九年级)

初中课程要着重帮助学生掌握有利于终身学习的基础知识和基本技能,发展合作交流能力和健康的个性。学生能:了解基本的国情国策;热爱祖国,热爱中华民族的优秀文化和优良传统;了解公民基本的权利与义务,遵纪守法,文明礼貌,乐观自信,关心他人,诚信负责;自觉参加公益活动,具有良好的劳动态度和劳动习惯;掌握语言、数学、人文社会和科学等方面的基础知识;具有基本的阅读、表达和运算能力,基本的分类、推理、归纳、演绎和价值判断的能力,实验动手能力和基本的科学探究能力,反思意识和创新意识,团队观念和基本的合作交流能力,环境保护意识,健康的审美情趣;珍惜生命,了解自我,具有健康的身心、积极的生活态度和基本的自我保护能力。

3. 高中阶段(十至十二年级)

高中课程要着重为学生的生存和可持续发展、创新精神和实践能力打好基础。学生能:自觉维护国家尊严和利益,热爱中国共产党,热爱社会主义;继承中华民族的优秀传统,弘扬民族精神和上海城市精神;初步树立科学的世界观、人生观、价值观;理解并尊重文化的多样性,善于汲取多元文化中的优秀成果;具有民主法治意识和诚信意识,自觉遵守国家法律和社会公德,正确行使公民的权利,履行公民的义务,具有社会责任感和正义感;掌握适应时代发展和可持续发展需要的基础知识和基本技能,初步树立科学发展观,具有基本的人文素养与科学素养;具有收集、处理和运用信息的能力,基本的研究能力、实践能力和选择能力,一定的批判反思能力和创新精神,合作交流能力,环境意识,基本的审美鉴赏能力;关爱生命,认识自我,具有健康的身心与个性;具有基本的独立生存能力和人生规划能力;树立初步的职业意识和敬业精神。

三、整体搭建新的课程结构

为了全面实施素质教育,发展学生的个性,重点培养学生的创新精神和实践能力,必须有一个更科学、更合理、更有效的课程结构。

"二期课改"从"以学生发展为本"的理念出发,重点培养创新精神和实践能力,对上海"一期课改"的课程体系加以继承与发展。

（一）三类功能型课程构成的纵向课程结构

将课程从"一期课改"的三个板块性质分类上升为按功能分类,并设置三类功能型课程,加强课程的基础性、拓展性和研究性,以便体现课程的不同功能,更好地从不同的侧面为提高学生的素质服务,更好地为学生的全面发展和个性发展服务。

基础型课程主要由各学习领域体现共同基础要求的学科课程组成:着眼于打好终身受益的共同基础,侧重对学生基础知识、基本能力、基本态度培养的课程;它的要求和内容具有基础性、最基本性、至精至简性、终身受用性;每一个学生都必须努力学好的必修课程。

拓展型课程主要是在基础型课程基础上延伸和拓展的课程:着眼于激发和培养学生的兴趣爱好,开发学生的潜能,满足学生个性发展的需要,侧重拓展学生的视野、知识、能力和态度培养的课程;它的要求和内容具有广域性、多样性和层次性,关注学习内容和学生学习的选择性,是一种体现不同基础要求、具有一定开放性的课程;每所学校、每个学生都有选择的机会。拓展型课程是有助于办出学校特色、发展学生个性特长的选修课程。

研究型课程主要是在基础型和拓展型课程基础上综合运用和研究创新的课程,是后现代课程论的具体运用:着眼于健全学生的人格,侧重在各种社会实践中培养学生的社会责任感、创新精神、实践能力,培养学生发现问题、用研究性学习方式解决问题的能力;它的要求和内容具有丰富性、联系性、回归性和研究性,重在实践过程中发现问题、独立思考、运用研究性学习方式解决问题。三种功能型课程既继承我国教育重视基础的传统,又发展了现代教育的新特色。研究型课程关注学习过程的个性化和探究性,以及学习内容与学生生活、社会科技发展的联系,着重培养学生创新精神、研究与实践能力、合作与规划能力。

研究型课程也是以"一期课改"的活动课程为基础发展起来的。活动课程是在教师指导下，由学生自主选择感兴趣的项目自主开展活动的，经过几年的实践，积累了许多成功的经验，但也发现了不少问题，特别是如何进一步发掘课程功能、提高活动课程质量的问题。从1995年开始，上海的有些学校对活动课程进行了研究与改革，形成了具有学校特色的新的课程，如市西中学提出了综合主题活动课，华东师范大学第一附属中学提出跨学科活动课等，学生的质疑、讨论、调查研究和收集资料等活动在不少学科程度不同地开展着，这些活动课程中已经隐含了研究的成分。

1997年，上海又吸收了美国部分学校学生搞课题研究的经验，上海市教委教研室成立了由市西中学、大同中学、曹杨二中、华东师范大学第二附属中学、上海中学、上海师范大学附属中学、市二中学、南洋模范中学、市北中学、延安中学和上海科技教育出版社共同组成的课题组，着手研究型活动课程的试验，突出了研究的特点。经过一年试验，积累了不少成功的经验，编写出版了一套研究型活动课程资料包，并将试验学校扩大到50余所。

1998年，上海市启动了第二期课程教材改革。为了全面实施素质教育，重点培养学生的创新精神和实践能力，研究型活动课程发展成研究型课程，成为上海"二期课改"课程结构的重要组成部分。

三类功能型课程是相辅相成的。它既继承了"一期课改"三个板块的课程结构，又与时俱进，以培养创新精神和实践能力为目标，创新课程结构，体现了现代教育的新特色。研究型课程让学生在社会实践中理论联系实际，发现问题，研究和解决问题，加强创新精神和实践能力，强化社会责任感，改变了学习方式。这样既健全学生人格，又影响基础型课程、拓展型课程的学习方式和教学模式，使学生掌握有效的接受性学习方式、研究性学习方式等多种学习方式。

（二）八大学习领域构成的横向课程结构

将课程从"一期课改"的四大学科群进一步扩大，细分为八大学习领域，学习领域又再细分为科目，每个科目进一步细分为模块或主题。这并不是为了精确分类，而是为了更具体地落实，更好地体现学习内容的全面性、多样性，更好地体现课程的代表性以便于学生选择和优化组合，更好地适合学生的需要,更好地开发学生的潜能,促进学生的全面发展和个性发展。其具体结构示意如图2-2。

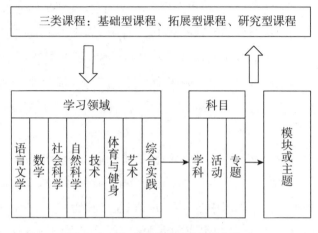

图2-2 "二期课改"课程结构示意图

（三）建立"合—分一体"的学科课程体系

课程内容的组织形式有分科形式和综合形式。我国历来重视单科课程的形式,导致学生"只见树木不见树林",不知道树木之间的相互联系,失去整体认识和综合运用于解决问题的能力,不适应科学技术、人文社会和艺术技术发展的趋势。

"一期课改"时曾经重视综合课程,在初中试验综合理科和综合社会课程,采用了替代方式,即开了综合的就不开分科的课程。但经过十来年的试验,效果并不理想,总结研究认为,分科与综合是人类认识不同阶段所采取的不同形式,不存在绝对好坏,不是非此即彼。"二期课改"时就将它们统一在一个系统里,采用"合—分一体"的学科课程体系,例如"合—分—合一体"科学课程体系、"合—分—合一体"艺术课程体系和"合—分—合—分—合一体"社会课程体系等。具体是这样统一的:科学教育方面,一至七年级开设自然(培养学生热爱自然、保护自然)、综合科学(培养学生初步、整体认识科学、热爱科学),八、九年级和高中一、二年级开设分科(物理、化学、生物),高三年级开设综合科学,进一步理解自然界中物质、能量、信息等三基元的关系,更好地认识自然科学与技术的相互联系和重要性;社会科学教育方面,一至五年级综合,六至八年级开设分科,九年级综合,高一、二年级分科,高三年级综合,使学生对人文社会有比较全面和整体的认识,加强社会责任感。总之,课程形式应该根据学生发展的不同阶段以及课程的特点、要求和内容而采取不同的形式,这样才有助于学生世界观、方法论的形成。

(四) 课程结构的配套发展

为了丰富和适应课程结构发展的需要,"二期课改"给予了配套的发展。

1. 课程实施形态

课程实施形态有必修课、选修课、活动课。基础型课程基本上采取必修课。拓展型课程少数项目采取必修课、活动课,大部分采取选修课。研究型课程基本上采取活动课。

2. 重新审视各门学科的功能,分析学科的历史、现状和发展趋势,找准学科改革的突破口

语文、数学、外语、信息科技等学科的功能不仅是工具学科,也不仅是思想教育的学科,更是文化教育的学科,不仅要学得、要练习,更要习得、运用和积累。物理、化学、生物、科学、自然等学科的功能,不仅是传授科学知识,更是提高科学素养,包括科学精神、科学态度、科学方法和科学知识等。思想政治、社会、历史、地理等学科的功能不仅是思想政治教育、社会科学知识教育,更是世界观、人生观、价值观的教育和国情教育,要讲究针对性、实效性和主动性,要重视联系实际、强调综合。艺术教育、体育、劳动技术教育等学科的功能不仅是艺术、技术的教育,审美和健体的教育,也具有开发学生全脑的重要功能,因此不能忽视这些学科的教育。总之,只有通过对学科功能的重新审视以及对学科历史、现状和发展趋势进行分析,才能抓准学科改革的突破口,取得改革的效果。

3. 重视信息科学技术的普及和应用

从小学三年级开设信息科学技术必修课,初中、高中都开设必修课,对教师也进行信息科学技术的普及。通过对信息科学技术的普及为信息技术的普遍应用奠定良好的基础。上海在 20 世纪 80 年代末高中生已经基本普及计算机教育,计划在 90 年代末初中生基本普及,21 世纪初小学生基本普及。

信息技术的应用,包括多媒体的开发与应用、网络的开发与应用,尤其是要研究如何应用信息技术来更新和整合各门课程的教材及教学。上海"二期课改"还研究利用图形计算器、传感器来改进实验,加强学生的实践能力和动手操

作及科学探究的能力。

4. 强化外语教育,积极试验双语教育

加强信息技术教育、加强外语教育是教育现代化、教育面向世界的突破口,也是"二期课改"过程的突破口。

"二期课改"从小学一年级开设外语课,到高三年级达到外语基本过关。保证每天有一节外语课,提供多套教材供学校选用。加强师资培训,创造外语学习的环境,改革外语考试和评价的方式,除了笔试,还重视听力、口语考试,举办外语等级考试,激励学生学好外语。此外,还在有条件的学校积极试验双语教育,促进外语水平的提高,尤其是外语交际能力的提高。

四、优化共同基础与不同基础的课时配比

上海中小学中共同基础与不同基础的课时比例,九年义务教育阶段约为 8∶2,高中阶段约为 7∶3。与"一期课改"相比,"二期课改"适当提高了高中阶段课程的选择性,这与上海倡导健康个性发展的教育目标,以及使课程适应和促进学生发展的理念相一致。上海对课程的共同性和选择性的认识,符合上海的实际情况,在实践中得到学校的广泛认可(见表 2-8 至表 2-12)。

表 2-8　小学阶段(一至五年级)课程设置及课时分配表

课程		年级	一	二	三	四	五
基础型课程	语言文学	语文	306	306	204	204	204
		外语	102	102	136	170	170
	数学	数学	102	102	136	170	170
	社会科学	品德与社会	68	68	68	102	102
	自然科学	自然	340				
	技术	劳动技术				68	
		信息科技	68				
	体育与健身	体育与健身	102	102	102	102	102
	艺术	唱游/音乐	136/			/204	
		美术	272				

（续表）

课程		年级 总课时	一	二	三	四	五
拓展型课程	各学习领域	兴趣活动	102～136	102～136	102～136	102～136	102～136
		专题教育 班团队活动	34～68	34～68	34～68	34～68	34～68
		社区服务 社会实践	每学年1～2周		每学年2周		
探究型课程			34	34	34	34	34

表2-9 初中阶段(六至九年级)课程设置及课时分配表

课程		年级 总课时	六	七	八	九
基础型课程	语言文学	语文	136	136	136	136
		外语	136	136	136	136
	数学	数学	136	136	136	170
	社会科学	思想品德	34	34	68	68
		历史	136			
		社会				68
		地理	136			
	自然科学	科学	170			
		物理			136	
		化学				68
		生命科学			102	
	技术	劳动技术	170			
		信息科技	68			
	体育与健身	体育与健身	102	102	102	102
	艺术	音乐	68			
		美术	68			
		艺术			136	

（续表）

课程	总课时	年级	六	七	八	九
拓展型课程	各学习领域	学科类活动类	136～170	136～170	102～136	102～136
		专题教育班团队活动	34～68	34～68	34～68	34～68
		社区服务社会实践	每学年2周			
探究型课程			68	68	68	68

表 2－10　高中阶段(十至十二年级)课程设置及课时安排表

课程	总课时	年级	十	十一	十二
基础型课程	语言文学	语文	102	102	90
		外语	102	102	90
	数学	数学	102	102	90
	社会科学	思想政治	68	68	60
		历史	102		
		社会			60
	自然科学	地理	102		
		科学			60
		物理	136		
		化学	136		
		生命科学	102		
	技术	劳动技术	102		
		信息科技	68		
	体育与健身	体育与健身	102	102	90
	艺术	艺术	98		
拓展型课程	各学习领域	学科类活动类	170～204	170～204	360～390
		专题教育班团队活动	34～68	34～68	30～60
		社区服务社会实践	每学年2周		
研究型课程			68	68	60

　　高中阶段实行学分制管理,通过学分反映学生的学习经历。十、十一年级,每 34 课时为 2 学分;十二年级每 30 课时为 2 学分。学分由学校认定。学生毕业要求达到 166 学分,具体包括:基础型课程 142 学分,拓展型课程 12 学分(社区服务和社会实践每周为 2 学分,共 12 学分),研究型课程 12 学分。具体学分分配见表 2-11,表 2-12。

表 2-11　普通高中阶段(十至十二年级)三类课程学分安排表

课　程	必修学分	限定选修学分	自主选修学分
基础型课程	142		
拓展型课程		18～24	44～50
研究型课程		12	
学分总计	142	30～36	44～50

表 2-12　普通高中阶段(十至十二年级)各学科学分安排表

课　程		必修学分	自主选修学分
语言文学	语　文	18	6～10
	外　语	18	6～10
数　学	数　学	18	6～10
社会科学	思想政治	12	6
	历　史	6	6
	社　会	4	2
	地　理	6	6
自然科学	科　学	4	2
	物　理	8	8
	化　学	8	8
	生命科学	6	8
技　术	劳动技术	6	2
	信息科技	4	4
体育与健身	体育与健身	18	6
艺　术	艺　术	6	4
小　计		142	

五、加强德育课程

丰富德育内涵,在重视理想教育、思想政治、思想品德、社会和行为规范教育的基础上,加强以爱国主义为核心的民族精神教育、生命教育和国际理解教育,弘扬上海"艰苦奋斗、追求卓越、海纳百川、崇尚科学"的城市精神,增强学生的民主与法治意识、诚信意识和生命意识,重视人文精神与科学精神的培养。

继承和发展"一期课改"采用的"三线一面"和"三位一体"德育途径,学校教育与家庭教育、社区教育密切配合,形成德育工作合力,改进德育方式,拓宽德育渠道,突出各学习领域的德育作用,加强共青团、少先队组织活动,发挥学校、家庭和社会的综合德育功能,提高德育的针对性和实效性。

除了上述显性德育课程与隐性课程相结合的方式外,还进一步有新的发展和加强:(1)做好大中小学德育系统设计、协调和衔接。(2)通过"三维目标"加强隐性课程,有机渗透德育。(3)重视学生社会实践活动,把参加社会实践活动作为学生的限定拓展型课程,学生从小就受到社会责任感的熏陶。学校培养学生学会参与、学会生存、学会生活。上海现有各级各类中小学生社会实践基地1000 多个。(4)为了重点加强以爱国主义为核心的民族精神教育和以热爱生命为核心的生命教育,中共上海市科技教育工作委员会和上海市教育委员会还专门编制颁发了《上海市学生民族精神教育指导纲要(试行)》和《上海市中小学生生命教育指导纲要》(简称"两纲"),并制定了实施指导意见,制作了贯彻"两纲"的录像示范课,要求在课内和课外两大体系进行有效实施。

六、精选和完善学科课程内容体系

各学科课程围绕"二期课改"育人、创新、实践、整合的要求,精选课程内容,引导探究实践,完善结构体系,努力体现学科课程的基础性、应用性和时代性(见表 2 - 13)。

表 2 - 13　各学科课程内容体系

学科	改革完善的重点
语文	着重解决四大关系:一是认字与写字,低年级要先认后写、多认少写;二是释词与用词,强化读与写中的运用,淡化文字对文字的解释;三是范文积累与理解分析鉴赏,强化名篇积累,淡化过细的分析,在积累基础上逐步加深理解,逐步达到个性化鉴赏的程度;四是创作性写作与实用性写作,强化实用性写作

（续表）

学科	改革完善的重点
外语	明确提出"学以致用"口号，要求高中毕业生一门外语过关，外语特色初中毕业生听、说基本过关，外语特色小学高年级学生能用外语同外国人进行口语交际。毕业生有全能型以及听说、读写、翻译、交际单项特长型
物理	坚持"从社会走向物理，从物理走向社会"的基本理念，整个物理课程分为偏重物理现象的生活物理（基础型）、偏重物理学体系的概念物理（拓展型）和偏重 STS 和研究方法的应用物理（研究型）三个组成部分；强化实验探究环节，研究开发了 DIS 实验系统
信息科技	以计算机为主，适当介绍卫星通信、图文传真等现代通信技术。防止过分强调编程和原理、忽视应用软件操作，或过分强调应用软件操作、忽视原理学习的两种极端倾向
体育健身	进一步从单纯"育体"和"重动作技术"发展到"身心协调"，培养"终身体育观"。策略上体现"既是体育又是文化、既是运动又是教育"的特征，正确处理基础与提高、理论与实践、体育与保健、共性与个性的关系
……	……

七、引进、改编和自主开发各类教材

上海在教材建设方式上采用多种途径，主要包括如下四种方式。

一是采用"一纲多本"，开发不同特色的教材，供学校根据实际灵活选用。如小学的自然有引进的牛津上海版、科教版和上教版等，初中的科学有牛津上海版、上教版。

二是尝试从国外出版社引进和改编原版教材。如从牛津大学出版社引进英语、小学自然、初中科学和高中劳动技术等教材，并将其改编成牛津上海版。

三是与国外教育公司合作开发教材。如与多飞公司合作开发了具有鲜明特色的信息科技教材。

四是设计和开发特色课程教材。例如，上海尝试开发了一些特色综合课程教材，如小学的科学与技术，初中的科学和高中的科学，初中的社会和高中的社会，中学的艺术等。

八、加强信息技术应用,促进课程现代化

上海市"一期课改"在中小学开设的是计算机课程,"二期课改"在教育部的领导和指导下,将计算机课程提升为信息科技课程,提升了上海市课程的水平和质量。20 世纪 80 年代上海市高中学生计算机教育已经普及,90 年代初中学生计算机教育已经普及,21 世纪初小学生计算机教育已经普及。90 年代中期上海市高考允许学生带经上海中小学课程教材改革委员会规定的计算器进考场,90 年代末期图形计算器和各种传感器开始进入上海中学的数学和科学实验室,进行各种 DIS 实验,有了 DIS 创新实验室,有了数字化课堂、数字化教室,开始试验电子书包、数字教材等。信息技术与课程整合的效果日益凸显。

九、"绿色指标":课程改革的机制创新

面对单以学生的学科测试分数和升学率来评价教育质量的惯性及其带来的不利影响,上海市"二期课改"中推出了中小学生学业质量"绿色指标",率先在全国开始了中小学教育质量评价的破冰之旅。"绿色指标"目前包括学生学业水平指数、学生学习动力指数、学生学业负担指数、师生关系指数、教师教学方式指数、校长课程领导力指数、学生社会经济背景对学业成绩的影响指数、学生品德行为指数、身心健康指数以及上述各项指标的跨年度进步指数等共十个方面指数。

"绿色指标"评价相对于以往的教育质量评价主要有三个突出特点:一是坚持全面性、过程性的教育质量观,既关注学生品德、身心和学业发展,又关注学生发展中的过程性因素。二是运用多种评价手段,既有基于课程标准的学科测试,实现教、学、测统一,又采用师生和校长问卷调查、学生体质健康测试等手段,立体呈现教育质量的关键数据。三是全面看待评价结果,注重反馈改进,呈现各指数的达成情况,不作总体价值判断。这既可以帮助区域和学校全面认识教育现状,采取有效的改进措施,全面实施素质教育,又可以引导学生、家长、社会全面看待教育质量,正确认识学生的成长规律,共同促进学生的健康快乐成长。

"绿色指标"评价作为教育改革的一根重要杠杆,正在推动教育教学各领域的革新,引发了教育界内外的积极响应,被教育部领导称为"上海基础教育一项重大的改革举措,是基础教育课程改革一项重要的机制创新"。

2012年7月,上海首次正式向社会发布了2011年度"绿色指标"测试结果。结果显示:上海学生学业成绩比较优秀,区县间、学校间成绩比较均衡;学生学习动力较强,对师生关系和教师教学方式评价良好,学生品德认知发展水平总体较好,体质健康水平得到提高;学生社会经济背景对学业成绩影响较小,在学生健康快乐成长过程中,学校在很大程度上弥补了家庭环境不利的影响。但无论是小学还是初中,学生学业负担依然偏重,约44%的四年级学生能有每天9小时以上睡眠时间,约13%的九年级学生每天能保证8小时睡眠。结果同时揭示:学生的内部学习动机(学习主要出于求知欲、学习兴趣、改善和提高自己能力的愿望)、学习方法、学习自信心、师生关系等因素对学业成绩有非常明显的积极影响,学习压力(主要是学习过程中产生的心理负担和焦虑)、外部学习动机(主要是为了得到教师或父母的奖励或避免受到惩罚而学习)则对学业成绩产生消极影响。

上海市"二期课改"在完善"绿色指标"评价体系的基础上,还积极探索对教师和学校的评价体系,逐步形成义务教育质量综合评价体系,并逐步推广到普通高中,形成基础教育质量综合评价体系。同时,加快推动各区县和学校构建以校为本、基于过程的教育质量综合评价体系,努力实现基于教育教学过程的真实性评价,把素质教育要求真正落到学校层面和课堂教学之中。

十、给予学校课程教学自主权和创新空间

(一) 坚持设计与实践相结合

在课程设计和完善的过程中,上海采用开放、民主和科学的策略开展各项工作。如研究型课程建设是在总结活动课程实施经验的基础上,从学习过程的个性化和探究性加以开发和完善,设计了教材编制试验、修改推广、成套修改完善的工作程序。

(二) 逐步推进课程试验

在课程设计、试验和推广的过程中,坚持先易后难、以点带面、从局部到整体稳步推进的策略。如设计了部分学科教材的试验,试验学校的课程整体试验,部分区域的整体推进,分学段在全市推广的课程试验、推广进程,充分发挥学校的自主性和创造性。

（三）实施课程方案校本化

在 2008 年起的质量提升阶段,上海通过研制学校课程计划,加强教学基本环节的管理等,来提升学校的课程领导力,同时进一步加强教育质量监测,完善课程标准和教材成套修订工作,不断提高课程建设和实施的质量。

（四）创新素养培育实验,促进课程方案创造性应用

自 2010 年起,为贯彻国家的人力资源强国发展战略,为未来经济和社会发展培养各级各类创新人才,上海市教委于 2010 年度启动"上海市普通高中学生创新素养培育实验项目"(以下简称"实验项目"),30 所实验性示范性高中和 2 个区(原有 4 个区,后因项目研究内容调整为 2 个区)自主申报参与实验项目,在培育高中学生创新素养和对极小部分拔尖创新人才的早期培养两个不同的层面努力探索,力图从培养目标、课程与学程设置、教学途径与方法、学习管理与综合评价等方面先行改革试点,总结经验,提炼实践研究成果。

实验项目坚持以"学习引领、任务驱动、过程管理、经验分享"为推进思路。自 2010 年上半年启动,先聚焦学习引领和项目设计。2011 年上半年明确项目研究目的,将项目研究任务细化为三个方面:一是培养目标与测评方法研究;二是培养内容与课程学程设置研究;三是培养模式与学业管理研究。各实验单位根据自身实际,自主选择其中之一作为其主要研究任务,形成各研究任务的研究团队,在专家组的针对性指导下开展实践研究。项目组与实验单位签订研究协议,对项目实施进行过程管理,委派专家对实验单位进行跟踪指导,建立各项目单位的项目档案,同时搭建研讨、展示、交流等平台,促进实验单位经验的辐射和分享。2011 年底开展项目实施中期评估,2012 年 10 月各实验单位逐步进入项目总结阶段,2013 年上半年完成项目总结。

该项目取得了很好的成效:一是构建了高中学生创新素养培育目标体系,设计研发了配套的测评工具,并组织开展了全市的抽样试测,以期建立相应量表,对测评工具作进一步完善。二是课程教学改革有了一定突破。实验单位均聚焦课程改革,注重研发和实施培养学生创新素养的有关课程,并努力探索教学方式的变革,形成了不少鲜活的典型案例。在课程研发方面,涌现了上海市实验学校的特需课程等一批创新专题课程。在教学改革方面,注重学生的体验

式学习,体现出从注重课程逐步转向重视学程的编制,在教学内容、教学过程、教学方式和师生关系的重构方面形成了典型经验。在教学改革的同时,通过建设与校本课程配套的专题创新实验室,为培养学生创新兴趣、开发学生创新潜能、开展研究性学习和实施探究性实验搭建了新平台。三是形成套筒模式(专设实验班培养模式)、金字塔模式(即在面向全体学生普及的基础上逐步聚焦部分学生的培养模式)、校际联动模式和校外大教育模式(即利用学生业余时间培育)等多种培养模式。四是注重对学生学习过程的跟踪记录和评价,通过数据比较等手段,开展有效的实证研究。

第五节　课程标准的编制

课程标准是课程方案的具体化。根据国际上的普遍做法和一些课程专家的建议,上海在编制出课程方案后,把原定编制教学计划、教学大纲的打算,改变为编制课程标准。学校有了课程方案和课程标准后,就有了自主权,可以从学校实际出发制订校本的课程计划和学科教学基本要求。课程标准的编制,在内容和形式上都有新的设计。

一、课程标准的格局和功能

学校课程一般被理解为为了实现学校的教育目标而规定的教学目的、内容、范围和进程等的总和。在实行统一集中管理教育的国家和地区,通常是由中央政府规定各级学校和各门学科的课程标准,对各级学校各门学科的教学目的和任务、教学内容的要点和范围、教学时间的分配、教材的编写和教具的选择、教学方法的运用和教学成绩的评定等,都提出明确的、具体的、基本的规定和要求。我国过去把作出这种规定的文件称为课程标准,新中国成立后,因为学习苏联,把课程标准中规定教学科目及其安排的部分单独作为教学计划,把各科课程标准改为学科教学大纲。上海这次编订课程标准,在内容上把课程方案具体化,在形式上把教学计划和教学大纲综合在一起,在体例上则力求更全面、具体和实用。图2-3为一期课程标准文本,图2-4为二期课程标准文本。

图 2-3　一期课程标准

图 2-4　二期课程标准

课程方案(一期称为"总纲")是编制各学科课程标准(一期称"分纲")的依据和基础。

课程方案包括培养目标、课程设置、教材编选、教学过程、教学评价、教学环境、教师职责、教学管理等八个部分。

各学科课程标准,包括学科目标、课时安排、教学内容和教学要求、教材编选、训练形式和要求、教学组织和教学方法、教学评价、配套措施等。

课程标准至少有这样四方面作用:一是方向性。课程标准使所有中小学校的领导和教师,在教育教学方面有统一的基本标准,大家朝共同的方向努力。二是整体性。编制综合式的课程标准,可以避免学校行政领导只管教学计划落实,任科教师只管本学科教学大纲落实的割裂,也可以避免每个教师只管自己一学科一阶段教学而搞得过深过难的偏向,使每个教师和领导对教学计划和各科的目标、内容、要求、评价等有整体的了解,能在教育教学的纵向和横向的联系上加以整体落实。三是指导性。课程标准是一个完整、全面的文件,它对各级教育行政部门、教研部门和各学校、各教师都提出基本而切实的指导性意见,各校可以根据课程标准制订学校的教学计划,教师可以根据课程标准确定自己的教学进度和教学要求,既使大家有章可循,又给学校、教师发扬特色和发挥创造性的余地。四是规范性。课程标准的综合格局,内容比较广泛、全面,特别对教学过程、教学方法、教学评价等有原则性的规定,教学内容和要求也订得比较具体,使教育教学都有规范,减少学习评价的随意性和主观性。因此,课程标准的新格局,对于促进教育教学上下各个环节密切配合、提高教学质量,具有积极的意义和作用。

从功能上讲,课程标准是开发和审查课程的依据,是编制和审查教材的依据,是实施和评价教学的依据,是招生考试命题的依据,是教学视导和教育督导的依据。

二、以课程方案为依据

课程方案是编制课程标准的依据和基础。一期课程标准的总纲相当于课程方案,二期课程标准直接以课程方案呈现。

各学科课程标准按照《上海中小学课程改革方案(草案)》的要求,对学校课程的各个重大问题都作出了具体规定。

(一) 规定中小学的培养目标

课程方案提出的培养目标,包括中小学的总培养目标和分阶段目标,后者具体分为九年义务教育阶段(小学一至五年级阶段,初中六至九年级阶段)培养目标和高中阶段培养目标。

(二) 规定课程的开设年级和课时安排

课程方案对九年义务教育(小学阶段、初中阶段)和高中阶段课程设置的指导思想、设置科目、开设年级、课时安排等都作了具体规定。例如一期的课程改革方案确定三个板块及各学科的课时配比。对小学阶段,特意把语文、数学两科的课时高峰错开。一至二年级以语文为重点,每周安排 10 课时,数学则减少为每周 3 课时,使两门学科的课时高峰错开。以后,语文课时逐年呈台阶式减少,数学课时相应地逐年增加,六年级起都稳定在 4 课时。同时,根据儿童的年龄特点和有关学科的特点,对低、中年级采取大小课结合的形式。如低年级数学、一至五年级写字,每天安排一节 20 分钟的小课,三至五年级的外语也采取小课形式,以减少学生学习间断的时间,增加接触的机会。为实现课程改革关于"减轻负担,提高质量"的期望目标,课程方案还对学生的作业量、睡眠时间等作了具体的限定。如规定"小学一、二年级不留书面回家作业,三年级每天课外作业总量不超过 30 分钟,四、五年级每天不超过 45 分钟,六、七年级每天不超过 60 分钟,八、九年级每天不超过 90 分钟",高中"每天课外作业量不超过 100 分钟",同时规定要"切实保证小学生每天睡眠 10 小时,初中学生每天睡眠 9 小时"。

(三) 提出教材编写的指导意见

课程方案还对教材编写和建设提出了指导意见。例如,课程方案提出:各科教材的编选要遵循三个原则,即精选的原则、结构化的原则、相关性的原则;各科教材内容的组织和编写应处理好四对关系,即知识性和教育性的关系,基础性和先进性的关系,理论性和实践性的关系,科学性和可读性的关系。这对于教材的编者和使用者,都有重要的指导意义。

(四) 对教学过程的原则、组织和方法提出指导意见

课程方案指出,教学过程要强调四个原则,即德育为首、"五育"渗透的原

则,自觉积极性原则,因材施教原则和实践性原则。对教学组织提出两条要求:一是教学形式以班级授课为主,采用灵活多样、切实有效的形式;二是教学过程要把握好教学目标、进度和要求,掌握教学深度、难度和广度,针对学生的学习成绩、能力水平、情意倾向、个性特长等进行教学和辅导,及时帮助学生解决学习中的困难或问题。对于教学方法,课程标准强调了"择宜而用"的思想,指出各种教学方法都有一定的功能。教师要根据学科的性质、目标、内容、要求,教材的体系、特色,学生的知识能力水平,教师本人的教学特点、风格,以及学校的环境、设备、设施等,恰当、灵活地设计或使用有利于加强基础、培养能力、发展智力的教学方法。同时,又强调了选修科目和活动科目的教学方法更要灵活多样、生动活泼。

(五) 对教学评价的功能、准则、方式、方法和结果提出要求

课程方案在教学评价方面提出了一系列新思想、新方式、新要求,必须仔细体会,认真学习和贯彻。课程方案指出,教学评价具有预测、诊断、反馈、评定、激励等功能;教学评价要以教学目标作为基本准则;教学评价的方式方法要做到准确有效、适度区分、简便易行,注意及时性、多样性、可操作性和可测性。

对于教学评价的测试方式和方法,课程方案提出了考试和考查两种主要手段。考试按阶段分为期中、期末和学年三种,其方式有口试、笔试和操作。可个别进行也可集体进行;笔试可以开卷亦可以闭卷,操作可以即时指定测试题,也可预先公布一批测试题,现场再抽取测试题。考查分日常性、阶段性和总结性三种,强调小型、分散、随堂。

考查、考试的方法可以采用观察、提问、面谈、作业、试卷、实验、实习、调查、小制作、小论文等。其评价领域,可以是认知、情感、操作三者的综合,也可以只作单项评价。课程方案特别对掌握考试考查频率等作出了具体规定,以控制数量,减轻学生的负担。对于评价结果的表达,提出定性和定量两种方式。定量时,考试一般用百分制,考查一般用及格、不及格两等。至于自选的选修科目,只是考核(出席和参与情况),给予合格或不合格的评定,考核合格的,按学期计算学分。

为体现全面提高素质、重视发展个性的精神,课程方案提出:"要增加平时成绩在学科总评中的比重。对于基础不同、进步不同的学生,评价分析应着眼于个人前后成绩的比较,不得用排名次等方法公开比较学生的成绩,以利于学

生树立信心、努力上进。""要保护学生的学习积极性,使学生不因某学科成绩的落后而影响长处的发展。"这体现了一种全新的教育思想,非常重要。

(六) 重视教学环境的建设

与过去的教学计划相比,课程方案的一个特色是十分重视作为隐蔽课程的教学环境的建设。课程方案较完整地提出了形成优良校风、美化校容校貌、完善教学场地设施、重视学校教育与家庭教育及社会教育的结合等四个方面的要求。其中,特别强调形成有凝聚力的班级、年级和学校集体;强调要重视校园的美化与绿化,保持校园的整洁和宁静,尤其注意校舍、场地、设备、设施要有专人管理,统筹安排,提高利用率。

(七) 明确教师的教书育人职责

课程方案对教的要求也比过去的教学计划详细、实在。课程方案提出:教师应教书育人、管教管导,以坚韧不拔的耐心和信心,热爱、了解、关心和教导学生,努力实现教育目标,完成党和国家所赋予的培养人才、提高民族素质的神圣使命。课程方案要求教师必须为人师表,具有崇高的师德和精湛的业务能力;要认真做好课程实施的各项工作。特别指出,教师应使用全国通用的普通话进行教学和交谈,板书和作业批改应使用规范的简化汉字。

(八) 对教学管理提出基本要求

课程方案特别把学校教学管理作为一个重要的组成部分,提出了一系列基本要求:实施本标准的学校,要按照课程标准制订学校的教学工作计划,加强教学的常规管理;学校教学工作既要切实可行,把握好大小课搭配、分科课程与综合课程的选择、劳动技术科目的开设、乡土教材的补充、选修科目的择定、活动课程中项目课时的分配等,又要因校制宜;学校在制订周课表时,既要严格遵照课程标准规定的科目与课时,又要按照学科的不同性质,作出协调的安排;各校在加强常规管理的基础上,要不断总结经验,不断改革创新,建立科学化的学校教学管理机制。

三、各学科的课程标准

各学科的课程标准是依据课程方案的整体设计形成的。每门学科的课程标准既共同为实现总的培养目标服务,又同时是对每个学生的要求,因此各学科课程标准的编制,都注意从学科特点出发,发挥各自在课程标准总体中的积极作用,形成整体效应。具体做法有以下七点。

(一) 强化德育渗透

各科都按照"三线一面"的德育课程设计,有机地成为德育课程的一部分。各科提出的教学目标,不只是认知目标,还包括了情感领域的目标特别是德育目标;各科的内容和要求,都加强了爱国主义、集体主义、社会主义的教育,加强了近代史、现代史和国情的教育,加强了劳动、理想和道德品质教育。

(二) 更新学科体系,优化教学内容

根据课程改革总体方案的要求,更新了各学科的体系和内容。例如,六至九年级的社会学科和自然学科设计了分科型和综合型两类课程的学科体系,让学校选择。分科型学科体系着重加强理论联系实际和科学方法的培养;综合型学科体系着重加强学科之间的联系、渗透科学方法的培养。又如,外语学科改革了过去重语法结构、轻交际功能的结构法学科体系,建立了结构功能法的学科新体系。三至五年级以听听、讲讲为主,辅以字母及单词的书写;要求创造语言实践环境,让学生在轻松愉快的活动中有兴趣地学习外语;高年级在听、说、读、写方面进行全面训练,不局限于书面的读写和语法的分析。再如,计算机学科改变了以学习计算机语言和程序设计为主的内容体系,重点学习计算机的一般常识、基本操作及软盘使用等知识和技能。

(三) 加强实践应用与动手操作

各科课程标准都体现了总体方案中关于加强实践环节和动手操作的精神。一是注意反映社会学科、自然学科在社会实践和生产实践中的应用;二是工具学科加强工具性,强化语言工具和计算工具的应用面的介绍和实际应用的训练;三是物理、化学、生物和劳动技术等学科加强实验操作和技能操作,规定为必学、必考内容;四是其他各科也都不同程度地设计了学生动手操作的实习或活动项目。

(四) 教学目标、内容和要求力求全面具体

各科课程标准的写法,吸取原先大纲的优点,内容力求具体,要求力求可操

作。教学目标一般分认知、情感、操作三个领域提出;教学要求借鉴教学目标分类原理,认知方面分为知道、理解、掌握、应用四个层次,实践操作方面分为初步学会和学会两个层次,各科根据实际确定不同内容的水平层次。

(五)合理控制学生负担

各科课程标准的"训练形式与要求"部分,一般都提出了练习题的选编原则,规定了学生的作业量;在"教学评价"部分,规定整个义务教育阶段,语文、数学从三年级起,外语从六年级起为考试科目,其余各科都为考查科目。课程标准对考试和考查的形式、次数、评分等都作了严格的规定。

(六)重视教学方法改革

各科课程标准都吸取了上海和兄弟省市这几年来在学科教学方法改革中的丰富经验,概括性地提出了一些原则意见。同时,都强调教学方法的多样性和针对性,鼓励教师创造或选用适当的教学方法,提高教学效益。

(七)注意配套措施

各科课程标准都对教学参考书、电化教育媒介和教具学具、教学设备设施等提出了配套的要求,以保证规定的教学目标、内容、要求的落实。

四、二期课程标准编制的发展

"二期课改"在一期课程标准 10 年实践的基础上,先经过制定各门课程改革的具体行动纲领,产生了许多新的、具体的、行之有效的亮点与方法,再具体将行动纲领转化为"二期课改"中各学科的课程标准。

二期课程标准进一步落实素质教育,加强德育、突出"两纲"教育,加强实践能力和创新精神的培育,加强信息化带动课程的现代化。通过三维目标(知识与技能、过程与方法、情感态度与价值观)的强化和学习领域指导纲要的桥梁作用,将二期课程方案和课程内容更加具体化地落实在基础型课程的课程标准、拓展型课程的指导纲要和研究型课程的指南中,便于将"二期课改"的理念和目标更好地体现在课堂教学中,真正做到提高教学质量,减轻过重课业负担,促进学生的全面发展和个性发展。

经过几年的实践,在各个项目研究成果和基层实践经验与问题的基础上,自 2011 年开始，对二期课程标准进行了系统的修订完善，努力使课程标准更加专业化、具体化、结构化、项目化、操作化、人本化等。

（一）培养目标具体化

将素质教育的培养目标具体化为课程方案中的整体课程目标，整体课程目标再具体化为八种学习领域目标，每种学习领域目标具体化为各个学科课程目标，学科课程目标具体化为学科的总目标和阶段目标，阶段目标具体化为模块（主题）目标，模块目标具体化为三维度目标。

1. 突出课程的育人价值

从知识与技能、过程与方法、情感态度与价值观等三个维度的目标来描述育人价值。

结合学科特点和具体内容有针对性地提炼出德育要求，突出以爱国主义为核心的民族精神教育和生命教育。

2. 突出课程的核心能力培养

根据学科特点和具体内容，突出课程的核心能力及其要求。

具体体现在学习领域、课程定位、课程目标和各模块主题中。

3. 突出课程的学习经历与体验

明确学科必需的学习经历与体验（实践性）。

明确各模块主题内容的学习经历与要求。

（二）课程标准结构化

1. 课程标准整体的结构化

课程标准由"一期课改"的课程总纲和分纲（即学科课程标准）两部分构成，改变为由课程方案、学习领域指导纲要和学科课程标准三部分构成，增加了学习领域指导纲要部分。有了学习领域指导纲要这个中间部分，可以发挥桥梁和衔接作用，使课程标准的三部分之间相互呼应，加强了一致性，课程标准更好地体现了整体性和系统性。

2. 课程方案的结构化

课程方案由课程理念、课程目标、课程结构、课程标准编制、教材建设、课程实施、课程评价、课程管理和课程保障九个部分构成，提升了课程方案结构的全面性和完整性。

3. 学习领域课程指导纲要的结构化

新编制的学习领域课程指导纲要由课程概述(课程定位、课程理念),课程目标(总目标、阶段目标),课程设置的结构(纵向年级结构和横向年级结构),课程内容结构(纵向内容结构)和课程实施意见五个部分构成。

4. 学科课程标准的结构化

学科课程标准包括导言(课程定位、课程理念和设计思路),课程目标(总目标和阶段目标),课程设置(课程基本内容、课程类型、课时安排和学分),内容与要求(内容的基本结构、具体内容及其学习水平与教学要求),实施意见(教材编写、教学建议、教学评价、作业设计与实施、配套措施等),努力保证学科课程标准中各要素的一致。

第三章

为学生提供适合学习的教材

——编制课程的基本教材

教材是落实课程方案和课程标准的载体，是对课程方案和课程标准的再创造。编制一套体现课程标准、适合学生学习的优质教材，必须建设一支对教材有深刻认识和理解的高水平的编写、审查和出版队伍，要有高效的组织和机制建设，形成教材编制的基本方式和基本特点，并在教学实践中检验和完善。

第一节 教材的概念、意义和品种

一、广义的教材概念

教材(subject matter),是学校中教师和学生天天用到、必不可少的材料。教育界对教材的含义有广义和狭义两种理解。

20世纪80年代末开始的上海中小学课程教材改革和20世纪90年代末进行的全国新课程改革对教材概念的界定同课程概念一样,都采用了广义的界定。上海课程改革方案指出:"教材包括纸质印刷材料(含教科书、教学参考书等),电子音像视听材料等。"教育部2001年6月颁布的《中小学教材编写审定管理暂行办法》规定:"中小学教材(以下简称教材)是指中小学用于课堂教学的教科书(含电子音像教材、图册),以及必要的教学辅助资料。"因此可以说,教材包括教师的教授行为和学生的学习行为中所利用的一切素材和手段,是学校所有教育活动中师生之间的媒介(如图3-1所示)。

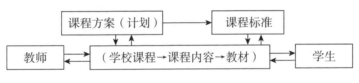

图3-1 广义的教材与课程、教师和学生的关系

二、基本教材

教材和课程密切不可分,甚至可以把教材的编制看作是课程编制的组成部分。如果说,课程方案规定了学校一切教育活动的计划与安排,课程标准规定了各类课程和学科的教学内容与要求,那么教材就是落实这些计划与安排、教学内容与要求的物化载体。

上海课程改革编制的教材,并不是学生所面对的教学内容的全部。上海中小学课程教材改革最突出的特点之一是给学校自主权,给学生选择权,学校领导、教师和学生都有自主安排教学与学习、活动的弹性时空。这方面的教学、学习和活动的内容,不可能全部预先设定,很多是生成性的,在教师与学生的互动过程中创生,不可能也不必要提供预设性的教材。因此,上海课程改革编制的教材,都是落实课程方案和课程标准最必需且可以预设的各种最基本的教材,以此为学校提供课堂教学的基本内容以及教与学行为的基本规范。

三、教材编制的意义

开发和编制教材,对于国家、学校、学生、教师都有着十分重要的意义和不可替代的作用。

(一)教材是国家意志的体现

教材的编制体现了一个国家在教育思想、教学内容、教学方法等方面的具体要求,是实现国家教育方针和培养目标的重要手段,影响着学校教育的整体水平和人才培养的方向与质量。

(二)教材是落实课程标准规定的目标、内容与要求的主要载体

学科教材根据学科课程标准规定的育人目标和学科任务,精选有关的科学和人文领域的基础知识,分门别类地组织成可供学生阅读、视听和操作的有一定范围、深度、结构和学习活动方式的知识与技能体系,用生动简明的文字、图画等来呈现,使学生经过努力大都能理解和掌握。教材还注重符合学生的认知水平和接受能力,适合学生的学习心理,能引起学生的求知欲望,在激励学生积极思维的过程中达到教育教学目标。

(三)教材是落实德育的重要渠道

各科教材中,有的如思想品德、思想政治学科的教材,是专门的显性德育教材,其他学科教材都通过事实的叙述、原理的论证、文学艺术作品的学习鉴赏等,对学生起到潜移默化的育德作用,培养学生具有良好的理想、道德、情操和辩证唯物主义观点,是隐性或隐性显性结合的育德教材。上海课程改革提出了"三线一面"的德育体系,把思想政治课程、班团队活动和社会实践活动作为三条显性的德育渠道,而面上所有学科所有活动都要体现德育为先的理念,各学科教材都融入和渗透德育,教材的教学目标不只是认知技能目标,还都包括了情感态度价值观的目标;教材的内容中都加强了爱国主义、集体主义、社会主义的教育,加强了近代史、现代史和国情的教育,加强了劳动、理想和道德品质教

育。这使得各学科教材都隐性或显性地发挥德育的功能。

（四）教材是学生学习的主要知识源

教材是为学生学习编制的，它以促进学生个性的全面发展为目标，既为学生提供认识的主要对象，又对学生身心的发展有着重要影响，是学生知识水平增长、智力体力和各种能力培养、良好思想品德及审美情趣形成等多方面发展的重要基础。在当今信息时代，学生获取知识信息的渠道如电视、电影、书报杂志、电脑网络等媒介大大增加，然而，真正能给学生身心发展以系统、全面、正确影响的主要知识源仍是教材。教材是为培养未来的接班人而精心设计编写的，汇集了千百年来人类认识自然、利用自然、认识社会、改造社会所积累的知识精华和基本经验，集中体现了人类历史上的优秀文化和当代最新科学成就，其内容反映了社会科学、自然科学和思维科学等各个方面，反映了学生学习的特点和基本规律。教材作为形成学生认知结构的媒体，在教学过程中起着直接而重要的作用。教材还是学校特有的知识载体，在学校中具有其他任何知识来源不可替代的地位和作用。学生在学习教材内容的过程中，通过教材的概括性、直观性和应用性使自己的认识由具体上升到抽象，由特殊上升到一般，由感性上升到理性，从而把认识引向深化，形成自己的认知结构，使知识得以更好地掌握和应用，并为阅读课外书刊，扩大知识领域、运用知识解决实际问题打下基础，促进能力与智力的发展以及思想品德的形成。教材可以让学生超越时空的限制，从不同角度去了解宏观和微观世界的种种奥秘，有效地认识外部世界，更好更全面地了解世界，逐步走向成熟。

（五）教材是教师进行教学活动的重要依据

教学过程是一个由教师的教和学生的学共同构成的相互作用的过程，这个过程主要通过教材实现。教师、学生和教材三者通过复杂的相互作用，使教学成为一个动态的统一过程。在这个统一的过程中，教师通过用教材教，学生通过用教材学，在共同的活动中达成课程标准规定的教学内容与要求。教师要实现课程标准规定的教学目标、选择有效的教学内容、运用相应的教学方法、评价教与学的效果等，离不开对教材的充分应用。

概括起来说，教材具有教育性，使学生的道德品质与人格养成得到强化，使国家对学生的培养目标得以实现;教材具有教学性,使国家的教育、教学思想得到具体体现;教材具有系统性,所承载的知识成为培养学生全面有效认识世界和改造世界的基础能力的保证;教材具有科学性,其内容具有学科特色的知识逻辑体系,使学生在学习的过程中学会科学的思维方法;教材具有实践性,它从整体上形成一个较完整的实践历程,使学生的认知能力不断提高;教材具有艺术性,使学生不断受到美的熏陶,提高学生的学习兴趣;教材具有发展性,在不断吸取国内外先进理念中发展,并及时反映现代科学理论和先进技术的信息,使学生与时俱进,不断获得新的养料。

四、教材的种类与编制模式

如前所述,现代中小学教材的种类已不只是纸质的书面文字教材,还包括电子音像教材(视听电子教材)和教具学具实验器材等,是多种类的组合,每个种类中还有不同学段、不同版本,形成更多的品种。上海中小学课程教材改革中编制的教材,就是多种类多品种的组合体。

（一）教材的种类

教材的种类很多,可以从教材承载体的材质、课程类型、课程实施形态等不同角度区分。

1. 按教材承载体的材质区分

教材可以分为纸质教材、音像教材和教具学具。

纸质教材包括供学生用的教科书(即课本)、配套的练习册、实验册,以及教师用的教学参考书或教材编写意图说明等书面文字性的教学材料。

音像教材包括配合教学用的幻灯片、投影片、录音带、录像片、光碟、电影片等,还有计算机软件和硬件,包括辅助教学的磁带、光盘以及其他多媒体软件和教育信息的网络文本。

教具学具包括有关学科教学示范用的和学生用的模型、器具、实验仪器及各种材料,劳动工具及有关材料等。

2. 按课程类型区分

上海"一期课改"的课程分类是按内容性质和实施形态两个维度定型的,其课程分为学科类和活动类两大类,学科类课程还有必修、选修之分,就是说有必修课程、选修课程和活动课程三大板块，于是"一期课改"编制的教材种类有整套各学科的必修课程的教材、部分选修课程的教材和活动课程的教材三大系列。"二期课改"则按课程的内涵功能维度分类，有基础型课程、拓展型课程和研究型课程三大类，于是编制的教材种类就有整套各学科的基础型课程教材、部分的拓展型课程教材和研究型课程学习包三大系列。

3. 按课程实施形态区分

课程实施形态分为必修和选修（限定选修和自主选修）两种，于是教材就有必修教材和选修教材之分。必修形态的基础型课程是全体学生都要修习的课程，因此必修的基础型课程的教材（即必修教材）的内容与要求，一般都属于考试评价的必考范围；而选修课程是允许学生选择修习的课程，因此选修课程的教材也是供教师指导学生选择使用的，其内容与要求不全属于必考范围。随着高考改革的进展，有些内容将属于某些专业高考的规定必考范围。

（二）不同种类教材的编制模式

从图3-2关于教材编制系统的简单示意图中，可以看到教材编制工作包含的方面及环节的复杂程度。

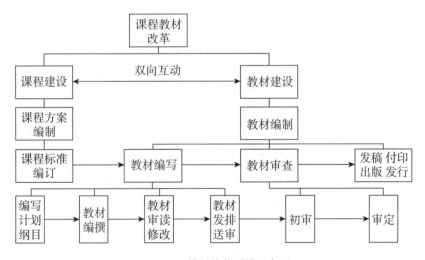

图3-2　教材编制系统示意图

从图 3－2 可知,教材编制包括教材编写、教材审查、教材发稿付印出版发行三个方面,其中教材编写方面包括编写计划纲目、教材编撰、教材审读修改、教材发排送审等环节,教材审查方面包括初审和审定环节。如果再细分,各个环节中还有更多工作,例如,教材的完善过程有试验、评价、再修改或修订等工作。

教材编制工作不仅是一项实践性很强的工作,而且是一项理论性很强的工作,不仅要求编者有编写教材的积极性,具有丰富的学科知识,还须掌握一定的课程教材理论,有先进的理念指导并按照教材编制和教育教学的规律进行,才能为基础教育编制出优秀教材。

在上海课程改革中,上述各个品种的教材,都在上海中小学课程教材改革委员会(简称"课改委")的统一部署下,有计划、有步骤、有系统地进行编制。对于不同品种的教材,采取了相对有效和可行的编制模式。

在"一期课改"中,必修课程的纸质文字教材全部由课改委组织专门队伍编写,选修课程的教材由课改委约请有经验的个人或单位编写,也发动学校和有关单位自行开发编写试用后由课改委组织评选,把优秀的选修教材向全市学校推荐供选用。活动课程的教材和项目材料基本上由学校开发,课改委组织部分专题项目教材的编写,同时对学校编制的教材或材料组织交流评审,将优秀的教材推介给全市学校参考使用。

据统计,"一期课改"中编制的书面文字教材包括教参和练习册,总数达 700 余种(册),仅教科书类,中小学的必修教材就有 19 门共 22 套计 281 种(册),选修教材有初中 50 种(册),高中 77 种(册),共计 127 种(册),幼儿园教材有 5 种(册)。通过发动、征集、评选,推荐出版了活动课程的教材 76 种(册)。

"二期课改"基础型课程教材全部由课改委组织专门队伍编写;拓展型课程的教材,部分由课改委约请有经验的个人或单位编写,也鼓励学校和有关单位自行开发校本教材,由市教委有关部门和区县教育部门组织评选后,把优秀的拓展型教材向全市或全区学校推荐选用;研究型课程除学习包由课改委组织编写外,其余均由学校校本化开发。

"二期课改"中,仅课改委组织开发编制的书面文字教材就有 17 门学科 20 余版本数百个品种,总计达到 1000 种(册)以上(见表 3－1)。

表 3-1　上海市"二期课改"中小学教材品种数据统计清单

统计日期:2014 年 12 月 17 日

类别	套数	品种数(一个准用号为一个品种)
基础型课程	66(包含原计划需编写的高中思想政治限定拓展教材)	745
拓展型课程		229
研究型课程		33
限定拓展	初中 1 门(数学),高中 6 门(文理数学、历史、地理、物理、化学、生命科学)	27
其他教学资料		81

第二节　教材编制队伍的组织和机制建设

为了完成教材编制这项复杂繁重的系统工程,从 20 世纪 90 年代初上海"一期课改"开始编制教材起,课改委在编制队伍的组织和机制建设等方面采取了一系列创新做法,如在教材编审方面实施编写与审查分开制度;在组建教材编制队伍方面引进了招标投标机制,改变了教材编制队伍建设的模式和机制;在教材编制版本方面,改变了"一纲一本"的状况,实行了"一纲多本"的方针等。经过多年的努力,至 1997 年基本编写成了一整套适合发达地区使用的中小学生一年级至十二年级的基础教育教材以及幼儿园教材。

20 世纪末启动的"二期课改",在总结和继承前期经验的基础上,为规范教材的编制工作,对教材的申报、编写、试验、评价等环节又作了进一步调整和完善。根据上海市教委、课改委的有关精神,为进一步加强教材管理体制的改革,健全完善竞争机制和相应的监督制约机制,提出了"多单位投标,主编遴选制,出版社支撑,课改办管理,市教委审定"的教材管理思路,采取允许竞争、鼓励竞争的方法,坚持公开、公正、公平的原则,并制定了一系列操作实施规定。

一、教材编写与审查的体制机制

上海教材的编写与审查体制,在"一期课改"中是课改委统一领导下的编审分开体制,"二期课改"中则为市教委统一领导下课改委负责编制教材、市教委组织审查教材的编审分开体制。

（一）课改委统一领导下的编审分开体制

在"一期课改"中,教材编审工作实行了课改委统一领导下的编审分开体制。由课改委全面领导从课程方案、课程标准到教材编制和课程试验、实施等所有工作,具体执行则在课改委领导下,由总编审统一负责,成立了编审委员会。在编审委员会之下建立编写和审查两大系统。编写系统由各学科教材编写组组成,审查系统由各学科教材审查组组成。另设上海中小学课程教材改革委员会办公室(简称"课改办"),作为课改委的常设办事机构,受课改委和编审委员会委托,对编写组和审查组进行联络和管理(如图 3-3 所示)。课改办与上海市教委教研室实行两块牌子一套班子,由部分教研人员专职从事教材编审的统筹工作,由学科教研员兼任学科教材编写与审查的联络员,负责学科编写组和审查组之间的沟通与协调。

如果编写组和审查组的意见有分歧,就在由课改委正副主任和正副总编审组成的联席会议上进行民主讨论,作出最后裁决。通常,对于学术问题的分歧,遵循主编负责制的精神,裁决时原则上尊重主编意见。这种联席会议审定教材的形式后来发展为课改委的常规议事制度,每星期五晚上定期召开联席会议,商讨课程改革中有关教材编写、试验、教学、师资、经费等各项重要工作,及时解决课程改革中的各种问题,效果很好。

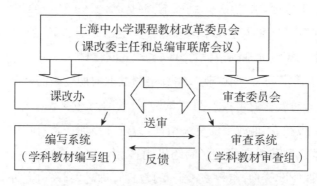

图 3-3 "一期课改"编审机构体制示意图

（二）上海市教委统一领导下的课改委负责编制、市教委组织审查的编审分开体制

1. 教材开发编制的主体和方式

教材编制的主体和开发方式直接决定教材的质量和使用效果。课改委针

对不同种类教材的特点、需要与可能,在《上海市普通中小学课程方案(试行稿)》(简称《课程方案》)中,提出以不同的开发主体和不同的开发方式进行开发。十几年的实践证明,这个方针有利于做到职责分明、有序有效、多方协力、合作共赢。

其一,基础型课程教材由国家开发编制。基础型课程属于国家课程,承担着促进学生基本素质的形成和发展的任务,是国家对公民素质最基本要求的体现,是全体学生必修的课程,所以基础型课程均由国家统一开发和组织实施,其教材的编制也统一由上海市教委组建的上海中小学课程教材改革委员会及其办公室负责组织。课改办按照公开、公正、公平的原则,通过招标与项目申请方式落实教材编制的主编和主持单位、出版单位。教材编制实行主编负责制,主编应具有教材编写的资质与资历,并要亲自参与教材的编写。

其二,拓展型课程和研究型课程教材由国家及学校开发和实施。按《课程方案》规定,拓展型课程和研究型课程的开发和实施主要由国家及学校负责,另外,通过市教育行政管理部门认定的社会教育机构、团体也可以设计和实施。其教材则采取市、区、校分别开发的体制。具体实施分为以下两种情形:(1)限定拓展型课程中的活动类课程,由学校自主设计开发,一般不编制教材;限定拓展型课程中的专题教育,由国家根据社会和时代发展需要,根据学生身心特点拟定基本要求,由国家及学校组织专家和教师共同开发课程,编制教材。(2)自主拓展型课程包括各学科课程标准指定的学科拓展型课程部分、《课程方案》规定的八个学科领域及其延伸、综合、拓宽部分,以及以学生自主活动为主要形式的兴趣活动、阅读活动、社团活动等活动类课程,主要由学校根据学生实际自主开发,以满足各校学生需求和学校特色的形成,增强教材的针对性和适应性。学校可视需要与可能编制一定的教材,但一般不编制教材。

由国家编制的拓展型课程的教材,原则上由上海中小学课程教材改革委员会组织学科、教育和课程专家、教师或依靠社会力量共同编制,经审查委员会审查通过后供学校选用。

由学校编制的拓展型课程的教材,是国家编制的教材的补充,一般都由学校教师为主体进行,以引进、改编、整合、补充、创编等方式逐步开发并编制,供本校学生选用。学校编写拟正式出版的教材,编写前必须通过区县教育行政部门的审批,并报上海中小学课程教材改革委员会办公室备案。此外,上海市各区县教育行政部门,也可以根据地方经济和社会需求,组织教师及高等学校、科研机构、出版社等专家编写拓展型课程教材,供本区县学校选用。

研究型课程是由学生自主选择,教师指导帮助,从学生兴趣与生活经验或有关学科出发,采用主题探究、课题研究、项目设计等方式开展的。它在基础型课程和拓展型课程的基础上,着重培养学生发现问题、应用知识解决问题等基本的探究和研究的方法与能力,具有可研究性和开放性的特性,因此一般不编制教材。为引导学校开发和实施好研究型课程,课改办组织力量,编写了不同学段的研究型课程学习包。

2. 教材审查的主体与原则

教材审查、审定是国家职责和国家行为。《中华人民共和国义务教育法》规定:"国家实行教科书审定制度";教育部规定,教材的管理分为国家、地方、学校三级管理制,教材审查则实行国家和省市两级审查制:属于国家管理的教材由教育部组织审查委员会负责审查,属于地方和学校管理的教材由省市教育行政部门组织省市教材审查委员会审查。上海中小学课程教材改革作为国家教育改革综合试验区的一个重点项目,所编写教材有属于国家管理的教材和由地方、学校管理的教材两种。按照教育部的规定,必须由上海市教委组建的中小学教材审查委员会负责审查,具体由审查委员会办公室(简称"审查办")执行。审查办建立了由专家和一线优秀教师组成的审查专家库,按照公开、公正、公平的原则随机抽取专家组成审查专家组。

审查办对于教材审查,主要从内容和形式两个方面进行。

其一,对教材基本内容的审查。审查要点:(1)教材的指导思想及目标是否体现了《课程方案》中的课改精神;(2)教材的内容和要求是否达到了《学科课程标准》所提出的标准;(3)教材基本内容在处理教育性和知识性、基础性和先进性、科学性和可行性、人文性和应用性等关系方面是否达到课改要求;(4)训练系统的科学性与激发学生学习的主动性及创造性方面,是否体现开放性,促进学生探究能力和创新思维的培养。

其二,对教材呈现形式的审查。审查要点:(1)教材的总体结构与章节安排及栏目是否适切、新颖;(2)各部分的纵横联系是否合理;(3)表述的文字与图示是否准确有效;(4)教材中是否有不应出现在教材中的广告用语和产品的商标;(5)采用的文章和肖像是否与作者或肖像中的本人或监护人签订了协议,是否符合国家有关法规,若有违反,一律不得采用。

"二期课改"在教材审查实践中不断总结审查经验,对于课本、练习、教参、图册、音像、学科拓展型课本、研究型课程资料等不同类型的教材,分别提出了审查评价标准,使得审查评价更有针对性。这在本章第三节有进一步介绍。

二、教材编制队伍的组织

高质量的教材必须靠高质量的编制队伍。在上海课程改革的二十几年中,始终把教材编制队伍建设放在最重要的地位,全力抓好教材编写和教材审查两支队伍的人员资质和工作机制的建设。

(一)教材编写人员队伍的资质与组成

教材编写人员队伍是教材建设最基本的队伍。教材编写一般是按计划进行的个体脑力劳动,从收集资料到完成分工编写章节,需要多个环节。由于个人的学术水平、教学经验、文字表达能力及收集的资料情况等不完全相同,往往会使教材带有一定的个人色彩。为了防止这种倾向,教材的编写实行集体研讨、分工负责编写,集中集体的智慧,取长补短,优势互补,使教材形成一个有机的整体。搞好教材编写工作,一是要聘请一位优秀的主编,二是要组建一支结构合理、有编写能力的编写队伍,两者都十分重要、缺一不可。通过多方努力,上海课程改革组建了一支由专家学者、教师及研究人员组成的结构合理、有编写能力、富有战斗力的主编和编写人员队伍,来实现每一个编写环节的优化。

1. 主编的资格条件

主编是教材编写的决策者、设计者和实施者,主编的个人意志将直接影响构建教材的体系结构、教材的编写模式和教材的品质。主编的课程观、知识观、教学观和社会观等,与其教材观的形成有着密切的联系,不同的教材观就会有不同的教材风格与品质。主编负责制决定了在教材从设计、决策到编写的全过程中,主编的个人意志将起着重要的作用。

根据上海市教委、课改委制定的《上海市中小学幼儿园教材编写、出版的资格认定与管理办法》的规定,主编的资格(副主编的资格参照执行)为:(1)履行编写主持单位对课改委的所有承诺。(2)坚持党的基本路线,热爱社会主义祖国,热爱中小学幼儿园教育事业,具有良好的职业道德,有较强的组织管理能力,善于团结协作。(3)能全面理解教育方针,了解中小学幼儿园教育及课程教材改革的现状和发展趋势,熟悉课程计划和学科课程标准。(4)有相应学科的高级专业技术职务,精通本专业的理论体系,有丰富的教学实践经验,文字概括和表达能力强,熟悉教材编写业务,有一定的知名度。(5)锐意改革,有独特见解,能提出所编学科整套教材的编写思路,能设计本学科符合国情的有特色的教材结构体系。

其中,履行编写主持单位对课改委的承诺,有较强的组织管理能力和善于团结协作,精通业务和有丰富的教学实践经验及一定知名度,有独特见解并能设计有特色的教材体系等几点,是主编区别于一般编写人员的必备条件。

2. 编写人员的资质要求

《上海市中小学幼儿园教材编写、出版的资格认定与管理办法》对编写人员提出了必须具备的要求:(1)坚持党的基本路线,热爱中小学幼儿园教育事业,具有良好的职业道德,能协作共事。(2)能全面理解教育方针,了解中小学幼儿园教育及课程教材改革的现状和发展趋势,熟悉课程计划和学科课程标准。(3)具有中级以上的专业技术职务,有扎实的学科理论基础和丰富的教学实践经验,有一定的教育学、心理学理论知识,对本学科有深入的分析研究,有较强的文字表达能力。(4)身体健康,能坚持参加较长时间的教材编写、修订等工作。(5)编写人员由主编组织,实行任务聘任制,并以特约撰稿人的身份参加教材编写,由主持单位聘请后报课改委认可。

(二) 教材审查人员队伍的建设

教材建设的另一支重要队伍是教材审查人员队伍。教材是国家意志的体现,为了保证教材的质量,必须通过审查,使教材在思想性、教育性、科学性、实践性、可读性等方面符合国家标准,适应教学需要。

1. 教材审查人员队伍的组建

审查办在上海市的高等学校、科研机构、大型企业和领导机关中聘请了一批关心了解中小学教育的专家学者,在中小学挑选和聘请了一批优秀教师,组建了审查委员信息库。每次审定教材时,都按随机抽取的原则,从信息库中选定审查委员,组成学科教材审查组。在教材审定过程中,审查组按照教材审定的程序、方式、标准的规定,公正客观地进行审查,并遵守有关的工作纪律。

2. 审查专家的资质要求

具体为:(1)坚持党的基本路线,热爱祖国,热爱人民,有良好的职业道德和责任心，作风正派，为人正直，能团结协作，秉公办事。（2）能全面理解党和国家的教育方针政策，了解基础教育课程改革发展趋势和上海中小学课程教材改革现状，熟悉中小学课程方案和学科课程标准。（3）具有相应学科高级专业技术职称，有较高的学术造诣、坚实的教育理论基础和较丰富的教学实践经验，了解中小学生和幼儿身心发展的特点，对中小学幼儿园教材有一定的研究。（4）身体健康，能坚持参加中小学教材审查工作，遵守相关工作纪律。

在上海课程改革 25 年的历程中，先后有 1000 多位高等学校、科研机构的专家和中小学优秀教师参与了包括必修、选修、活动课程，基础型、拓展型、研究型课程，以及幼儿教育、特殊教育等课程教材的审查工作。他们认真负责地按照市教委和审查办的要求，履行了为国家把好中小学教材质量关的职责，为课程教材改革这项巨大的育人工程作出了重大贡献。

三、教材编写单位的机制建设

（一）教材编写主持单位的招标投标机制

上海中小学课程教材改革的教材编写人员队伍，包括主编和编写人员，需要几百名符合条件的专家、教师及其他人才，如果要靠行政命令借调或靠人事部门给予编制，在时间上和条件上都不可能。而且，为了保质保量按时做好教材编制工作，还必须落实一定的经费和必要的办公用房及设备条件。单靠课改委，在短时间内是难以办成的。课改委审时度势，根据需要与可能，采取了以"招标、评审"的方式确定学科教材主持单位、由主持单位聘请主编组建编写队伍的体制。这是上海课程改革教材建设工作中的一个重大创新经验，也是上海课程改革二十余年来教材建设能够长期持续有效开展的基本保障。教育部充分肯定了这个经验，并在此基础上改造完善，成为 20 世纪 90 年代末全国教材多样化建设中确定教材编写单位的基本做法。

上海课程改革采取"招标、评审"的方式确定教材编写主持单位和出版单位的做法，实际上是一种借用。借用招标、评审的办法，来调动高等学校、科研单位、大型企业、区县教育部门和中小学等各有关方面的积极性，充分发挥上海的人才和资源优势。同时，当时社会招标评标已经有了一定的规则可循，能使得评定编写主持单位和出版单位的过程，更加客观民主，做到公开、公平、公正。

在上海课程改革二十余年的历程中,教材编制机制逐步完善,形成了"多单位投标、主编遴选制、出版社支撑、课改办管理、市教委审定"的教材编制审查机制。

1. 多单位投标

课改委根据课程方案和课程标准的要求,向全市发布编写主持单位的标的项目和资质条件。

招标的标的项目按每门学科的学段分项。每门学科设置的学段是不一样的,学科有几个学段就分为几个项目。以"二期课改"为例,按照语文、数学、英语、自然、品德与社会、科学、物理、化学、生命科学、社会、历史、地理、艺术、音乐、美术、体育与健身、劳动技术、信息科学技术等 18 门学科,以及幼儿园的生活、运动、学习、游戏 4 个科目,共分为 36 个项目。

上海市教委提出的投标编写主持单位的条件,首先必须符合教育部和上海市教委关于教材编写的资格条件的规定,此外对人力、经费、设施和管理等方面还提出几个基本条件:(1)提出主编和组长人选及主编对教材特色的构想,单位对编写人员聘请的基本设想。(2)提出对编写工作管理的做法和对经费及办公条件等的保障措施。(3)服从课改委对教材编制工作的领导。(4)接受课改办对编写工作的调控和管理等。(5)服从课改委提出的教材编写总体设想和遵从课程标准提出的要求。

根据课改委发布的标的,即有关教材编制项目与任务等信息,高等学校、出版社、科研机构、区县教育局、大型企业等单位都可以投标争取作为教材编写的主持单位。投标单位必须是符合上述条件的独立法人。投标单位在充分考虑本单位综合力量的基础上确定投标的项目,最少可以申报主持编写一个项目,即编写一个学科中一个学段的教材;也可以申报一个学科的两个或三个项目,即编写两个或三个学段的教材;如有必要与可能,一个单位可以申报编写多个学科、多个项目的教材。

教材编写主持单位的评审,邀请了基础教育的管理和教育教学、高等院校等有关方面的专家严格把关。通过评审确定编写主持单位的入围名单。入围单位是否能被最终确定为编写主持单位,关键还要看其推荐主编的评审遴选结果。只有在单位资质合格且主编评审也获通过之后,投标单位才能正式确定为学科教材编写的主持单位。

2. 主编遴选制

上海课程改革的教材编写，一直采用主编负责制。学科教材主编是一套教材结构和特色的设计者，编写工作的指挥者，教材质量的把关者，也是编写团队的核心和灵魂。因此，两期课改都把遴选主编纳入编写主持单位的招标投标机制，作为其中的一个重要环节。

其一，编写主持单位与应荐主编。上海两期课改组建编写队伍的招标投标机制中都极其重视遴选主编，而"二期课改"遴选主编的做法更加规范，要求投标的主持单位在投标前提供推荐的主编名单并取得被荐人同意。被荐人接受推荐即为"应荐主编"，要按照课改办要求填写应荐表，并向专家评审组作应荐报告、进行答辩。应荐表和应荐报告须表达对课程改革总体方案和学科改革思路与课程标准的认识，提供教材编写的设计方案，特别是教材特色的设计思想。经过向专家委员会的报告、答辩、评审，确定是否胜任主编。

主持单位推荐的主编是否被确定，是编写主持单位被确定的关键。投标编写主持单位在经过投标、评审，如符合资质条件，还只是入围。入围单位只有在其推荐的主编经遴选评审确认可以胜任之后，才可列为中标单位，经课改委审查批准后正式公布。因此，主编的推荐是主持单位成立的必要和重要环节。

其二，应荐主编的应荐表和应荐报告。应荐主编填写的应荐表和作应荐报告，主要有以下方面：(1)对应荐学科教育改革行动纲领主要突破点的理解与分析，包括不同见解。(2)根据应荐学科教育改革行动纲领与课程标准，提出对学科教材的初步设想要点，以及对承编年段教材编写纲目的设计思想和具体设计。列出初步设想的各年级的编写纲目。(3)对教材内容与形式的设计，在知识系统、应用系统、人文系统的设计方面提出改革设想，对体现知识性与教育性、基础性与先进性、理论性与实践性、科学性与趣味性的统一方面的想法。(4)对教材训练系统的设计，提出改革设想，体现以德育为核心、以培养创新精神和实践能力为重点的素质教育精神。(5)对教材呈现形式的设计，在文字符号的运用、图画的设计、图文比和课本栏目设置等方面的特色的设想。(6)应荐人要表示接受教材编写主持单位向课改委的承诺及意见。如：接受课改委对教材编写工作的领导；执行课改委提出的课程方案、课程标准和编写设想；接受课改办对教材编写工作的管理；所编教材的著作权属上海中小学课程教材改革委员会，署名权和著作学术成果权属于主编和编写人员；配套音像、多媒体教材、制作材料及学具等须列专项申报,接受课改委统一规划。(7)应荐人担任所应荐学科的主编要取得应荐人所在单位同意,单位要承诺保证其从事教材编写工作的必要时间。

当应荐主编被认定可以胜任主编,推荐主编的投标单位经评审确定入围,并获课改委、市教委批准,则投标单位即正式成为编写主持单位,应荐主编成为学科教材主编。

如果一门学科教材的一个资质合格的入围单位所推荐的主编人选不被认定胜任主编,而同学科的另一投标单位资质审定未通过但其推荐的主编人选被认定可胜任主编,则在自愿的原则下由课改委、市教委进行调配,将通过评审的投标入围单位与胜任主编结合,成为这门学科教材的编写主持单位和学科主编。

正式确定的编写主持单位和主编,要与课改办签订协议书,将权利、义务形成书面文件,共同遵守。

这个流程可以简明地表示为图 3-4。

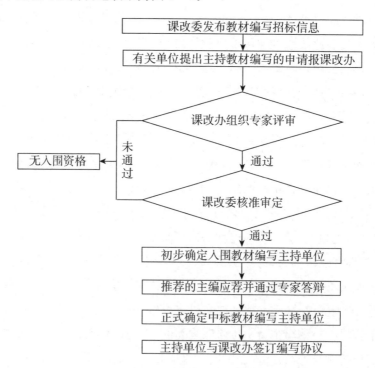

图 3-4　教材编写主持单位的招标投标简明流程

在一门学科有多个单位竞标的情况下,如果经评审都符合资质条件,而且其推荐主编均认定胜任,其教材设计又各有特色,则视必要与可能,按照教材多样化的精神,可以确定几个单位同时中标为编写主持单位。例如"一期课改"中,语文学科有华东师范大学、上海石化总厂同时中标,编写了H版和S版两套教材;物理学科有闸北区教育局和上海教育出版社同时中标,化学学科有黄浦区教育局和长宁区教育局同时中标,分别编写了闸北版、上教版两套物理教材和黄浦版、长宁版两套化学教材。"二期课改"中,英语学科有牛津大学出版社和上海外国语大学出版社同时中标,编写了牛津英语上海版和新世纪英语两套教材,信息科学技术有上海科技教育出版社和中华地图学社同时中标,编写了上海科教版和中华地图学社版两套教材。

鉴于主编遴选制下的评审工作举足轻重,两期课改中都组成了高层次的专家委员会。各学科评审专家组成员很多是上海乃至全国著名的中国科学院院士和学科专家、教育专家。

3. 出版社支撑

出版社可以投标、参与竞争作为一门或几门学科教材的编写主持单位,也可以与有关大学、研究所、区县教育局联合投标,竞争作为一门或几门学科教材的编写主持单位。

对于非本出版社为主持单位的学科,出版社可以通过出版竞标,争取获得有关学科的专有出版权。中标的出版社对有关教材享受《中华人民共和国著作权法》所规定的相关权利,有出版与有关学科教材配套的书本或音像资料的优先的制作权和出版权。

出版社参与招标投标获得学科教材著作权专有使用的条件是:(1)承诺作为有关学科教材编写的支撑单位,提供给课改办一定的教材建设经费,由课改办按一定标准提供给编写组和特约撰稿人。(2)在教材出版后,按有关规定在课改办的统筹协调下支付稿酬。(3)接受课改办对教材出版、印刷、发行等有关工作的管理和指导,严格按照规定的开本、用纸、装帧的标准出版教材。

4. 课改办管理

课改办设在市教委教研室(上海市教育委员会的直属事业单位),是研究并组织编写上海市中小学幼儿园课程教材工作的专门机构。在上海市教育委员会、上海中小学课程教材改革委员会的领导下,课改办在教材编制方面肩负主要职责,负责组织研究、编拟和修订上海中小学课程教材改革方案、课程标准及各类课程的教材。具体职责：(1)承担教材编写主持单位及出版单位招标、评审的组织、管理工作，监督编写、出版协议书的执行。(2)组织编写人员学习国家的教育方针、政策，并举办学习课程改革总体方案和课程标准的培训，帮助编写人员尽快掌握教育部及市教委的有关政策、教育动态信息和新的思想理念、内容要求等。(3)对各学科教材编写的进度、质量进行过程调控和阶段管理。组织有关编写业务、编写工作的交流，及时指出问题，执行上级领导的指令。(4)负责制定教材出版、印刷、发行等工作的管理规范并对其实施进行指导，统一制定或贯彻国家对教材开本、用纸、装帧等的标准，检查并保证其实施。(5)争取编写主持单位和出版社对必要编写条件和经费等提供保障，协调制定编写经费和稿酬支付的标准。(6)交流教材编制中的经验，及时了解教材试验小组对新教材试验的反馈意见，研究、改进并调整教材编制中出现的问题，为领导决策提供积极建议，促进教材质量的提高。

5. 市教委审定

按照教育部规定，"中小学教材必须经有关审查机构审查通过后，方可正式用于教学"。上海市教委对上海中小学教材进行最后审定，具体的审查机构是市教委组建的上海市中小学教材审查委员会，审查委员会下设审查办公室(简称审查办)。课改办负责指导编写组完善送审教材的规范化，促进教材高质量送审。

经审定通过的教材，由上海市教委列入《上海市中小学教材目录》，向全市公布，并列入与新华书店联合发布的教材征订单。

在上海课程改革的二十余年中，上述这套招标、评审的机制执行得相当规范和顺利，为课程改革教材编制提供了良好的人财物等保障。

(二) 教材出版单位的招标投标机制

众所周知，教材的出版比一般出版物更加严格，除了排版不能有政治性、科学性错误外，还必须按照物价局审定的价格定价，必须按照国家规定的教材用纸、开本、版式等规格印制教材，必须做到按时出版、课前到书等。上海课程改革作为国家教育改革综合试验区的项目，必须保证其教材的出版、印刷和发行也体现上海地区的优质水平。上海课程改革教材是由十几门学科多个年级教材组成的统一整体，一家出版社不可能也不必要承担全部教材的出版任务，因此对承担上海课程改革教材出版任务的各家出版社,还需要有保证整体性和同步性的统一要求。

出于上述考虑,上海课程改革从 20 世纪 80 年代末 90 年代初开始出版教材起,对教材出版单位的确定,就与教材编写主持单位的确定一样,采用了招标投标机制。

1. 教材出版单位招标投标流程

上海课程改革教材的出版招标,其发布公告、提出标的、专家评审、结果发布等环节,同编写主持单位的招标相同。

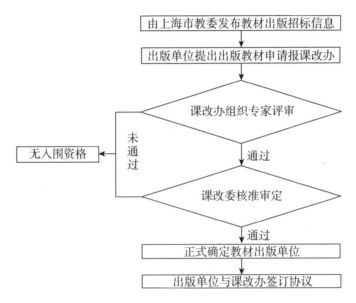

图 3-5 教材出版单位的招标投标简明流程

2. 教材出版单位的资格条件

对教材出版单位的基本资格,主要从保证上海课程改革教材出版的整体性和同步性出发,提出五个基本条件:(1)服从课改委对中小学幼儿园教材编写出版工作的指导与管理。(2)重视和支持中小学幼儿园教育事业,承担教材出版任务的指导思想正确,有一定的改革意识。(3)在教材体例、教材内容、教材文字及插图的编排等方面有较强的编辑力量;有足够的人力、物力和财力保证,能按时按质按量出版,做到课前到书。(4)教材编写前能为课改委提供一定的启动经费,出版后按一定比例向课改委提供教材建设经费并按有关规定支付稿酬。(5)教材由课改办统一管理、送审,经上海市中小学教材审查委员会审查通过并经市教委批准后,方可出版发行,未经批准,不得擅自出版发行。

评审确定的教材出版单位,要与课改办签订协议书,明确权利义务,共同遵守,协力高效优质地完成教材出版任务。

四、教材编写组的机制建设

确定编写主持单位和出版单位的机制建设,为教材编制队伍建设形成了外围的保障条件,而整个教材编制机制中最基础最根本的条件则是搞好作为教材编制基本单位的编写组建设,确保主编和编写人员队伍的正确履职。

按照规定,编写组主要由正副主编、组长和编写人员组成。设主编 1 人,副主编 1～3 人。除主编由编写主持单位提名,在投标评审中由课改委审定和聘请外,副主编均由主编提名,与编写主持单位商定,组长则由编写主持单位确定。各组的教材编写人员由主编负责提名,并按编写任务需要由组长协助主编代表主持单位聘请,报课改委认可并备案。

二十余年来,上海课程改革逐步形成并完善了教材编制队伍建设的一整套可行而有效的制度。其中,最主要的是主编负责制和编写人员的聘任制。

(一) 主编负责制和主编的职责

如前所述,为保证按质按量准时完成教材编写任务,上海市教委和课改委规定,教材编写实行课改委领导下的主编负责制。主编的职责是贯彻上海中小学课程教材改革的整体方案精神,执行编写主持单位对课改委的所有承诺,按照应聘学科课程标准的要求,负责本学科教材编制过程中的有关决策及教材编写全过程的管理,包括学科课程思想的落实,教材框架体例和教材特色的设计,教材内容和要求的把握,以及有关法律、法规等的执行,确保教材编写的质量、特色、时间和效率。主编的具体职责有如下十项。

(1)按照教育部和上海市教委关于教材编写人员必须具备的条件和要求,提名教材编写人员,包括副主编和特约撰稿人。配合组长和副主编共同做好编写人员的思想工作,管好用好编写经费;编写工作中模范执行民主集中制,努力调动编写人员的积极性,激励编写组团队的创造精神。

(2)坚持课程教材改革的社会主义方向,贯彻课程改革总体思想、课程方案和本学科课程标准,提出并落实对所编写教材内容的框架结构、逻辑体系及教材特色等方面完整具体的设想。

(3) 制订并落实教材编制的整个工作计划和阶段安排。编写计划包括编写品种、编写纲目或内容说明、编写进度和基本要求,报课改办统筹审定后实施。主编要负责按计划要求对编写人员进行合理调配和管理,确保保质保量按时完成每一期的编写或修订任务,直至完成全套教材的编写任务。

(4) 组织编写人员认真学习学科业务和编写业务,严格按照教材编写与审查的原则和基本要求进行编写。主编对所编全部教材及其配套图书的内容(包括文字和图表)在政治性和科学性上负责。对政治、社会等方面重大问题的新提法和新观点,必须向课改委作专项申报。

(5) 按照教材编写人员必须具备的条件,以足够的时间和精力投入并抓好所编学科教材(包括与课本相配套的练习部分、实验部分等以及教师参考书)的编写工作,认真审读全稿并亲自统稿。要使所编教材的稿件做到"内容定、稿面清、图文齐"。

(6) 负责抓好编写组对《中华人民共和国著作权法》及有关法律法规的贯彻落实。对于教材汇编已经发表的作品片段或者短小的文字作品、音乐作品或者单幅的美术作品、摄影作品,主编应负责以编写组名义向课改办提供《教材引用原创作品备案表》,同时主编应要求编写人员按照《中华人民共和国著作权法》,在教材中指明原作者姓名、作品名称,并且不侵犯著作权人依照著作权法享有的其他权利。对编写中所引用和采用的其他不涉及著作权问题的资料,主编应要求编写人员注明出处、提供原稿或复印件,以便审读、审查及日后需要时查核。

(7) 根据教材编写和使用的需要,按有关规定组织设计开发或引进改造相关的教具、学具,并确保其质量。按市教委和课改委的规定以及投标时的约定,教具、学具的设计开发或引进改造、编入教材,必须向课改委申报并得到批准,其制作和销售应与编写组脱钩。按国家规定,制作单位必须以招标投标的方式确定。

(8) 遵守国家和上海市的有关规定,不主持或参与编写违背课改精神与本教材指导思想、违反教育规律和有损学生健康发展的教学指导或辅导读物及音像、电子制品。

（9）遵守纪律，对教材编写中内部的争议和讨论中明确不宜外传的内容，做到永远保密。未经课改委同意，不以编写组和个人名义发表对教材总体评价性的以及违背教材编写意图和改革精神的言论与文字。

（10）按市教委有关要求，组织有关编写人员对试验学校和有关教研人员、骨干教师进行培训并指导教学实验。要以身作则，虚心听取各种意见，组织编写人员认真修改教材，不断提高教材和教学的质量。

（二）编写人员的聘请制度和职责

教材编写人员是教材编制的最基本力量。按照前面所述关于编写人员的资质条件，各编写主持单位在上海市挑选和聘请优秀的学科专家、高等学校和中小学的优秀教师参与编写。二十余年来，对教材编写人员的聘任制在实践中得到不断调整和完善。

1. 年限聘任制

"一期课改"中，编写组人员相对稳定，对编写人员采取的是年限聘任制。编写人员在聘任年限内，分为全脱产、半脱产和不脱产三种情况，都是固定的。据统计，先后参加第一期工程课程教材编写工作的人员有 439 人，1992 年调整缩小队伍，还有 139 人坚持到 1997 年夏季，在全部教材出版并经过试验和全面修订发稿后才回到各自的岗位，仅留下 35 人（每学科 1～2 人）继续做教材修订再版的组织工作。至 1999 年 6 月，由于修订工作基本结束，编写人员全部回到了原工作岗位，仅在任务需要时临时集中。在这种年限聘任制下，编写人员有一定的时间和精力投入编写工作。编写组人员的组成相对比较稳定，有利于编写组定期研究编写中遇到的各种问题，集思广益加以解决。但由于学校管理制度和人事制度的改革，在实践中，编写人员遇到了不少现实的困难和问题，主要是由于长期不在学校或经常不在学校工作，编写人员在职务职称的晋级提升、各种评优奖励的获得机会等方面受到影响，尤其是来自中小学教学第一线的编写人员，长期脱离教学第一线对编写人员本身的业务提高和从实践中吸收营养也有不利。

2. 任务聘任制

"二期课改"中，为适应当时的学校管理制度和人事制度情况，让更多优秀教师参与教材编写，并更好地调动编写人员的积极性，采取了特约撰稿的任务聘任制。各教材编写人员由主编负责提名,按编写任务需要以约稿形式聘请,一般不长期固定。特约撰稿人必须服从主编对编写业务的领导和管理,并按照编写纲目进行编写,保质保量按时完成任务。在这种机制下,编写人员不脱离第一线,可以随时在实践中吸取营养,检验所编写的教材的可行性和适切性。但是,由于人员不稳定,人员完成编写任务的时间不能保证,这对教材的体例、内容的一贯性有所影响,主编的统稿任务相对更加繁重。随着整套教材编写和修订的完成,课改委正在进一步设计更加适切有效的新体制。

编写人员包括副主编和特约撰稿人,是教材建设的基础力量和根本力量。编写人员受课改委和编写主持单位的委托编写有关教材,肩负着培养下一代的重任和千万家庭的期望。任务光荣而艰巨,需要不拔的意志和奉献的精神。课改委对教材编写人员规定了如下职责:(1)坚持课程教材改革的社会主义方向,身体力行教育部关于教材编写人员必须具备的资格条件,认真学习学科业务和编写业务,严格按照教材审查标准和出版要求进行教材编写。(2)贯彻执行课程改革总体思想、课程方案和学科课程标准,服从编写组按课改委部署对工作所作的安排,遵照主编对教材的总体设计与对教材编写的具体要求,保质保量按时完成编写或修订任务。(3)对所执笔撰写的教材及其配套图书的内容(包括文字和图表)的政治性和科学性负责。有关政治、社会等方面的重大问题的新提法和新观点,必须向主编汇报,由编写组统一向课改办作专项申报。(4)认真贯彻落实《中华人民共和国著作权法》及有关法律法规。对于本人负责撰写的教材汇编已经发表的作品片段或者短小的文字作品、音乐作品或者单幅的美术作品、摄影作品,应填写《教材引用原创作品备案表》,交主编汇总后以编写组名义向课改办报告。编写人员应按照《中华人民共和国著作权法》,在教材中指明原作者姓名、作品名称,并且不侵犯著作权人依照著作权法享有的其他权利。对编写中所引用和采用的其他不涉及著作权问题的资料,编写人员应注明出处、提供原稿或复印件交编写组。(5)按照教材编写人员必须具备的条件,以足够的时间和精力投入教材(包括与课本相配套的练习部分、实验部分等以及教师参考书)的编写工作,认真负责地进行编写。所编教材的稿件要做到"内容定、稿面清、图文齐"。(6)按照民主集中制和团结协作精神,服从多数、服从决议、服从课改办和编写组的领导。遵守纪律,对教材编写中内部的争议和讨论中明确不宜外传的内容,做到永远保密。未经课改办和编写组同意,不以编写组和个人名义发表对教材总体评价性的以及违背教材编写意图和改革精神的言论与文字。(7)遵纪守法,为人师表,按国家和市的有关规定,不主持或参与编写违背课改精神与本教材指导思想、违反教育规律和有损学生健康发展的教学指导或辅导读物及音像、电子制品。(8)努力为教师教学服务,按照课改办和编写组的安排,做好教材的宣传与培训工作,虚心听取意见,认真修改,不断提高教材质量,不断完善教材。

在二十余年的课程改革实践中,上海教材编写队伍中的主编和广大编写人员,以极其负责、无私奉献的精神,为培养新一代社会主义事业的建设者和接班人,为上海课程教材建设作出了巨大贡献。

教材主编和编写人员也在教材编写、试验的实践中锻炼成长,很多人成为特级教师,成为教育研究、管理和教学的专家、骨干教师和学科带头人。这也是上海课程改革为上海教育事业培养优秀教师所作出的贡献。事实证明,参加课程教材改革和教材编写,对于教师专业发展和人格完善成长是一条有效的途径。

第三节　上海中小学教材建设的基本方式

如前所述,教材建设的对象范围面广量大,教材品种从课本、练习、实验册、教师参考书到教具学具、音像制品、实验器材等,都必须按照课程、教材、教学的需要与学校的实际可能,进行统筹规划、系统设计、配套建设。教材编制的方面和环节很多,在编写、审查、出版、试验、评价、试用、修订等每个方面都各有很多环节。只有各个方面各个环节环环紧扣,相互协调,才能使教材的内在与外在质量得到提高。

在上海的两期课程改革过程中,为了保证教材质量,在教材编制中的教材编写与审查、试验与评价、试用与修订等方面,都逐步形成了基本的操作方式,确定了一系列的原则、要求和流程,使教材建设工作有序有效地进行,取得了显著的成效。

一、教材的编制

教材编制包括教材编写、教材审查、教材出版等多个方面。这里先就教材编制工作进行原则性的回顾，然后从教材编写和教材审查两方面作较具体的介绍。教材出版方面不作详述。

（一）教材编制的实施策略与基本原则

1. 教材编制的实施策略

教材编制在课程教材改革的大系统中，是投入人力物力最多、历时最长、要求最高的复杂的系统工程，它与课程方案编制、课程标准编制的关系是下位和上位的关系，教材编制要服从和服务于课程方案、课程标准。不过，在具体实施操作过程中，三者之间却是相互依赖、相互支撑的互补关系。因此，对三者的具体工作安排，上海课改的两期工程，都采取了教材编制与课程方案、课程标准多向互动的实施策略：在课程方案初稿出台后即开始进行课程标准的编制，而在课程标准完成初稿的基础上就据此编制教材。以教材编制的过程检验课程标准和课程方案，而在课程标准编制和教材编制与试验的过程中又对课程方案进行检验，作出合理的调整修改。

在教材编制与试验的组织安排上，一期和二期工程的做法有所不同。"一期课改"是各门学科的教材于 1990 年同步编制，1991 年秋起各学段起始年级教材同步出台进行试验，1993 年起在各学段起始年级同步全面推开试用。"二期课改"则采取了"成熟一门推出一门"的策略：1999 年推出 3 套不同版本的信息科技教材和英语（牛津上海版）教材；2000 年推出新世纪英语、2 套音乐、2 套美术、3 套劳动技术以及牛津自然（上海版）和牛津理科（上海版）等教材；2001 年推出小学语文、小学初中体育与健身以及初中地理起始年级教材；至 2002 年推出了所有学科起始年级的新教材，连同"二期课改"课程方案，在 151 所课改研究基地学校（50 所小学、50 所初中、51 所高中）的起始年级试用。还有幼儿园的 4 种新教材（学习、生活、游戏、运动）也同步推出，在 38 所基地幼儿园进行试验。

从 2004 年下半年开始，在小学一年级全面推行新课程方案和新教材；2005 年和 2006 年秋季，分别在初中起始年级（六年级）和高中一年级全面推行了新课程方案和新教材。

两期课改在教材编制与试验的时间安排上之所以有区别,直接原因是"一期课改"启动教材编制时,上海还只有课程方案和课程标准,没有相应的教材,为了全面整体检验课程方案和课程标准,必须有相应的所有各学科起始年级的教材同步出台,而"二期课改"是在"一期课改"的基础上深化发展,上海已经有了相应的教材,可以让条件相对成熟的学科先行推出,条件不够成熟的可以迟一些推出。

2. 教材编制的基本原则

教材不同于一般出版物。教材编制是涉及课程实施、学科配合、课堂教学、学生发展等各方面的系统工程,有关的管理和编写人员都不能各行其是,必须有统管全局的基本原则和具体的操作流程。在上海"一期课改"的十余年实践中,教材编制工作经历了一个不断调整与完善的过程。"二期课改"在此基础上做得更加有序有效。在 2004 年颁布的《上海市普通中小学课程方案(试行稿)》的"教材建设"部分,根据教材建设的规律,总结各种经验教训,针对新的课程结构,提炼概括出三条基本原则。

其一,根据课程特点,开发和编制相关的教材。基础型课程中的各相关学科,以学科课程标准为依据编制教材。拓展型课程以《上海市中小学拓展型课程指导纲要》为依据,开发和编制多样化的教材。学校也可以根据自身的传统和优势,自行编写适合本校特点的教材。研究型课程由学校依据《上海市中小学研究型课程指导纲要》进行开发与实施,不编写统一教材。

其二,教材要反映课程改革的目标和要求。教材编制要有利于学生积极主动地学习,有利于教师创造性地教学,有利于师生互动。内容的选择要关注学生的学习经历和兴趣,激发学生学习的积极性。内容的组织要强化活动设计和实践应用,要引发学生产生问题,鼓励学生想象和思考,促进学生体验和探究。内容的呈现要图文并茂,并通过简要举例、对比分析、逻辑演绎等手段,促进学生理解内容。内容表述要简明扼要、条理清晰、语言生动。教材编制要充分利用信息技术,积极开发适合学生特点的电子教材,形成文字印刷教材、电子视听教材以及网络课程资源相结合的一体化教材。关注在信息技术支持下教材内容的互动性和生成性。教材编制还要重视开发和合理利用上海地区已经具备的各类教育资源。教材的例题和习题要体现基础性、发展性和层次性,注意开放性、实践性、研究性和综合性。要重视发挥例题和习题对巩固基础、促进应用、鼓励创新、激发情感、启迪智慧和反馈评价等方面的功能,引导学习方式的完善。

其三,加强教材管理,提高教材质量。要遵照教育部《中小学教材编写审定管理暂行办法》(2001 年教育部令第 11 号)和上海市教育委员会《关于上海市中小学教材编写、审查、征订等工作的规定》,严格执行教材审定管理制度,实行国家基本要求指导下的教材多样化,提高教材质量。

正是遵循了课程方案提出的各项原则,上海整个课程改革的教材编制才能够有序有效地进行,取得了预期的成果。

(二) 教材编写

教材编写既是极其细致复杂的个体脑力劳动,又不可能完全依靠一个人的力量完成。这样一项特殊的集体工作,有着很多环节,每个环节都影响着教材的质量和水平。在上海两期课改的二十多年中,课改委汲取上海和国内外教改中有关教材编写的经验教训,对教材编写的各个方面、各个环节,都提出了具体要求,形成了一套科学有效的操作流程。

上海课程改革的教材编写主要有八个环节:(1)统一认识。由主编组织编写人员学习研究课程方案及课程标准等有关文件,提高全体编写人员的认识,统一全体编写人员思想。(2)制定计划。由主编负责制定教材的编写计划,包括编写品种、编写纲目或内容说明、编写进度和基本要求以及教材所包含的附件要求,与教材配套的有关教具、学具、实验器材、电子软件等的设想方案等。编写计划需向课改办申报,批准后实施。(3)拟定纲目。各学科教材编写组由主编或副主编、分册主编按课程标准拟定整套教材的编写纲目,组织试编教材样稿,并对编写人员的任务进行具体分工,落实编写进度要求,定期不定期地组织编写人员进行交流、讨论。(4)分工撰写。由撰稿人对其承担的编写任务进行认真精心的编写、修改、审校,并在编写组内交流初稿,彼此审校。(5)统稿修改。由主编或副主编、分册主编统稿。统稿时,注意发现书稿中存在的内容脱节、重复、错误、矛盾及不合理之处,而后由撰稿者再次修改。(6)整理成稿。由主编组织人员全面整理书稿,达到"定、清、齐"("内容定、稿面清、图文齐")的要求。(7)专家审读。在编写组完成一册教材编写,送交审查办审查前,课改办组织专家对教材进行审读。这是上海课程改革特有的属于教材编制系统内部的质量管理工作。教材经审读、反馈,主编组织修改并最后阅定后,才可作为内部定稿。(8)发排送审。按照市教委、审查办的规定,送审教材必须是教材的清样。因此,达到"定、清、齐"要求的教材定稿,经课改办复核、课改办主任签发后,送出版社排版、校对、打印清样稿交课改办送审。

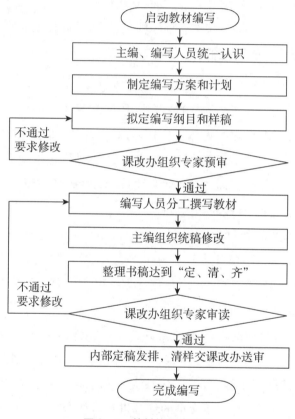

图 3-6　教材编写流程图

在整个教材编写过程中,课改办调动各方力量对编写工作的各个环节着力进行帮助。一是请学科课程标准编制组与编写组经常沟通,提高教材符合课程标准的程度。二是市教委教研室的学科教研员作为联络员与各学科编写组进行联络,及时掌握编写进度,及时了解各个环节的情况和问题,给予必要的帮助和服务。三是要求有关出版社派编辑早期介入,从编写体例、版面设计和插图绘制等方面紧密配合,保证教材质量并做好与出版环节的衔接。

（三）教材审查

教材审查是教材编制的重要组成部分,不属于编写工作范围。遵照教育部和上海市教委关于"中小学教材实施编审分开原则"的规定,上海课程改革中的教材审查由上海市教委组建审查委员会进行,并责成基础教育处负责审查办公室的具体工作。

根据教育部教材审查的有关规定和做法,结合上海课程改革的实际情况,上海市教委把审查工作分为初审和审定两种。新编教材在编写完成后,必须在一定范围进行试验,试验教材在付印出版前必须送审,这种审查称为初审;试验教材经过试验实践检验,如果用户反映比较满意,在根据用户意见进行全面修改后,再次出版推广使用前,还必须送审,这种审查称为审定。

在二十余年的实践中,上海市教材审查工作积累了丰富的经验,教材审查的初审和审定,都逐步形成了一套科学有效的操作流程。

1. 教材的初审

其一,教材初审的环节与要求。(1)提交申请。新编教材在试验前送交审查办初审,必须按规定提出申请报告,填写《教材出版送审单》,并提供教材编写意图说明以及符合"定、清、齐"要求的教材排版清样。(2)受理申请。审查办对申请人提交的初审报告和申请材料进行核查后,符合规定要求的即予以受理。(3)专家审查。在初审报告申请受理后,审查办组织有关学科的审查专家,按照教材初审标准,对送审教材进行审查,形成专家组意见,作出"作小修改,报复核""作修改,报复审"或"不予通过"等结论。(4)反馈修改。审查办在专家意见基础上拟定书面审查意见交课改办,课改办将审查意见反馈给教材编写组。教材编写组根据审查意见对教材进行修改,并对审查意见的处理作简要说明。(5)初步结论。教材修改稿由审查办组织专家组复核或复审,根据专家组意见,作出"审查通过"或"不予通过"的初步结论建议。报课改委领导(市教委分管领导)审批。(6)领导审批。课改委领导审阅后作出审批决定。对审查通过的教材,审查办即给予中小学教材准用号,教材可以作为试验本在一定范围内进行试验。

图3-7是教材初审环节的具体流程要求与操作细节。

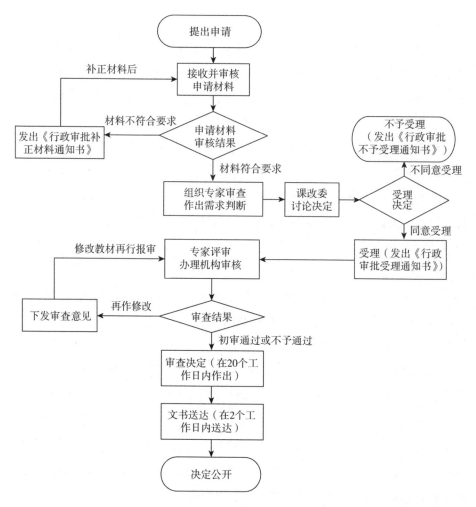

图 3-7　上海市中小学课程教材初审流程图

其二,教材初审的标准。教材初审标准是按照国家有关法律法规以及教育部和上海市教委有关文件拟定,在实践过程中逐步完善的。(1)符合国家的有关法律、法规和政策,贯彻党的教育方针,体现"教育要面向现代化、面向世界、面向未来"的要求。(2)体现基础教育的性质、任务和培养目标,符合《上海市中小学课程方案》(或《上海市学前教育课程指南》)和有关学科《课程标准》(或《课程指导纲要》)的各项要求。(3)符合学生身心发展的规律,联系学生的生活经验,反映社会、科技发展的趋势,具有自己的风格和特色。(4)符合国家有关部门颁发的技术质量标准,如《图书质量管理规定》《中华人民共和国地图编制出版管理条例》《地图审核管理规定》《中小学教科书幅面尺寸及版面通用要求》等。

2. 教材的审定

其一,教材审定的环节与要求。教材审定的做法同教材初审的环节与要求基本相同,只是审定对象不同,所提交申请的材料和审查办组织审查的标准有所不同。(1)审定对象。教材审定的对象必须是初审通过并经过一定范围试验的教材。编者应根据试验获得的各种反馈信息以及实践中产生的经验成果作进一步的修订完善,在教材出版全面推广使用前,申请教材审定。(2)提交申请。教材审定所提交的申请报告,在填写《教材出版送审单》的同时,必须提供教材试验效果与成果的调研资料,教材修改情况和编写意图的说明,符合"定、清、齐"要求的教材排版清样。(3)专家审查。审查办对申请人提交的送审报告和申请材料进行核查受理后,即组织有关学科的审查专家对教材进行审查,审查的依据是教材的审定标准。审查后形成专家组的审查意见,作出"作小修改,报复核""作修改,报复审"或"不予通过"等结论。(4)反馈修改。审查办在专家意见的基础上拟定书面审查意见交课改办,课改办将审查意见反馈给教材编写组。教材编写组根据审查意见对教材进行修改,并对审查意见的处理作简要说明。(5)初步结论。教材修改稿由审查办组织专家组复核或复审,根据专家组意见,作出"审查通过"或"不予通过"的初步结论建议,报课改委领导(市教委分管领导)审批。(6)领导审批。课改委领导审阅后作出审批决定。对审查通过的教材,审查办即给予中小学教材准用号,教材可以在更大范围内推广使用。图3-8显示了教材审定环节的具体流程要求与操作细节。

其二,教材审定的标准。教材审定标准与初审的标准是叠加关系。就是说,送交审定的教材,经过初审和试验,已基本符合初审标准,并在实践检验后作了修改,因此,审定标准是在符合审查标准基础上的进一步深化提高,其审查标准是在初审标准基础上的叠加。(1)体现国家意志和主流意识形态,思想内容健康,符合国家的有关法律、法规和政策。(2)坚持贯彻党的教育方针,体现"教育要面向现代化、面向世界、面向未来"的要求。体现《上海市普通中小学课程方案》和有关学科课程标准实施素质教育的要求,体现"以学生发展为本"的课程理念。(3)在体系结构和知识点的安排上符合有关学科课程标准的要求,重视知识与技能、过程与方法、情感态度与价值观三维目标的落实,符合教育教学规律和学生的身心发展特点,符合本学科所涉及自然和社会现象的规律。(4)体现基础教育的性质、任务和学科教学目标,反映现代社会、科学技术发展趋势和教育改革成果,具有一定风格和特色。(5)内容体系简洁明了,有合理的逻辑顺序;表述严谨、精炼、规范,图示清晰并能与文字紧密结合;符合国家有关部门颁发的技术质量标准。(6)教材试验取得良好效果。

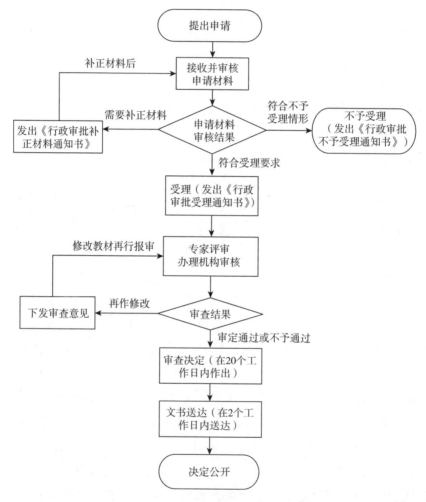

图 3-8 上海市中小学课程教材审定流程图

至此,教材编制的编写与审查告一段落,进入付印出版发行环节。课改办根据审查结果及市教委、课改委领导的意见,对初审通过可以进入局部范围试验,或审定通过可以在更大范围试用的教材,填写付印单,经课改办领导审阅签发后,交出版社付印。由出版社严格按照教材清样和《教材出版付印单》的要求,落实教材印刷工作,并负责教材的校对、印刷质量和进度。教材出版后,新华书店负责发行教材,做到课前到书,保证所有学校所有年级的学生在开学前拿到所有学科的课本,进入正常的教学程序。

二十多年来,从上海市教育局到上海市教委,从课改委到教材审查委,从参与教材出版的近十家出版社到负责教材发行的上海新华书店,本着"一切为了学生,为了学生的一切"的宗旨和理念,肩负着为学生发展提供基本教材的重任,大力发扬"一盘棋"精神,通力合作,实现了全程科学管理,确保了管理过程的良性循环和各科教材的保质保量按时出台,为课程改革成功作出了各自应有的贡献。

二、教材试验与教材评价

课程教材改革作为一项教育改革的大规模系统工程,要取得预期的成功,在教材正式定型全面使用前,必须经过试验。而试验效果的获得必须进行客观、科学的测量与评价。试验与评价工作是衡量课程教材改革是否成功和成功程度的必需和应有的步骤,是对国家、对人民的应有义务和责任。

(一) 教材试验

教材试验是保证教材质量使之达到预期成果的基础性工作。这是一个大样本的实验,是一个必要的科学步骤,必须有严谨的科学态度。但是,理论上所说的教育科研项目中的实验研究,应该是严格控制下的封闭性实验,通过操纵自变量(课程教材及其配套材料),测定因变量(效果),控制无关变量(学生基础、家庭影响)来进行。而课程教材改革中的有些自变量不可能同步到位,很多无关变量实际上难以严格控制,这与完全的实验室实验和那些严格实验的教育科研项目相比有所不同。况且,在对课程改革方案和教材进行实验时,应该而且必须允许学校结合实际有所调整和创造,因此上海课程改革中的课程教材实验定位为准实验方法,即试验的方法。

1. 教材试验的目的与目标

教材试验的目的,是要检验教材是否体现并落实了课程改革的整体目标,是否有利于促进学生德、智、体、美等各方面的发展,为培养面向 21 世纪的社会主义现代化建设人才奠定良好的素质基础。

教材试验的具体目标包括七个方面:(1)教材是否符合新课程方案所制定的培养总目标,以及学科课程标准所提出的教学目标和教学要求;(2)教材是否体现了以思想道德品质教育为核心,促进学生人格的培养;(3)教材的科学性如何,是否做到理论联系实际,促进学生基础知识和基本技能的掌握;(4)教材内容的结构、编排和表述,是否符合学生的年龄特征、心理及生理特征、认知规律和思维发展规律,是否能激发学生的学习积极性,是否有利于挖掘学生的潜能,有利于打好基础,培养能力、发展智力,促进创造性思维的形成,使学生的兴趣、爱好和才能得到培养和发展;(5)教材的程度、分量是否适当,是否能使绝大多数学生达到课程标准的基本要求,操作、练习的负担是否合理,是否考虑如何适应不同层次学校及不同程度学生的差异,便于因校制宜、因材施教;(6)教材是否处理好本学科教材之间以及与其他各学科教材之间的纵向和横向联系,减少不必要的重复或遗漏;(7)教材的文字、图画、版式、印刷、装帧等方面在师生教学中的反应情况。

2. 教材试验的组织领导

为了使宏大的试验工作有序开展,上海中小学课程教材改革委员会成立了上海中小学课程教材改革试验领导小组,构建了试验的组织系统(见图3-9)。

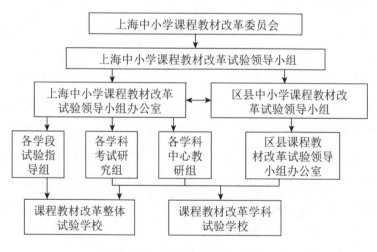

图3-9　教材试验的组织系统

图3-9中的组织系统由上海市教委和各区县教育行政与教研部门负责组建与领导。具体来说:(1)上海中小学课程教材改革试验领导小组由上海市教

育委员会和上海中小学课程教材改革委员会组建,负责领导全市新课程和新教材的全部试验工作。(2)各区县中小学课程教材改革试验领导小组,由各区县教育局组建,负责领导本区县的试验学校开展新教材的试验工作,而由各区县教育学院(教师进修院校)和教研室负责进行具体的指导。(3)各课程教材改革试验学校分别建立试验领导小组,负责研究制定试验工作方案,并开展新教材的试验工作,由主管校长全面负责,切实保证按照全市统一的试验要求进行试验。(4)各学科教材编写组成立教材试验指导小组,对试验工作进行具体的业务指导。(5)课改办与各区县试验领导小组及学科教材试验指导小组密切配合,协调工作,并开展对新教材试验的评价工作。

这个组织系统的主要特点是:(1)功能齐全。既具有对实施课程教材的管理功能,又能对试验中的经验开展总结研究,对存在的问题进行分析,兼具指导与服务的功能。(2)领导到位。设置了试验领导小组,各区县试验领导小组都由局长亲任组长,试验学校的领导小组由校长任组长,增强了对试验工作领导的力度。(3)职责清晰。试验学校分为以课程方案试验为主和以教材试验为主两种,任务的侧重各异;在发挥功能上既分学段又分学科,学科中又分考法与教法两组,也各有侧重;试验领导小组办公室有市、区县两级,各级职责都很清晰。(4)专家运作。试验领导小组办公室均挂靠在教研室或教育学院(教师进修院校),学段指导由综合教研员担任,教法研究与中心教研组由学科教研员担任,更便于功能的发挥。

事实证明,上海课程改革的试验成功,与这一组织系统的作用密不可分。这些试验学校在改革试验的过程中显示出了在教育教学发展方面的勃勃生机。

3. 教材试验的方式和阶段

按照上海市教委规定,教材经过审查办初审通过后,都先要作为试验本在一定范围试验。上海两期课改教材试验,都有整体试验和单科试验两种方式。

整体试验就是确定一批课改试验研究基地学校,从课程方案到各科教材进行同步试验。这种整体试验是全面的深度试验,有利于在一定的样本范围内控制试验变量,有利于全面检验课程方案、课程标准与教材实施的总体效果。这些基地学校,在课程改革全面实行时,是课程方案实施中学校教学计划编订的示范性学校,可以为全市学校提供实施经验。

单科试验是在课改试验基地试验的同时进行的区域性试验,就是把所有学科教材和全市各个区县进行分划搭配,每一两个区县试验被分配到的一两门学科教材。在这些区县的所有学校范围内,统一试用指定学科的新教材。这种试验是广度试验,有利于在较大的样本中检验这些学科教材的可行性,积累学科教材的教学经验,为教材在全市范围推出前的修改和教师教学参考书的编写提供意见。此外,在全市范围学校推广使用学科新教材前的教师培训中,单科试验学校能够提供学科教材的教学经验和培训宣讲的讲师。

上海"一期课改"的试验始于 1991 年秋,试验基地的选择采取自愿投报与审核批准双向结合的办法,最后确定了 60 所中小学进行课程教材整体改革试验,10 个区进行单科教材改革试验。1993 年秋,又进行了幼儿园课程教材的改革,各区县有 30 所幼儿园投入试验。

上海"二期课改"试验从 1999 年正式开始。由于教材编写采取了"成熟一门推出一门"的策略,所以试验工作也是分单学科试验和整体试验两个阶段逐步实行。在 1999 年之前,1997 年开始尝试了英语的先行性试验,直接引进了牛津大学出版社编制的香港版英语教材,在位育初中、市三女中、建青学校等少数几所学校试用,同时成立牛津英语改编小组,编写上海版的牛津英语教材。1999 年正式开始的教材试验包括单学科试验和整体试验两个阶段。

第一阶段(1999—2001)为单学科试验阶段。这是在课程方案、课程标准(试验稿)编制出台,各学段起始年级教材(试验稿)编制也基本完成的基础上,根据"成熟一门推出一门"的教材编制策略,对部分学科新教材和研究型课程先行组织试验。具体进程是:1999 年启动信息科技和英语两门学科的教材试验(英语是牛津上海版)。2000 年启动科学、自然、劳动技术、音乐和美术等五门学科的教材试验(科学和自然的教材是牛津改编版);高中学段开始试行研究型课程。2001 年启动地理、语文、体育与健身等三门学科的教材试验;初中学段开始试行探究型课程。上述教材逐年逐册推出,并相应地在课改研究基地投入试验。对已推出的教材及研究型(探究型)课程则不断地进行滚动试验。在教材试验逐步推开的同时,检验课程方案、课程标准,并组织基地学校领导、教师和区县课程教材改革试验领导小组办公室进行可行性论证。基地学校和区县进行的局部项目试验,为整体试验的开展奠定了基础。

第二阶段(2002—2007)为整体试验阶段。为提高整体试验结果的可信度和积累实施经验的普遍性,市教委、课改委决定充实农村地区以及办学条件和办学水平一般的学校的试验样本,使基地学校从 104 所扩充到 179 所,其学段和区域分布是:幼儿园 28 所,小学 50 所,初中 50 所,高中 51 所;其中市区为 107 所,郊区为 72 所。本阶段的整体试验工作从 2002 年 9 月起,重点是首轮试验,同时还进行滚动试验和区域性扩大试验。在试验的推进中,新课程的覆盖面不断扩大,试验点的深度不断增强,经验的积累也不断丰富。

（二）教材评价

对任何事物,人们只要有需求就会有质量和价值的判断,质量与价值的判断就是评价。教材不论在编制和试验阶段,还是推广试用和正式使用阶段,都必然要进行评价。教材评价包括作用于学生的直接价值评价和服务于社会的间接价值评价。教材评价对于教材编制、试验或试用阶段中和阶段后的修改,对于推广使用一定时间后与时俱进的修订,都具有不可忽略的意义。不同阶段的教材评价有不同的目的、目标,有不同的方式、做法。

教材评价的实施者是多元的。上海课程改革进行的教材评价,包括编写者、接受者和评审者、研究者、管理者等各有关方面参与的全面系统的评价,贯穿在两期课改的教材编制和试验、试行的全过程中。教材评价为教材的编制、修改、完善提供了可靠又有说服力的依据和保证。

1. 教材评价的目的

不同的教材评价主体有不同的评价目的。在教材编制和使用的不同阶段,教材评价的目的也不尽相同。上海课程改革进行的全面系统的教材评价,从课改办到各学科教材编写组,从审查办、试验办到区县学校教师、学生、家长等,整个教材评价过程,都是在市教委及课改委统一领导和课改办及试验办统一协调下,作为一个统一的整体,为了同一个目的进行的。

上海课程改革教材评价的目的,从根本上说是全面提高教材质量和水平,使教材更准确有力地贯彻教育方针,更好地落实课程改革的目标,更好地为培养德智体美全面发展的社会主义建设者和接班人服务。从教材编制本身来说,上海课程改革教材评价的目的是保证教材编写的效率和效果,避免初稿完成后又要进行较大幅度的调整。在教材编写准备、教材编写等几个阶段,都要对教材各个方面的合理性、有效性进行评价。在试验阶段,教材评价在对教材本身编写的合理性、有效性进行评价的同时,还应对各科教材之间的协调性,整套教材的教学效果,以及教材在不同教育条件下的不同学校的可行性进行评价。

2. 教材评价的内容

其一,教材体系结构。(1)是否符合学生的身心发展规律;(2)是否把学生的认识规律与学科的知识结构结合起来,安排教学内容的顺序、层次和逻辑关系,以建立本学科的教学结构;(3)是否有利于实现学科的教学目标;(4)是否注重本学科各部分内容之间以及与其他学科内容之间的联系。

其二,教材内容要求。(1)是否体现基础教育的性质、任务和学科的教学目标;(2)是否符合课程方案和学科课程标准规定的各项要求;(3)是否具有思想性;(4)是否具有科学性;(5)是否有利于学生基础知识、基本技能的掌握和创新思维的培养;(6)是否符合我国国情、体现时代精神和上海特点;(7)是否从学生熟悉的环境和事物出发,做到理论和实际相联系。

其三,教材呈现形式。(1)语言文字是否简练、规范,内容是否生动活泼、富有启发性,并注意了不同年龄段学生的语言特点;(2)照片、地图、插图和图表是否与教材内容紧密配合,地图是否按国家有关规定绘制;(3)引文、摘录是否准确;(4)名称、名词、术语是否采取了国际统一名称或国家统一规定的名称;(5)标题、字母、符号是否统一规范;(6)计量单位是否采用了国际单位制和国家统一规定的计量单位;(7)音像教材与教学挂图画面构思是否合理、主题是否突出,所表现的内容是否无科学性错误;(8)音像、图画所表现的内容是否富有教育性,给予学生以美的感受。

从表 3-2、表 3-3 可以具体地看到教材评价的内容范围,这是一项相当复杂的基础性工作。

3. 教材评价的做法

教材评价由试验学校的领导、教师、学生及家长共同参与,在教材的合理性方面,试验阶段的教材评价指标可参见表 3-1、表 3-2 和表 3-3。

教材可行性的评价,先要获得三方面的信息:(1)使用某一课程教材所需满足的师资、设备、校舍等必要条件;(2)各学校教师和学生对教材适应性的现状;(3)某一段时期内,学校在这些方面可望改进的最大程度。通过对所获得的上述三方面的信息进行对比,判断该课程教材的可行性。

上海两期课改的教材试验都十分重视组织对试验教材的全面评价,并在评价、修订的基础上扩大试用。以"二期课改"为例,首先组织了基地学校对试验中的信息科技（模块式设计版）、英语（牛津上海版）、科学和自然、劳动技术、音乐、美术、地理、语文、体育与健身等学科相应学段的教材评价，从单元和整册两个层面提出肯定意见和改进意见，为这些学科试验教材的修改提供实践依据。在单科试验的同时，在部分区县组织了英语（牛津上海版）、劳动技术、语文等学科的区域性试验和评价。这为随后其他学科的试验与评价提供了经验，所有学科教材在试验基础上都进行这种单元与整册、基地与区域等的教材评价。

"二期课改"的成套教材修订，更是设计并启动了一个系统全面的教材评价过程，其具体做法是：（1）组织问卷调查。由试验办和课改办组织有关部门包括部分课改研究基地学校、区县教研室、中心组等进行评价工作，填写相关的问卷调查表。（2）用户评价报告。在三个方面用户的评价问卷调查基础上，完成用户报告：一是课改研究基地学校分别组织相关教研组，在集体讨论基础上完成评价问卷，形成教材试验用户报告之一；二是由区县试验办组织区县相关教研员和一线教师，完成评价问卷，形成教材试验用户报告之二；三是由市相关学科教研员负责，组织市学科中心组完成评价问卷，形成教材试验用户报告之三。（3）编者自评报告。由教材编写组提供自我评价报告。报告中，必须确定教材修订主编和修订小组成员的人选。如无特殊情况，主编还是由原教材主编担任。在实践中，仅有极少数学科更换了主编。（4）专家组评价报告。由课改办负责，组织由一线骨干教师和专家组成的评价小组（每套教材 3～5 人），分析和研究学校用户报告和编写组自评报告，结合个人经验提出对教材评价分析的专家个人意见，形成学科专家小组评价报告和修改意见。（5）形成评价总报告。在上述工作的基础上，课改办进行深入的再分析、再研究，提炼要点，形成一份客观、全面、可操作的评价总报告，并及时反馈给教材编写组。该报告对成套教材的修改具有一定的指令性。

三、教材试用与成套教材修订

教材编制是一个不断完善的过程。上海课程改革编制的教材经过了试验本的局部试验和试用本的全面试用两个阶段，在全套教材出齐成套并都经过试用后，又进入成套教材的修订阶段。

如前所述,教材试验是一种局部试验,在经过试验区和学校一两年时间的试验,就要抓紧修改,然后通过审查成为试用本,推广到全市范围试用。试用本的试用期历时相当长,过程相当具体细致。这是因为教材是按学段逐年编写、逐年推出试验、再逐年进行修改送审、逐年推出试用的。小学、初中、高中的教材,凡跨全学段的教材如语文、数学、英语等,从第一册试用本开始使用到完成整套教材,分别要经过 5～7 年、4～6 年、3～5 年的时间。此外,由于在试验本试验前,教参和教具学具、电子课件等往往不可能配套完整,而且试验学校数量少,不可能批量生产出台,需要在试验过程中由编者与试验区试验学校的实践者共同开发、逐步积累,然后在试用期内逐步检验完善,按照教学经验和实际需要逐步配置,批量推出。

上海"一期课改"教材编制采用的做法是:所有学科教材同时开始逐册编写、逐册送审、逐册试验,然后逐册修改配套、逐册审定试用,在试用一至两年的基础上逐册修订后积累成套。由于各学科教材在学段中的年级设置和时间设置不同,如语文、数学是各学段所有年级都开设的,初中物理只开设两年、初中化学只开设一年,所以成套教材的册数有所不同。"一期课改"教材是在 1991 年逐步推出试验,通过试验逐年修订,到 1996—1997 年就形成了成套教材。

"二期课改"启动后,自 1999 年起陆续推出了各学段、各学科不同版本的教材。至 2005 年秋,先后有 60 余套教材完成了在课改试验基地学校的一轮试验工作。为使试验教材更符合课程方案(幼儿园课程指导纲要)和各学科课程标准的精神与要求,更符合学生发展的需要,课改办在各课改试验基地学校实践的基础上,全面启动了上述成套教材的整体评价和修订工作,并根据各成套教材编写和试验完成的实际情况,分批展开。

（一）成套教材修订工作的总体要求

1. 依据课程方案和学科课程标准

组织各学科教材编写组认真学习课程方案和学科课程标准,把握改革方向、课程定位、课程目标、课程内容与要求、学习训练、学习评价和教材编制等的各项要求;落实关于加强未成年人思想道德建设的精神,体现民族精神教育和生命教育这"两纲"教育的要求。以课程方案、课程标准和"两纲"教育作为成套教材修订全程工作的依据。

2. 按照科学合理的程序

严格按照程序进行操作，重视并抓好过程的管理。具体程序为：用户报告和自评报告→评价小组报告→修改方案（修改样章）→教材框架结构、呈现形式（样章）研讨→编写组修改→审查办审查→推广使用的评价与修改。

3. 以各方研究成果为基础

各学段对收集的资料进行比较研究和专题研究，进而形成观点，完善修改的方案。在这个阶段，各学科组分别开展了以编写组内部研讨、编写组与评价小组共同研讨以及专门小组专题研讨等多种形式的研究工作，在充分深入研究的基础上，再开始对全套教材进行整体的修改与完善。

4. 有针对性、有重点地开展

成套教材修订不是推倒重来，不是新编教材，而是在实验的基础上有计划的修改，因此要明确方向要求，有针对性地突出工作重点。课改办提出的工作重点是：一要对照课程方案（幼儿园课程指导纲要）和学科课程标准，针对课程的三维目标，重新审视反映教材内容特征的框架结构和反映教材教学特征的呈现方式，修改不足，体现特色；二要进一步精简内容、充实活动、落实德育、突出探究与实践；三要充分体现信息技术与课程的整合。

5. 在系统设计下有序进行

修订工作在整体的系统设计下有序开展。一是从培养目标、教材内容、实施方式等方面进行整体思考；二是从教材品种、教具学具、教学软件、课程资源、学科网站等方面进行整体思考。在整体思考基础上再进行系统设计，在系统设计下有序组织修改。

（二）成套教材修订的进程和主要工作

成套教材修订工作面广量大，要求高、责任重、历时长，必须精心组织力量、精心设计程序，有计划有步骤地开展。在市教委、课改委的领导下，课改办团结组织各方力量，经过近十年努力，完成了大部分学科学段成套教材的修订。

1. 成套教材修订的进程

在 2003 年下半年全面启动成套教材修订工作之前,课改办于 2003 年 4 月研究设计了试验教材评价指标体系及相应的评价问卷和评价量表,拟订了成套教材评价工作的方案步骤,2003 年 7 月召开了由课改研究基地学校的骨干教师和区县教研员组成的各学科成套教材评价小组成员会议和成套教材评价专家会议,动员和布置了成套教材的评价工作。2003 年秋,第一批成套教材(包括初中音乐,小学、初中、高中劳动技术,初中科学共计 3 门学科 8 套教材)的修订工作正式启动;2004 年秋,第二批成套教材(包括高中语文,高中数学,高中英语,初中、高中历史,初中、高中地理,初中科学,初中、高中物理,初中、高中化学,初中、高中生命科学,初中美术,高中体育与健身,初中艺术共计 12 门学科 19 套教材)的修订工作正式启动;2005 年秋,第三批成套教材[包括小学、初中语文,小学、初中英语,地理(拓展),初中社会,物理(拓展),化学(拓展),生命科学(拓展),高中科学,小学音乐,小学美术,高中艺术,初中体育与健身,小学、初中、高中信息科技,学前教育共计 14 门学科 33 套教材]的修订工作启动;第四、第五批成套教材的修订工作于 2006 年秋和 2007 年秋启动。

每门学科的成套教材修订送审通过后,就在所在年段开设本学科的起始年级推开使用。

2. 成套教材修订的主要方面

成套教材大规模调研的结果表明,广大教材用户、学科专家和编写组等各个方面对“二期课改”新编教材都给予了充分的肯定。大家认为,新教材经过不断调整与修改,正在逐步完善。新教材在培养目标上体现了课程教材改革的方向,符合新课程方案的理念和课程标准的要求,创立了新的教材编写思想和设计思路,构建了新的框架体系结构,呈现方式新颖、符合学生年龄和心理特征,重视学生的学习经历和经验,激发了学生的学习兴趣,调动了学生的学习积极性。本章第四节将具体回顾和介绍教材的优点和特色。

成套教材调研也反映出了教材的不少问题。在课改委要求下,课改办和各编写组在继续坚持和发扬教材优点和特色的基础上,根据广大使用者和评价专家的意见与建议,进一步对全套教材进行了整体反思和研究,对教材具体内容进行了检查与梳理,对教材中存在的与课程标准不相符、不匹配的部分进行了修改与调整,进一步努力提高教材的质量。具体来说做了五方面的工作:(1)梳理框架结构。对教材构建的框架体系结构作出梳理,对部分铺垫不够、衔接不畅、前后脱节、呈现跳跃的内容,作出相应的调整。(2)降低难度要求。进一步降低教材要求,删除过繁过杂的内容,调整偏深偏难的章节,力图使学科的基本知识基础化、前沿知识普及化、尖端知识浅显化。(3)调整容量篇幅。对教材内容偏多、知识容量偏大的问题作出进一步调整,精简内容,打牢基础,凸显经典,删减篇幅总量,增加弹性选择,综合考虑逐步达成目标。(4)切合学生实际。对不符合学生年龄和心理特点、教学过程中无法落实的内容予以修改,通过更换事例载体、呈现方式、实施方案、演示工具等,使有关内容切合教学实际。(5)推敲文字表述。仔细梳理和检查教材中文字表达不流畅、表述不规范、打印错漏等情况,对文字表述进行打磨润色,对于排版印刷进行修正处理,提高教材图文质量。

3. 评价教材的参照细目

为了方便学科教材评价,课改委制订了总体参照细目。各门学科的教材都有自己的特点,因此,各学科教材在进行评价时都参照细目进行一定的调整,使之更加适合本学科的教材评价。具体评价细目见表3-2、表3-3、表3-4。

表3-2　教材体系结构评价表

序号	项　目	评价意见(同意的打√)							
		A	√	B	√	C	√	D	√
1	指导思想上体现"二期课改"精神	很好体现		较好体现		一般体现		没有很好体现	
2	教材内容与课程标准的要求	很好地符合要求		较好地符合要求		一般符合要求		出入较大	
3	教材内容结构、层次的安排	符合学生的认知规律		较符合学生的认知规律		一般符合学生的认知规律		顺序较凌乱	
4	教材内容上体现的人文教育	很好体现		较好体现		一般体现		没有很好体现	

（续表）

序号	项 目	评价意见(同意的打✓)							
		A	✓	B	✓	C	✓	D	✓
5	教材内容对培养学生的创新思维	起很好的作用		较好的作用		一般的作用		作用不大	
6	教材内容对学生形成良好的人格及思想品德素质	起很好的作用		较好的作用		一般的作用		没什么作用	
7	教材内容对学生理解基础知识、基本技能	起很好的作用		较好的作用		一般的作用		作用不大	
8	有利于激发学生的学习兴趣	有很好体现		有较好体现		一般体现		缺乏趣味性	
9	基本概念、基本知识的科学性	准确无误		有少许笔误		有1~2处科学性错误		有3处以上科学性错误	
10	本学科基本科学思想和科学方法	有很好体现		有较好体现		有一定体现		基本没有体现	
11	联系学生生活、社会实际等方面	有充分体现		有较充分体现		有所体现		没有体现	
12	与其他学科联系	很好		较好		不够好		较多重复交叉	
13	选择材料(包括史实、举例等)	有代表性、时代感		比较有代表性、时代感		一般		缺乏代表性、时代感	
14	对于学生能力的训练序列	有合理安排		较合理安排		有一定安排		没有或安排不合理	
15	训练系统科学性与激发学生学习主动性及创造性	很好体现		较好体现		有所体现		没有体现	
	通过上面的分析,你认为这套教材的体系结构	好		比较好		基本合格		不合格	

表 3-3 教材的形式及程度水平评价表

序号	项　目	评价意见(同意的打✓)							
		A	✓	B	✓	C	✓	D	✓
16	重要知识的发生、发展过程	体现得很好		体现得较好		有一定体现		没有体现	
17	重点内容的叙述对学生的思考	有很好的启发作用		有较好的启发作用		有一定启发作用		没有启发作用	
18	关于知识的深度	很好地符合相应年级学生的接受程度		较好符合相应年级学生的接受程度		一般(个别章节不当)		内容 偏难	
								偏易	
19	关于能力的要求	符合绝大多数学生的要求		较合乎大多数学生的要求		一般		适合少数尖子生	
20	关于思想、方法的要求	符合绝大多数学生的要求		较合乎大多数学生的要求		一般		适合少数尖子生	
21	教材中的练习部分	分量恰当,易于因材施教		分量较恰当		一般		分量过重	
								分量过轻	
22	关于列举的事例(背景材料或应用的例题等)	符合学生的认识水平		较符合学生的认识水平		一般		内容过简	
								内容过难	
23	教材中的计量单位、符号或地图	很好地符合国家标准和要求		较符合国家标准和要求		一般		不符合要求的很多	
								有严重错误	
24	教材中的句子、段落	简短明确		较明确		一般		显得啰嗦	
								显得枯燥	
25	教材语言文字	通俗易懂		较通俗易懂		一般		过于理论化	
26	教材中的用词	很规范		较为规范		一般		不少用词不当,理解困难	
27	关于内容的分量	分量留有余地,负担合理		负担基本合理		一般		分量过重	
								分量过轻	
	通过上面的分析,这套教材在程度水平上	好		比较好		基本合格		不合格	

表 3-4　教材的版面设计评价表

序号	项　目	评价意见(同意的打✓)							
		A	✓	B	✓	C	✓	D	✓
28	版面设计	有特色且合理恰当		比较有特色且较为合理		一般		陈旧且不尽合理	
29	章节安排醒目的程度	有明显且恰当的标题		有较明显且较恰当的标题		一般		标题不明显,也不恰当	
30	关于段落、层次	鲜明		较鲜明		一般		层次不清	
31	教材中的图片(彩色、黑白)	新颖、易引起兴趣,有助于思考、想象		较新颖,较能有助于启发思考		一般		较陈旧,不能引起兴趣,无助于思考	
32	封面设计	新颖适宜		较一般		一般		无吸引力	
33	教材开本	适宜		较适宜		一般		不适宜	
34	教材字体大小	适宜		较适宜		一般		不适宜	
35	印刷的清晰度	清晰		较清晰		深浅不均匀		不够清晰	
36	装订牢固程度	很牢固		较牢固		有散页		有较多散页	
	通过以上分析,你认为这套教材在版面设计上	好		比较好		一般		不合格	
	通过以上评价分析,对这套教材总体评价	好		比较好		一般		不合格	
建议									

4. 成套教材修订前的全面调研提纲

教材对目标的体现:(1)教材对课程标准制订的关于"知识与技能、过程能力与方法、情感态度与价值观"目标的体现程度;(2)教材每一阶段、每个单元及各章的设计对"课程标准的内容与要求"的体现程度。

教材结构:(1)教材结构体现"有特色、有突破、有创新"要求的程度;(2)教材结构体现"完善和丰富学生学习经历"要求的程度;(3)教材结构体现"学科结构"的程度;(4)教材结构体现"各章节协调清晰,各阶段衔接连贯"要求的程度;(5)教材结构的各组成成分体现"必要、协调"要求的程度。

教材内容:(1)教材内容的科学性程度,包括教材内容的选择编排体现"科学、准确、合理"要求的程度,以及教材内容的选择编排体现"循序渐进,符合学生认知规律"要求的程度;(2)教材内容的基础性程度,包括教材内容符合"课程标准的内容与要求"的程度,以及教材内容反映"基础、典型、必需"要求的程度;(3)教材内容的适切性程度,包括教材内容的可接受性程度,以及教材内容与规定课时数的匹配程度;(4)教材内容的先进性程度,包括教材内容体现"有利于学生学习方式转变"要求的程度,教材内容体现"加强课程内容与学生生活、社会科技发展联系"要求的程度,教材内容体现"重视学科课程与本学习领域其他课程及其他学习领域课程整合"要求的程度,以及教材内容体现"加强信息技术与课程整合"要求的程度。

教材的呈现形式:(1)教材的呈现形式体现"科学、合理、规范"要求的程度;(2)教材的呈现形式体现"符合学生生理、心理特点"要求的程度;(3)教材的表达方式体现"激发学生学习兴趣和学习欲望"要求的程度;(4)教材的文字表达体现"准确、精练、通畅、生动"要求的程度;(5)教材的版面设计体现"清晰、美观"要求的程度。

教材的训练体系:(1)训练体系体现"课程标准的内容与要求"的程度;(2)训练体系体现"基础、典型、合理"要求的程度;(3)训练体系体现"联系学生生活和社会生产实际"要求的程度;(4)训练体系体现"难易程度适当、重点突出、注意分层"要求的程度;(5)训练体系安排的训练量体现"减轻学生过重课业负担"要求的程度;(6)训练体系体现"加强开放性"要求的程度;(7)训练体系体现"加强实践性"要求的程度;(8)训练体系体现"促进学生反思学习过程"要求的程度。

第四节　上海中小学教材的基本特点

一、上海中小学教材体系的改革

上海课程改革中教材体系的改革,同课程方案、课程标准的建设一样,都有许多创新亮点。其中,教材体系的改革,包括教材理念、教材目标、教材结构、教材内容和教材呈现形式,都鲜明地体现了中国特色、时代特征、上海特点和国际视野。前文说过,在广义的教材观下,教材包括课本(纸质的书面文字型的教科书)、教具学具、实验器材和音像教材。这里所说的教材主要指教科书,即课本。

（一）教材理念

课程理念决定教材理念。上海课程改革中,无论是"一期课改"的"以素质教育为核心"的课程理念,还是"二期课改"的"以学生发展为本"的课程理念,都体现了"一切为了学生,为了学生的一切"这个教育根本宗旨,而把提高学生的素质,把学生的全面发展、个性健康发展和终身可持续发展作为课程改革的核心与灵魂,作为工作的出发点和归宿,也成为教材编制的基点和指南。这个课程理念在教材编制中得到了较充分的体现。

在新的教材理念下,上海的教材功能观从对学生的知识传递转变为让学生学会学习、学会做人。传统的教材功能观认为,教材凝聚了人类文明和人类知识的精华,具有权威性、学术性和知识性,教师的教学就是传授,把这些文明和知识的精华传授给学生;学生的学习就是接受,把这些知识获取过来、积累起来。教材的功能就是以知识传递为主的单向传输。随着课程改革实践的发展,这种教材功能观受到了挑战。新的教材功能观认为,教学不仅仅是知识的传授,还包括学生对学习过程的理解、学习方法的掌握,以及对学生进行态度、情感和价值观的培养熏陶。

在新的教材理念下,上海使用教材的教学观改变了,不再过分强调教材的精华性、权威性和学术性,教师不必把教材看成是神圣的、必须不折不扣照此执教的权威;不再片面地要求教师只要吃透教材、教好教材,学生只要掌握教材中的知识、学好教材,而强调教材只是一种教学的范例和资源,一种帮助学生学习的工具,起的是媒介作用。教师不是"教教材",而是"用教材教"。教师的教要服务于学生的学,教师是学生学习的组织者、引导者和帮助者。在教材、教师和学生三者中,学生是教学活动的中心,学生的学是主要矛盾,一切围绕怎样学、怎样才能学好这个中心进行。

在新教材理念下,上海教材的学习观也发生了变革。学生不仅要掌握教材中的知识与技能,而且要在学习知识与技能的过程中学会学习。学生的学习,不仅要"学会",而且要"会学",要了解怎样去学,怎样才能学得到。学生的大脑不是知识的容器,而是知识和信息的处理和加工中心。在知识爆炸的信息时代,学生更应该发展信息的处理和加工的方法和能力,学会知识和信息的归类和取舍,加工整合生成新的知识,形成新的知识结构。

在新教材理念下,关于教学方法与模式的观念也在变革。以前的教材留给教师和学生发挥的空间较少,只要求教师完成规定的教学任务,学生掌握课堂传授的知识,对于教材和教学任务来说,教师和学生处于被动地位。新的教学方法和模式要求教师发挥主体能动性,去选择并创造性地应用教材,要从学生的特点和实际出发,有针对性地确定教学目标,选择和整合教材内容,设计和运用教学方法和教学模式。学生的学习过程,不能只是机械地、被动地接受,而应该是在原有思维逻辑、认识水平上的激活和重构,并融入情感、态度和价值观。新教材为教师提供了更大的发挥空间,教师的教学方法和模式要适应新教材的特点,主动地、创造性地用好教材提供的教学材料和教学资源。

（二）教材目标

教材目标是为实现课程目标和教学目标服务的,教材编制中必须全面体现和落实课程目标。上海课程改革的课程目标,充分体现了"以社会、学科、学生为基点,以提高素质为核心,以学生发展为本"的课程理念。教材目标同样以三个基点——学科体系目标、学生发展目标和社会需求目标为目标维度,并且以素质教育为核心目标来平衡和协调三个维度目标的关系。也就是说,既要抓准社会发展对人才提出的需求,又要重视学科体系的特点和学生认知的特点,以全面提高学生素质为核心,建立起适合学生心理发展、学科结构合理、符合社会需求的教材目标体系。

上海课程改革深入研究了国内外教育史上出现过的单纯的学科中心、学生中心和社会中心的教材目标,认为这三种教材目标都包含了正确的有价值的成分,但它们各自只强调了教材编制的一个目标要素,而对于另外两个目标要素则有所忽视和偏离,以至于都不能引领设计出理想的教材。教材编制中的许多重要关系,如传授知识与培养能力的关系、理论与实际的关系、知识的逻辑顺序与学生身心发展顺序的关系、教材的统一性与多样性的关系等,都要求处理和协调好学科体系、学生发展和社会需求三者的关系,这是教材编制的一个根本目的和重要任务。在教材设计和编制中,学科体系、学生发展和社会需求三个目标要素必须相互密切关联、不可或缺,无论忽略哪一个,或者偏重哪一个,都会使教材目标偏离素质教育的核心,失去综合平衡。

在上海课程改革的二十多年中,从市教育局、市教委和课改委的领导到各个学科教材编写组的主编和编写人员,都一直在努力处理好这三者的关系,按照"三个基点、一个核心"的课程理念,牢牢把握以社会、学科、学生为基点,以提高素质为核心的教材目标,力求使教材充分发挥其授业、育人和为社会主义现代化建设服务的功能,完整地、全面地实现中小学教育的培养目标,全面提高学生的素质。

(三) 教材结构

在教材编制工作中,明确目标之后的重要工作就是要按照课程标准规定的内容设计教材体系。其间必须考虑的是如何建立一个有利于体现社会需求、符合学科特点和学生发展规律的科学合理的教材结构,使得教材内容的组织能突出重点、分散难点,能够将学科的知识系统和思想方法特性,有效地转化成学生的认知结构;注意知识与能力相结合、科学态度与方法相结合,有利于学生自主学习;使得教材的形式活泼有序,能激发学生的求知欲,等等。

在上海课程改革的教材编制实践中,对教材结构的探索有不少创新发展,出现了教材结构多样化的处理方式。

1. 正确处理逻辑程序与心理程序的关系

科学合理的教材结构,需要正确处理知识的逻辑顺序与学生生理、心理发展规律的关系。上海教材在设计教材结构、组织教材内容时,一方面注意按照科学系统本身的内在逻辑来组织,另一方面又重视根据学生认识过程的客观规律来安排,前者是教材的逻辑程序,后者是教材的心理程序,教材的结构循序渐进。教材的每一章节都是一个相对完整的学习单元,各章节之间有严密的、自然的、合乎逻辑的联系,这样既便于学生循序渐进地学习,也有助于训练他们的逻辑思维。

2. 重视落实重点解决难点

教材重点是指对后续学习和社会生活、工作以及终身学习起决定性作用的最重要最基本的内容,教材难点是指需要经过较多努力方能理解、掌握的内容。

教材内容的深广度,通常以大多数中等水平学生的接受程度为基准,因此教材中内容是否构成难点,往往因人而异。教材的重点和难点可能是相同的内容,也可能是不相同的内容。在组织教材内容时,上海教材都注意突出和落实重点、分散和化解难点,不仅有详细的阐述,还运用各种有效的手段,并配置较多的练习,以利于学生克服和消除可能的学习障碍,更好地形成整体性的知识结构。

3. 科学安排教材内容的衔接和渗透

教材结构的又一个重要方面是不同知识与技能的有关内容之间的衔接和渗透,一是处理好同一学科中各年级教材之间的纵向联系,加强各年段、各年级教材的递进和配合,使低、高年级教材前后之间有较好的衔接,普通高中的部分教材内容还要注意同大学相关课程的衔接和渗透;另一是几门学科教材之间的横向联系,在组织教材内容时,注意与邻近学科教材内容的相互衔接和渗透,并使学科知识得到合理的安排和保持应有的整体性,最大限度地利用好有限的教学时间,有利于学生的学习和发展。在加强教材之间纵横联系的同时,还注意不破坏各科教材的相对独立性和本身的内在逻辑性。

4. 合理选择教材的直线式和螺旋式排列

教材结构还有一个重要方面是教材内容的排列。一般的教材排列有直线式和螺旋式两种。直线式排列,就是一门学科教材涉及的知识点和能力要求,在各个教学阶段前后一贯地排列,不作刻意的循环往复。而螺旋式排列,则是对一门学科教材涉及的知识点和能力要求,采取在各个教学阶段逐步加深和扩大范围的排列方式。教材选择直线式排列还是螺旋式排列,由诸多因素决定,如学科的性质、相关内容在整个学科体系中的地位、学生的年龄特点以及教育的阶段划分等。在上海编制教材的实践中,各编写组都以效率和效益为准,不同学科合理选用不同方式,但相当多学科是不同程度地把两种方式结合使用。

5. 适度采用专题式和探究式等编排形式

教材结构的设计,还有内容编排采取什么形式的问题。上海课程改革的教材结构设计,除了采用传统的按照学科经典知识体系为序编排内容的系统式以外,还有不少学科的整套教材或部分教材内容,采用了专题式或探究式等编排形式。

所谓专题式编排,就是一门学科的教材或教材中的某一部分,以生产实际、科学技术、人文领域、经济发展等社会热点或自然情景为题材,经过精心的选择和编排,将涉及的主要知识点和能力要求,依次分别组织到各个专题中去,在各个教学阶段都有一定的要求。每一个专题都以学科的基本概念和原理为核心,以学科的主要原理去分析和认识学生熟悉的社会或自然的专题,使学科原理与社会或自然情景融为一体。因此,随着一个个专题的学习,学生不仅同样可以获得对学科主要概念系统和原理的理解,而且还能使学生同时获得解决问题的体验和能力。上海"一期课改"的上教版化学教材,"二期课改"的牛津上海版英语、小学自然、初中科学和高中劳动技术等学科教材,都是比较典型的专题式编排。

探究式编排的教材注重学生的学习与生活实际,以学科领域和现实生活中的事件、现象和情景为学习背景,让学生在一个个案例、专题或课题的观察、体验中探究和思考,教材呈开放性和实践性。对于探究式编排的教材,其学习、研究的内容有广域性的,有涉及传统学科或新兴学科的;有偏重认知领域的,也有偏重实践活动的。学生通过探究式、研究性的学习活动,体验科学探究与研究的过程,掌握基本的科学研究的相关知识内容和方法。上海"一期课改"中的上科版物理教材,"二期课改"中的化学、科学教材,就较多采用了探究式编排。

在上海课程改革的教材编制实际工作中,往往不同程度地把以上几种方式有机地进行组合,在培养学生打好必要的知识和能力基础上,促进学生知识结构的形成和创新思维的发展。

(四) 教材内容

教材内容与课程内容、教学内容是密切相关又不完全相同的概念。课程内容是按照课程方案、课程目标的规定,以学科课程标准的形式出现的。教材内容则是课程内容的具体体现与落实,是学科课程标准具体的外在形态。教学内容则是课堂教学中学生面对的内容,这是教师以课程标准为指南、以教材内容为依据,针对学生实际进行备课所设计的、在教学实施过程中生成的内容。因此,课程内容比较抽象与宏观、简约,而教材内容则具体、丰富,教学内容则更加灵活、直观和细致、随机。教材内容是课程内容与教学内容之间最主要的桥梁,影响课程内容在课堂教学中的落实,也影响教学内容的总体质量与水平。

如果把教材建设比作一座大厦的建造,那么教材结构是教材大厦的梁柱框架,而教材内容则是教材大厦的水泥砖瓦,因此教材内容的编选是教材编制最重要最基础的工作。上海课程改革中教材的编制,始终围绕素质教育的目标,把握住学科特点、学生发展和社会需求三者的均衡来编选教材内容。

1. 教材的结构体系和内容编选方面的总体性原则

在结构体系和内容编选方面,上海课程改革提出了三个总体性原则:(1)精选原则。要求各科教材都根据社会、学科、学生三个方面的需要和可能,精选内容,做到分量适当,难易适度。各册教材一般留有10%左右的余地,供教师补充乡土教材或其他教学内容。各科的练习、实验、实习等训练性作业,也要力求少而精,实而活。(2)结构化原则。各学科在依据课程标准编写不同体系、不同风格的教材时,可以根据需要对课程标准的内容顺序和年级安排作适当调整,但都必须根据学科知识、技能的内在联系和学生的认识规律,建立与学科特定的教育教学功能相适应的结构体系。(3)相关性原则。要求各科教材互相配合,注意不同年级知识技能的纵向联系和不同学科间的横向联系。

2. 教材的内容选择和编排方面的总体性要求

在教材的内容选择和编排方面,上海课程改革中提出了处理好四个关系的总体性要求:(1)知识性与教育性的关系。要求各科教材都重视知识性,使学生能够获得课程标准规定的必要的知识和技能,同时又都要注意教育性。教材内容的编选,既要符合学科科学规律,又要符合教育科学规律,充分考虑青少年在各发展阶段的适应性和可接受性。各科教材还尽力注意有机贯穿和强化德育,以显性或隐性的形式发挥各自的育德功能。各科教材内容必须与党中央的路线、方针、政策保持一致,与国家的法律、法规保持一致。(2)基础性与先进性的关系。基础性是中小学教材的基本特点,要求各科教材都以普遍适用、广泛应用和相对稳定的基础知识和基本技能为主要内容。同时,作为上海使用的教材,还要求各科都注意体现先进性,适应现代科学技术的新发展和现代社会生活与生产的新需要,贯彻"三个面向"的精神。但对学术上尚有争议、实践中尚无定论的理论与实践问题,以及国家正在试点尚未正式全面实施的方针政策,一般不编入教材。(3)理论性与实践性的关系。中小学教材的内容必须具有一定的理论性,要求各科教材根据学生实际和学科体系,编入各种基础理论的有关知识。同时,要求加强实践性,坚持理论联系实际的原则。在选择介绍基础知识和基本技能的内容时,重视介绍它们的应用,尤其注意培养学生应用所学知识和技能去分析解决周围的、日常的、简单的社会与自然问题的能力。注意强化实践环节,根据需要与可能,设计让学生进行与学科有关的动手操作实践的项目。(4)科学性与可读性的关系。各科教材的所有内容都要十分重视科学性,注意符合有关学科领域的科学规律,同时充分重视可读性。教材分量和难度适合学生的接受能力,注意循序渐进。教材内容的叙述要符合学生的阅读水平和习惯。各科教材还要重视激发学生的学习兴趣,做到形式活泼多样,内容形象具体,力求去激励学生,让学生在深层问题的观察与思考、质疑与解惑、发现与创造的过程中得到满足和愉悦。

(五) 教材呈现形式

这里的教材呈现形式,主要是指教科书(即课本)的呈现形式。教材呈现形式可以分两方面:一是内在的内容性呈现形式,包括知识系统、训练系统、文字(符号)系统、图画系统、应用系统和人文系统的呈现形式;二是外在的表象性呈现形式,包括色彩、用纸、开本、页面、栏目。

1. 内容性呈现形式

内容性呈现形式是教材编写方式的重点,包括课文、练习等学习内容的具体文字与插图等的编写与编选,要充分考虑学生的年龄特点、学习规律和阅读心理,运用发展心理学、学习心理学和阅读心理学等理论,重视和采用各种恰当有效的方式,以激发学生的学习兴趣和积极性。

上海课程改革中,对内容的呈现方式提出了处理好六个系统的要求。

其一,知识系统。学科教材特定的知识内容都需要以一定的方式呈现给师生。例如:语言学科的认字识词、剖句析篇、语法逻辑;数理学科的名词概念、定理定律、公式法则;技艺学科的工具性能、器材结构、操作要领、技术规范等。对这些内容的呈现,编写者事前都要把概念的内涵与外延理清楚,对知识的联系与区别作全面规划,各种概念之间、观点之间的关系,从一种概念、观点到另一种概念、观点之间的过渡与联系等,都要作全面考虑和设计,还要防止名词概念循环、错位和矛盾,防止知识的重叠、脱节和错漏,并建立起一定的逻辑联系。编写课文要给这些联系以科学、易懂又合理的叙述,还要把握好课文密度的合理性。课文中重要知识与非重要知识的比例、主要概念与细节的比例搭配、引进新的重要概念的频率以及与前后知识的衔接等,都要统筹把握。这些内容在课文中的呈现与编排要有助于学生在主要概念上集中注意力,避免在细节上分散时间。编写前,编写组都全面审视全套各册教材出现的所有知识点,对其前后如何编排,用什么方法引进、怎样进行描述,各知识点的深广度如何,怎样把握它们的联系等,一一进行分析研究,有一个清晰、完整的系统思考。在设计知识系统时,对知识的发生、发展过程等也都要精心考虑,并体现出教材主编和编写集体的设计特色与体系特点。特别注意知识本身特有而实用的功能,让学生的学习,不是复制教师和教材知识,而是促进学生的思考力和创新精神,培养学生的独立性和开拓精神。上海新教材呈现的知识系统,特别在"二期课改"中,更加重视将知识作为能力培养、情感熏陶的载体,重视培养学生的创新精神和实践能力,打好终身学习的基础。

其二,训练系统。教材区别于一般读物的一个重要特点是有训练系统。教材中任何的知识与技能,不仅要有学与教的过程,而且要经过学生自己的练习,即要有习得的过程。教材中的知识与技能对于学生来说都只是客体,要把它们变为学生自己的东西,即由客体转化为主体,就必须经过训练。训练是由"教师教"到"不须教"的桥梁,是任何学科的教学都不可缺少的重要环节。训练系统在教学中具有知识的学得、习得、评价、检测和反馈等多重功能,它的作用既用来复习、巩固和加深所学知识,又将学科所学的前后知识甚至与相关学科内容联系起来,使所学内容融会贯通;还要求学生应用所学知识分析和解决问题,通过问题发展智力,培养能力,指导学生学会发现问题的科学方法、过程和态度;好的训练系统还能引发兴趣,启迪创新意识。因此,上海新教材特别重视训练系统,认为这是由学生直接参与并自主完成的、可以让学生发挥自主精神的最有效的活舞台。学生进入训练活动的情景时,思维应当是最积极、最活跃、最富于创造性的。各学科教材都花大力气构建有利于培养创新精神与实践能力的科学的训练体系,按照知识系统的逻辑线索或逻辑顺序,设计出例题习题、实验实习、社会调查等,重视它们的排布与搭配、数量与质量、层次性与选择性等。

各学科教材编写组在设计训练系统时,都注意把握好训练系统题目的量和质,量的方面数量适当,质的方面难度适宜。具体说,最关注的是五个方面:一是训练系统努力体现教学的目标和要求,能基本覆盖知识系统,保证课程标准规定的内容与要求的落实;二是把握课程标准对每个知识点所作的不同层次的要求,有助于全体学生学习和理解课本中的重要知识,有助于他们阅读和理解后续的知识,有助于学生学习能力的培养,特别是面向未来的创造创新、实践应用、可持续发展等能力的培养,除了注意内容、形式的多样新颖外,很多学科教材还设计一定比例的具有开放性、实践性、探索性、研究性方面的训练内容,适当给学生留下疑问,保持和延续想象力;三是训练系统的编排由浅入深、由易到难、由简单到复杂、由分类到综合,有一定坡度并力求切合大多数学生的知识水平和能力水平,适应不同程度的学生;四是注意示范性题目与训练性题目的相互呼应,包括题目的类型、深度、广度等的呼应;五是重视联系实际,尽可能贴近学生的生活实际,引用的事例及数字要切实、准确,题目背景要接近学生生活,有利于提高学生学习和训练的兴趣。

在教材编写前,编者就对一套教材的全套训练系统的呈现形式作出符合本教材风格和特点的设计规划,特别注意不把各种辅助资料、各种试卷中的题目统统拿来随便凑合,因为即使都是好题目,拼在一起也不一定能形成好的训练系统。

其三,文字(符号)系统。教材内容是由文字体现出来的。教材的文字必须规范、准确,并要符合学生的认知水平和阅读能力。不同教材的文字系统可以有不同风格,但都要有整体设计,一种风格一以贯之。上海课程改革教材中不同风格的教材有不同的文字处理方式,有的写得简练明白,把一般教师能讲清楚的话都省略,不写进教材,让教师上课时有施展的余地,而有的教材则把思路过程、来龙去脉、延伸拓广等都写进教材,但力求写得详尽可读、便于自学。选文式的教材如语文、外语等,除精选合适的文章外,在编者的分析、介绍、讲解的部分,其文字风格也都形成一种特色,体现出统一的风格。数理类的教材还都注意符号语言的设计,在出现的公式、定律、法则、单位中,字母代号、公式符号、单位符号等,全套教材前后统一。凡是有国家统一规定的字母符号,都遵照规定运用,不随心所欲。整套教材中,凡是同一概念、同一名词、同一单位,都用统一的文字语言或符号语言。表述内容的文字既通俗易懂,又不随意使用地方术语。技术名词一律使用国家标准中的名词术语或国内通用的名词术语。有的名词术语各地方不统一,教材就选用比较通用的,但都作出解释。一般出现新的名词术语时,也都有相应的解释。

其四,图画系统。中小学教材的一个重要特点是有相当数量的图页或插图。图画具有直观性、生动性,能够缩小宏观事物,放大微观结构,剖视物体内部构造,再现历史事件,突出故事情节,表达用语言难以表达的内容;容易引起学生学习的兴趣,吸引学生的注意力;便于进行图上的观察分析,帮助学生既快又好地掌握有关知识,有利于发展学生的观察思考能力。因此,不仅小学低年级的教材需要图文并茂,采用大量彩色插图,帮助学生理解,提高学生兴趣,而且小学高年级甚至初中、高中的教材,也有适当数量的插图,有的学科还插进一些彩色图页。有些学科,即使是中学教材,如牛津上海版的理科教材,也采用以图代文、图画为主的形式,很受学生欢迎。中学教材,尤其是高中数理教材,还特别注意处理好图像与想象的关系,有时为帮助理解给出插图,有时为让学生有所想象而不给插图,各有其不同的作用。这种呈现方式,关键在于编者对图文关系包括图文比例要设计和运用得恰到好处。一般说,编写组在编写教材前,都对全套教材各册中插图出现的密度(图文比例一般用千字中有几幅插图来计算)以及插图的形式、风格等作出总体设计和章节分布的设计;也有的编写组则在每部分编写时,先按需设图,然后对整册、整套教材的图文情况作全面审视,进行调整,使之符合确定的编写风格、学生的年龄特点和内容的实际需要。

其五,应用系统。知识的活力在于应用。上海教材按照面向未来、适应现代化需要的目标,在应用性、实践性、操作性上都呈现出新的面貌。在整套教材各个知识点的载体内容的选编方面,十分注意精选出在社会、生产、生活中应用性较强的较典型的事例,根据学生的知识基础、认知水平和接受能力,设计出反映其典型应用的系统,包括哪些知识点必须反映应用,怎样反映应用,详略程度如何,范例怎样选择等,做到有目的、有步骤地穿插,以防止想到哪里编到哪里,想到就写,想不到就不写而产生的混乱。上海课程改革教材应用系统的设计,各学科有所不同,因科而异,但一般至少有四个层次:一是在课本中说明某知识点的应用情况;二是让学生到实践中去了解应用;三是要学生自己动手操作,强化应用实践环节,培养学生动手操作的能力;四是探索性、研究性、课题化的综合应用。这四个层次的分布,在进行整体设计时都考虑周到,完成初稿后都再次全面审视,而且与训练系统相呼应,使得实践应用能有训练系统保证,在训练系统确保学生得到恰当有效的训练。

其六,人文系统。各科教材都十分重视人文性,重视德育,以显性和隐性的形式发挥各科教材的育德功能,对学生进行爱国主义、集体主义、社会主义的教育,进行理想、道德、纪律、法治、国防和民族团结等方面的教育。文科类、理科类、技艺类学科的教材,都重视反映与学科内容有关的历史上著名的人和事,反映重要的科学思想、科学方法等,对学生的学习动机、学习态度、掌握知识和人格养成以及方法论、世界观等方面,发挥积极的作用。各学科教材编写组在编写教材前和编写初稿后,都对人文性资料的出现频率、出现处所、详略程度,在教材中作为必学内容、选学内容还是自学内容等,给出全面的规划或审视,进行系统的布局。

上述六个系统的呈现方式和具体做法,都属于整册整套教材的同一个整体,每个系统不是孤立的,更不是分割的,因此,教材编写时既有按系统的纵向设计和梳理,又都注意分系统间的横向联系和配合。

2. 表象性呈现形式

以往我国的中小学课本,呈现形式单一,基本上以文本形式呈现,版面不生动,很少出现图画,纸张和印刷也不够好。教材不够重视形式美以及呈现形式对学生学习兴趣、学习积极性的激励作用。上海从 20 世纪 90 年代初出版新教材起,就在深入调研的基础上对教材表象性呈现形式作了很多革新,使之更有利于落实"以提高学生素质为核心"和"以学生发展为本"的课程理念,其中有不少创新做法在全国领先,为国家新课程改革探索了一定的实践经验,有的已经为全国教材所采纳吸收。

仅以纸质教材为例,至少有以下五方面的创新做法。

其一,色彩。以往的学生用书,基本上都是黑白印刷,新教材很多学科如语文、英语、地理、自然、科学、美术、音乐等课本,都采用了全彩色,其他更多学科教材是两种色彩。彩色课本的普及使用,不仅使得课本整体上更加生动活泼,而且插图的细节显示度和表现力度都大大提高,教材更加易教易学,学生更加喜爱。

其二,用纸。全彩色印刷的教材用纸,相应地都采用了胶印纸。相对于原来课本用的新闻纸和书写纸,胶印纸比较厚实,光洁度、牢固度、坚韧度也有很大提高。

其三,开本。原来中小学课本都是 32 开本的,页面小,对于那些页数多、本本厚的课本,学生翻书使用十分不便,对于图文并茂、用胶印纸彩色印制的课本,翻阅更加不易,而且彩图和彩照过小,会直接影响呈现的效果。综合考虑多种因素,经过调研分析,上海课本采用了 16 开本,使得教材呈现形式对于教学的增值效果更加明显,受到师生的普遍欢迎。这种开本 20 余年来沿用至今,20 世纪 90 年代全国新课程改革中,各套教材大多也采用了 16 开本。2001 年,16 开本幅面教材纳入了国家标准系列,中国国家标准化委员会发出的《中小学教科书幅面尺寸及版面通用要求》(中华人民共和国国家标准 GB/T 18358 - 2001)的文件,以及于 2009 年修订后再次发出的《中小学教科书幅面尺寸及版面通用要求》(中华人民共和国国家标准 GB/T 18358 - 2009),都确认了 16 开本的幅面。

其四,页面。在新课程改革“以学生发展为本”的理念下,课本越来越体现出“学本”的特征。上海教材为了更加有利于学生的学,不仅内容性呈现形式充分考虑学生需要,而且在页面形式上也采取了把版心分为正文和边款两栏的做法。正文约占 2/3,边款约占 1/3。这个边款栏用处很多,一方面编者用来对课文作重点的强调或说明,难点的简析或解释,概念的补充或延拓;另一方面学生可以用来做教师补充内容的记录,做课内外学习心得的随记,做其他各种资料的提示。

其五,栏目。新教材的课文改变了论文式整篇讲述的编写形式。“一期课改”很多学科的课本采用了以大小字体区分正文与阅读性补充文字的做法,“二期课改”更多学科课本采用了多栏目的更加生动的形式。如“观察与猜想”“体验与活动”“综合探究”“小博士”“信息园地”“拓展天地”“思考与练习”“回顾与小结”,等等,可谓各显神通,各有特色,琳琅满目,生动活泼。

二、从必修课程教材到基础型课程教材

如前所述,在上海两期课改中,市教委、课改委组织编制的教材,主要是国家课程——全体学生共同必须修习的课程的教材。在“一期课改”以实施形态命名的必修、选修、活动两类三板块的课程结构中,编制的主要是必修课程的教材;在“二期课改”以功能性特征命名的基础型、拓展型、研究型三个类型的课程结构中,编写的主要是基础型课程的教材。回顾 25 年的教材改革历程,可以看到,从必修课程教材到基础型课程教材,都是在不断的“改革突破、创新发展”中建设起来的,都有很多亮点和特色,而且可以明显地看到一条清晰的轨迹:“一期课改”的教材改革按照“三个基点、一个核心”的课程理念和“两个改变、三个突破”的改革目标,重点在结构突破和体系创新;“二期课改”按照“以学生发展为本”“把自主权交给学校师生”的课程理念和“培养创新精神、实践能力和积极情感”的改革目标,重点在“创新知识结构,更新内容形式,重视探究合作,整合信息技术”。

（一）"一期课改"必修课程教材的特色

"一期课改"必修课程的各学科教材，都十分重视"突破结构，更新内容，建立新体系"。具体来说，"一期课改"教材具有如下五方面的特色。

1. 实行"一纲多本"，创建个性特色

尝试在语文、物理、化学三门学科编制了各有特色的两套教材。如语文学科有 H 版、S 版两种，物理学科和化学学科都有上教版和上科版两种。

案例："一纲多本"、各有特色的语文、物理、化学教材

（1）H 版、S 版语文教材的特点

两套语文教材都努力改变过去以文字辨析、文章分析、文学赏析为主体，不重视作为工具学科的语言文字知识应用和交际表达能力培养的教学体系，努力建立以训练阅读能力为主线、以强化表达能力为重点、以提高语文整体素质为目标的新体系。两套教材又各具特色，各有亮点。

H 版语文教材的特色是以阅读能力培养为主线，科学安排训练序列。如小学阶段设计了学拼音读句子、在读句子中识字、从读句到读段落再到篇章的训练系列；初中阶段设计了朗读与默读、精读与速读、质疑与比较阅读、专题阅读等四个层次；高中阶段进一步从阅读、写作、文化常识和文言基础四个部分，重视知识理论对能力训练的导向作用；在阅读教学中培养理解能力、鉴赏能力和评析能力；同时建立了以培养基本写作能力兼及口头表达能力为贯穿线的写作训练体系。

S 版语文教材的特色是以培养语文素质为功能目标，以语文能力训练为基本线索，以语文知识序列为辅助线索，设计了"阅读"和"表达"两个训练系统来培养听、说、读、写能力。小学阶段构造了一个以识字为基础、词句为台阶、段篇为归宿的训练系统；初中、高中阶段都采取"阅读"与"表达"分编的形式构造了两个训练系统，阅读系统重点培养阅读能力，兼顾听、写、说能力的培养，表达系统重点培养写作能力，兼顾说、读、听能力培养。

（2）上教版、上科版两套物理教材的特色

上教版物理教材是以人文因素教育和科学方法教育为特色，以有继承、有发展、有层次、可操作、简明实在为特点，以物质、运动、能的体系为主线。整套

教材强化了实验操作,除了增加演示实验外,还重视学生的分组实验,既有验证性实验,也有探索性实验,还有家庭小实验。在教材编写体例上,通常都从生活经验出发,逐步提出问题,然后通过观察、实验获得事实依据,建立和形成概念,再应用于实际,用以解释现象,在知其然的基础上知其所以然。教材中人文因素的教育,包括我国古代科技发明、现代建设成就、科技史话以及有关环境意识、安全意识、节能意识等方面的教育,让学生知道我们的过去,以利于认识现在、展望未来。

教材对科学史有相当数量的介绍,注重科学方法教育,包括实验方法中的探索、验证等,其中也渗透了辩证唯物主义方法论和认识论的教育,以及形式逻辑和科学方法的培养。

上科版物理的特色是加强基础、创新体系,加强实验、突出探究。教材精选符合学生年龄特征的、与现代生活生产实际紧密联系的物理基础知识为基本内容。在内容组织的逻辑体系上,初中教材打破传统的力、热、声、光、电顺序,创建了从现象到规律、先易后难的新体系。

其逻辑体系的特点是,以现象为先导,强调观察与实验,让学生认识到物理学习要多观察、多实验、多思索,不是死记硬背结论。高中物理在逻辑体系上仍旧按照物质运动的形式,由简单到复杂地编排,分为力学、物性学、电磁学、物理光学和原子物理等五部分,以力学和电磁学的基础知识为重点。与传统教材相比,在体系上有很大突破。教材精选观察、实验内容,加强演示和学生实验,绝大多数实验都带有探索性。

(3) 上教版、上科版两种化学教材的特色

上教版化学教材以社会生活为背景,贴近生活。教材根据上海课程方案设计的初中后普职分流和高中二一分段的特点,采取了初中化学贴近生活,高一高二化学贴近社会,高三化学贴近学科的做法。

初中部分设置了纯净物和混合物、空气、单质和化合物、水、溶液、化学反应、燃料和燃烧、二氧化硫和酸雨、食盐及其加工产品、金属、食物、织物和洗涤剂。整个内容都十分贴近生活,与学生实际生活有着广泛的联系。

高一高二部分共有原子结构、化学反应、矿物资源及其冶炼、海水中的化学资源、摩尔化学计算、化学和能源、固氮、化学肥料、大气和水质、物质结构、元素周期律、有机物、化学和材料、农副产品及其加工。这套教材不仅关注社会性的

化学问题,而且很注重化学的基本概念和基本原理。编排结构采取理论章和课题章交叉的方式。符合心理学的认知同化理论,以上位理论去同化具体事实。

高三限定选修化学教材供高三选择化学方向的学生用。教材注重化学理论体系,分成结构篇、反应篇、无机篇、有机篇四个大篇,每个大篇又分成若干章。

上科版化学教材的特色是学科型体系兼收并蓄社会课题型和学生发展型教材长处。教材内容编排,把初中、高中作为独立阶段。初中化学教材考虑到初三分流的实际情况,教材具有相对独立性和完整性。以学习研究简单的无机物(有机物)的组成、性质及其变化过程为主线,穿插有关的基础理论知识。高一高二属于义务教育后教育性质,要加强基础提高素质,还要发展爱好。教材以元素化合物的知识为主线,穿插了化学基础理论,将元素周期律理论独立成章。高三化学具有大学前教育性质,进一步发展个性特点。教材强调化学学科的知识体系,将化学理论和元素化合物知识独立成章。

教材的特点:加强基本概念和基础理论教学;加强思想教育;注意理论联系实际;认知结构与知识结构同步发展;加强能力培养和科学方法训练;渗透教法因素;引进先进仪器设备;加强初中高中衔接;体例有创新突破;形式新颖活泼。

2. 突破传统思路,创新学科体系

各学科在教材的内容体系上都有突破创新。除了语文、数学、外语这三门工具类学科外,物理、化学、生物、历史、地理等学科,还编写了分科和综合两种教材。综合学科的社会、理科都建立了全新体系。

案例:工具类学科的体系改革

语文、数学、外语这三门工具类学科,除了学科本身的科学知识外,还被其他学科所用,作为解决文字读写的、计算的或空间模式的有关问题的工具,特别是还能使学生掌握理解、表达和处理生活与思想的"文化技术",因而这些学科的改革特色是创新体系,突出工具性。

例如,英语学科改变过去长期以来以语言知识结构和语法结构为主的结构法体系,建立语言、语法结构与语言交际功能并重的结构功能法体系,即以结构为框架,辅以实际情景,而以交际功能的训练贯穿始终。小学阶段的三至五年级英语,着重听听、讲讲,适当进行字母书写;将简单、实用的几十句日常用语,编写成小对话、小故事、儿歌、游戏,用有声磁带作为主体教材,而以情景式的书面图文作为辅助教材。初中阶段(六至九年级)和高中阶段(一至三年级)在继续培养听、说能力的基础上,逐步加强读、写能力的培养。教材的课文以对话为主,八、九年级适当增加叙述体课文,结构法和功能法相结合;高中阶段逐步加强读写,结合语法修辞知识,强化阅读分析和写作训练。

案例:知识类学科建立单科与综合两种教材体系

知识类学科都以一定的系统知识作为它的内容,但过去的知识类学科普遍重视理论性、系统性、严密性,忽视社会实践和技能操作实践。针对这些学科各自的特点,不论分科教材还是综合教材,都加强了理论和实际的联系,加强了实践、操作和应用的环节。以社会学科、地理学科、历史学科为例介绍如下。

社会学科(小学、初中)是课程方案设置的一个新课程,将历史、人文地理和社会学的一些基础知识融合在一起。

小学社会学科(三、四、五年级)融合政治、经济、历史、地理、文化、科技、法制、伦理等方面的基本常识,注意反映日常社会生活和对外开放中的有关内容。每一方面的知识,都重视渗透社会发展、社会公德和公民责任等思想政治教育要求,三、四、五年级分别由认识周围世界、认识祖国与世界、了解世界与中国的变化三个主题组成,向学生展现了一个立体的、多方位的人类社会模型。

初中社会学科以唯物史观关于社会的有机构成理论为主线,由三个部分六块组成。第一部分为"我们的社会",是总论,从学生可以接触的社会现象和社会细胞入手,描述社会概貌,分解社会的有机构成。第二部分为"祖国概况",以中国地理和中国历史的基础知识为载体进行国情教育。共有三块内容:一是中国地理和中国古代史基本知识,中国古代史以社会形态演进为线索,不细述王朝更迭;二是对中国古代社会的分解剖析,分为古代农业、手工业、商业、交通、政治制度、军事、民族、妇女和知识分子以及文化等具体的历史知识;三是以中国现代史为基本内容,阐明近代以来中国社会的巨大变迁,在叙述中国近代民族屈辱史的同时,突出中国人民的抗争史。中国人民历史性地选择了社会主义道路,中华人民共和国的成立揭开了中华民族振兴发展的历史。第三部分为

"世界概况",以世界地理和世界历史以及当代国际知识为基本内容,使学生初步了解人类社会的发展过程和国际社会概况。包括两块内容:一是阐述世界地理和前资本主义的人类文明史的基础知识;二是阐述世界近代史和当代国际知识,包括当代世界政治经济和科技,国际组织和全球社会问题。

地理学科由于小学四年级的社会课程已经学习了有关地球和地理的初步知识,初中阶段地理知识就在此基础上进一步安排学习初步的系统知识,按照从自然到区域、从整体到部分的原则安排,分别在六、七、八三个年级学习自然地理、中国地理和世界地理。教学内容突出乡情、国情和世界概貌,把了解乡情作为了解全国、了解世界的起点。注意把传统地理和现代地理有机结合,自然地理和人文地理恰当组合,区域地理和系统地理相互渗透。高中地理有高二年级的必修课和高三文科班的选修课,采用了从系统到区域的编排:高二年级学习"地理概论",重点放在协调人地关系与可持续发展。高三年级文科班学习内容有中国地理和世界地理两部分,中国地理部分主要学习自然地理概述和经济地理概述,世界地理部分是世界地理概述和分洲分国概述,最后是人口、资源、经济、环境概述。

历史学科中的初中历史教材把中国史和世界史分开学习,不强求系统性,但注意历史的内在联系。突出中华民族优良传统和国情教育,适当删减政治史的某些内容,删去古代土地赋税制度和难懂的历史概念;拓宽知识面,增加科技文化、中外交往、发达地区经济发展、人口环境等方面的内容,还增加各历史时期的社会生活与风俗。高中历史教材设计了中外历史合编的方案,具体写法采用两种方式,一是以中国历史为基本线索,适当融入外国史的内容,或者把中国以外的世界史作为中国历史的发展背景;二是从世界的角度出发,把中国历史作为世界历史的一部分重点叙述,力求把中国史放在世界历史发展的进程之中。在中外历史的比例上,中国史占三分之一,世界史占三分之二。这套高中历史教材的编写体系,适应了改革开放的时代需要,有利于增强学生的世界意识。此外,在中外历史的比较中,可以更好地认识历史发展的规律性问题。这样编排的教材,还有利于加深学生对中外历史和中国国情的认识,也可以避免与义务教育阶段中国历史教学内容的简单重复。

3. 强化德育课程,提高育德功效

按照"三线一面"的课程育德功能设计,一方面提升思想政治学科的育德功效,思想品德、思想政治学科的教材努力贴近生活,贴近学生;另一方面,各学科都重视加强思想政治教育、国情教育和情意领域的各种教育,发挥学科显性的或隐性的育德作用。

案例:德育类学科创新结构体系,加强育德功效

德育类学科包括小学的思想品德学科和中学的思想政治学科。其在创新结构体系、加强育德功效方面有特色的做法如下。

小学阶段(一至五年级)的思想品德学科:低年级在时间上由每周 1 节 40 分钟,改为每周 3 小节各 15 分钟;高年级可以上每周 1 节 40 分钟,也可以上每周 3 小节各 15 分钟。内容主要以国家颁发的《小学德育纲要》《小学生日常行为规范》《小学生守则》为依据,编写专题组合式的以故事形式为主的教材。

初中阶段(六至九年级)的思想政治学科:四个学年分别学习公民道德、公民心理、公民法制、公民责任等四个专题,目的是使学生了解社会主义社会公民的基本道德准则及其基本内容、社会主义法制的基本原则和主要内容、公民心理素质的基本品格和培养方法等方面的知识,了解社会主义公民的基本权利、义务和重大国策,了解自己承担的社会责任。

高中阶段(一至三年级)的思想政治学科:以马克思主义常识为中心,三个学年分别学习人生观和世界观、社会主义政治以及社会主义经济。

4. 改变“难繁偏旧”,体现“形低实高”

各学科认真贯彻课改委提出的“有低有高,形低实高,以低引高”的要求,删减繁琐陈旧的内容,改变理论偏深、内容偏多、习题偏繁偏难和知识面偏窄、过分强调系统性和完整性等不足,适当降低了要求和难度,而在充实新知识,拓广知识面,增加联系社会、联系生活的内容和培养实践动手能力等方面,教材的要求提高了,也就是说表面看局部上降低,实际是整体上提高,以局部的、必要的“低”,引出整体的、能力上的“高”。

案例:数学学科削枝强干、“形低实高”的创新特色

数学学科努力改变过去忽视由实践抽象出数学模型、运用数学于实践以及单纯强调数学运算和数学推理的做法,突出实践性、应用性。

　　小学数学同原来的小学算术相比,简化了繁复的数字运算,降低计算的熟练性要求,提高估算与合理运算的训练;打破整数、小数、分数分块的格局,加强三者之间的糅合与联系;提前在四年级引入负数(负整数)与一元一次方程,降低算术应用题的难度;简化珠算,而从三年级起有计划地引进并介绍计算器,但不作为日常学习和运用的计算工具。

　　在代数方面,比过去加强了函数观点,重视形数结合;简化式的运算,降低用纸、笔求解方程的难度;增加统计知识和实际应用的内容。在几何方面,从一年级至九年级作了统筹安排。一至五年级主要是以观察实物直观为学习方法的直观几何,六至七年级主要是以图形运动变换为实验手段的实验几何,八至九年级才是主要以训练推理论证能力为目标的论证几何。这三个阶段连成整体、循序渐进,整个几何注意加强操作实验,重视感性认识的形成以及由感性认识到理性认识的过渡,降低繁难论证的要求,加强逻辑推理能力和实际应用能力的培养。

　　5. 加强技术教育,增加职业教育

　　一方面,上海在全国率先编制了现代信息科技和劳动技术教材;另一方面,各学科教材都重视加强实践性、应用性和人文性,加强学科间的联系,形成学科群在加强基础、培养能力上的整体效应。更值得一提的是,为适应义务教育阶段后的升学分流和高中阶段的二一分段课程设置,增加对学生的职业教育,上海在全国基础教育教材中,首创了义务教育八、九年级的职业导向和高中阶段的职业指导教材。

案例:技艺类学科教材加强动手实践和创造能力培养

　　技艺类学科的特征是以实用制作活动和艺术表现活动为主,过去这些学科也偏重于知识性、理论性和系统性,教学内容和模式单调枯燥,轻视实用性和实践性,轻视动手操作和表演活动。课改中明确了这些学科的性质及其定位,使得教材内容丰富多彩,形式生动活泼,加强了动手操作、实践运用和学生活动。

　　计算机学科改变了以学习计算机语言和程序设计为主的内容体系,重点学习电子计算机的一般常识和基本操作,包括正确的键盘指法,开机、关机及软盘驱动器和简单软件的使用等,重视知识性与实践性、应用性和操作性的结合。

劳动技术学科改变单纯按职业技术行业安排内容的职业化、专业化倾向，从小学到中学，从生活和生产两个方面，安排了生活起居、加工工艺、使用安装维修、种养与农副产品加工等四个系列。每个系列选择某些劳动技术项目为载体，使学生掌握简单、基本的劳动工具和劳动技能，培养良好的劳动习惯和劳动态度。

案例：音乐体育学科建立重视技能培养的结构体系

音乐学科在一、二年级称唱游课，三年级起为音乐课。设计上改变单纯唱歌、内容单一的结构体系，从培养学生感受音乐、表现音乐和鉴赏音乐的能力出发，做到歌唱、舞蹈、演奏、欣赏并重，知识、视唱、练耳兼容。小学低年级唱游强调动中学、玩中学、乐中学；中、高年级以读谱、识谱的知识及技能为主线，强调感性的认识和技能技巧的运用；中学以音乐要素为主线，以主题单元的形式、螺旋上升的结构，将以前学习的音乐知识及技能扩大、延伸、提高，发展对音乐的理解和分析能力。

体育与保健学科改变以竞技体育为主要内容的教学体系。小学的体系以发展学生的基本活动能力为主线，初中的体系以发展学生的身体素质为主线。从小学到中学比较系统地编排了体育、保健的基础知识和基本技能。体育侧重于发展体质的功效，保健侧重于养护体质的作用，两者结合可以达到更有效地增强体质的目的。

案例：职业导向、职业指导教材的创新特色

八、九年级的职业导向和高中阶段的职业指导教材，都是全新的内容，高中内容是初中内容的加深和提高。这套教材的创新特色在于，它给予学生一种认识社会、认识职业和认识自己的全新视角，是帮助学生树立正确的择业观、价值观和人生观的有力有效的全新工具。这套教材的任务是：向学生介绍社会的职业知识和择业知识，使学生了解社会不同类别的职业和专业的性质、社会作用、发展趋势及其对从业人员的思想、文化、身心、技能等基本素质的要求，帮助学生学习了解自己的学业、生理、心理、兴趣、才能和体质等特点，教育学生正确处理国家、社会需要和个人志愿之间的关系，增强职业意识和对未来职业与专业的适应能力，使学生能够选择符合社会需要及其身心特点的职业或专业方向；初步培养职业感情。

这套教材的作用是,促进学生全面发展,引导学生发现和发挥自己的潜在能力特长,加深学生的职业(专业)兴趣,学好有关科学知识和技能,提高将来对职业的适应能力和竞争能力,合理引导分流,提高教育的社会效益。

九年制义务教育的职业导向教材供八、九年级使用,两册共三个部分:一是介绍社会职业,引导学生了解社会、了解职业;二是介绍调查、心理测试、劳动实践等手段,引导学生正确了解自己;三是介绍升学与就业途径,引导学生正确对待升学与就业,适应社会需要。

高中阶段的职业指导教材共一册,也有三个部分:一是引导学生深入社会,广泛了解专业或职业;二是进一步了解自己,按照社会职业和专业的需要,扬长补短,努力提高自己的素质;三是正确处理选择专业或职业的主观与客观因素。

(二)"二期课改"基础型课程教材的特色

"二期课改"基础型课程的各学科教材,都十分重视"创新知识结构,更新内容形式,重视探究合作,整合信息技术",各学科都建立了新的教材体系。

教育部颁发的《基础教育课程改革纲要(试行)》指出:"教材改革应有利于引导学生利用已有的知识与经验,主动探索知识的发生与发展,同时也应有利于教师创造性地进行教学。教材内容的选择应符合课程标准的要求,体现学生身心发展特点,社会、政治、经济、科技的发展需求;教材内容的组织应多样、生动,有利于学生探究,并提出观察、实验、操作、调查、讨论的建议。"这段论述,精要地提出了新课程改革对教材编写的基本要求。上海"二期课改"的教材编制,正是遵照这些要求,结合上海"一期课改"中教材编写的经验教训,以及上海地区基础教育的基本条件和特点进行的。以下初步总结了"二期课改"教材的八个主要特色。

1. 夯实基础

在"二期课改"教材编写过程中,各学科编写组都十分重视为学生打好扎实的基础。在"二期课改"进入教材编写前的社会调查中,无论是社会科学工作者还是科技工作者,无论是国外专家还是国内专家,对于课程改革新教材编写的期望都提出要重视基础。他们认为,基础扎实是中国基础教育的优势之一,夯实基础是培养创新精神和实践能力的"起飞跑道",决不能把"打基础"与"创新、实践"对立起来。

在上海"二期课改"的教材编写中,所有学科的教材无论是内容选择还是习题编排,都重视精选学生终身有用的基础知识和基本技能,并通过各种手段、采用各种形式,加强学生的观察、体验,强化并落实基础知识和基本技能。例如,六年级数学教材新增了"圆柱、圆锥与球的认识"一节,并把以曲代直的方法、表面展开的方法作为重点,既注重理论的严谨,又考虑学生已有的经验和知识,通过类比、似真推理、实验寻求结论。

随着时代的进步、社会的发展,"基础"的内涵也在变化。各学科教材从自身的特点出发,重视知识和技能的先进性。在基础知识和基本技能中努力引进新的内容、新的技术、新的思想、新的观念,重视与现实生活的联系,关注学生的学习经历和兴趣。例如,小学语文起步阶段为打破以前识写同步、难点集中的状况,处理好识字与写字的关系,进行了多年的"识写分流"教材试验,不断调整修改,让学生通过自主识字、游戏识字、开放识字,克服了小学生阅读量少、起步晚的弊端,学生的识写基础更加扎实。又如六年级数学教材在例题与课堂练习上循序渐进,有为巩固课堂基础知识提高熟练性的习题,也有具应用性与探求性的开放性习题,提出问题的形式也充分考虑引起学生兴趣、联系生活实际、引发科学探索的要求。

此外,各学科教材都把打好德育基础作为本学科教材的核心任务,字里行间都有意识地体现道德选择和价值判断,潜移默化地落实德育。例如数学、物理学科的教材在教学内容中融入有关科学家的故事、科学发展史,尤其是我国历代科学家的发现发明和探索创新精神,寓意各种科学成果都凝聚着人类的劳动和智慧,让学生从中体会科学家的探索精神和奋斗精神,更增进民族自豪感和民族精神。

2. 重建结构

所有学科的教材都按照整个课程改革的理念和学科课程标准规定的改革目标,重建了学科教材的新结构、新体系。不少学科采用的是专题式、案例式编排,有的采用系统式的编排。语文学科打破以文体组织单元的传统做法,代之以主题组织单元。语文教材新的单元组合方式在实践中受到了师生的欢迎。地理学科建立了先区域地理后系统地理、先世界地理后中国地理、先分国地理后总论地理、先景观地理后基础地理的全新体系。高中艺术教材也按照"艺术向今天走来"等六个专题安排高中三年级教材体系。品德与社会学科从生活与目标出发,确定

"我当小学生"等四个有主有次的单元。高中物理按照情景(人文)—原理(科学)—应用(社会)的形式建立学科体系,突破原教材的章节结构,突破原教材的纯叙述方式,变成读、想、做、练、讲的结构。

3. 加强实践

各学科教材都加强了理论与实践的结合。在教材选编时注意到知识内容来自实践,又为实践服务,教材中有相当丰富的实例来反映这种实践性内容。同时教材中又设计了大量的学生实践活动,给学生进行观察、动手、应用等实践的机会,让学生在实践中去学习、去体验,获得并积累经历和经验。高中地理综合几个专题的内容组织学生实践,培养学生的综合实践能力,如星空观测、一日气象活动、郊区综合环境调查等。艺术学科每单元结合相关的艺术作品,有机渗透一定的知识与技能进行实践操作,如音色、曲式、舞蹈、戏剧的角色行当、小品排练等,以提高学生的实践与创造能力。初中物理学科的"做一回小小伽俐略"等活动,让学生在学习开始就体验学习的要求、方法、过程和乐趣。

4. 突出探究

为培养学生的创新精神,各科教材都十分重视探究性学习。探究活动丰富多彩,形式新颖,成为新教材的一大亮点。试验中教师们认为,这样的教材有利于学生进行探究性学习,学生在获得知识的同时,养成提问、质疑、求异、创新的习惯和能力,从而使学生学会学习,学会探究,学会创新。例如,高中语文教材安排了专题研究内容,如"世界文化遗产意蕴之探究——中国部分",课文提供给学生埃及、中国、瑞典、英国等多处文化古迹图像,并附带多篇有关的课题研究提示,以及参考书目、资料联系和网址,引导学生积极开展研究性学习。体育学科也设置了比较研究类、调查研究类、文献资料类的研究性学习内容。

5. 更新形式

"二期课改"新教材的呈现形式较之以往的教材有了很大的变化,一改过去那种死板、单调的面貌。教材栏目的设计丰富多彩,纸质教材、电子教材、网络、媒体等各种手段一体运用,有利于学生对知识技能的体验和理解,促进学生学习方法和教师教学方法的转变。教材图文并茂、版面活泼、色彩丰富,增强了趣味性和吸引力。例如,艺术教材教学手段的设计以听觉及视觉为主体,注意了音像教材的配备,加强学生的感受和体验。六年级科学教材将四个板块内容和三种活动形式用不同颜色和字体表示,使教材版面尽可能活跃。小学数学学科设置了"看图填数"的教学内容,通过一组学生学习活动来展示学习过程,并由熊猫和小兔做伴读来启发学生的想象、思索,使学生感到亲切、生动,感到学习的快乐。大部分教材都是开页见图,用大量的照片和图画说话,配以简单文字,做到图文并茂、一目了然。除图文为呈现形式的教科书外,"二期课改"不少学科还编制了以光盘为载体的音像教材。纸质教材与电子教材两者结合,相得益彰,形成一体化的新型教材。

6. 改造习题

"二期课改"教材力求改变习题的面貌,在习题训练系统的改造上作出了很大的努力,力求把习题作为培养学生创新精神和实践能力的舞台,为学生提供创新和实践的时间与空间,有利于学生创新能力的发挥,有利于促进学生的主动学习和主动发展。如义务教育阶段语文学科在训练系统中设计的"语言综合性活动",在"寸草春晖"专题文章后,设计了"家庭欢乐大转盘",内容有"开心一刻"(讲家庭欢乐故事),以培养学生的口头表达能力;"给菜肴命名",以培养学生的语言表达和想象能力;"家庭网页",以培养网页制作能力;"欢乐加油站"(制定欢乐计划),以培养学生的策划能力。高中物理训练体系除了传统的巩固性作业之外,还增加探究训练、思辨讨论式训练、解决实际问题训练、科技场馆、社会现象作业、小专题小课题研究、小制作、小实验以及发现问题、提出问题等训练。

7. 重视开放

各学科教材都力求体现重视过程、方法,体现教材和教学开放性,充分利用学校的、社会的、自然的、网络的等各种资源,把教材与广阔的社会和自然结合起来,利用开放的资源实行开放的学习。各学科教材都设计了利用各种资源进行学习和课外学习指导的内容,习题的设置也改变了完全封闭的唯一标准答案形式,体现训练的开放性。

例如,六年级科学教材注重对上海资源的运用,用一定篇幅介绍了上海科学家的事例和格言、上海的科技资源、上海的科技问题等,体现了上海教材的地域性,发挥上海人文、地域优势。初中地理学科设置了自主学习内容,一是范例学习,二是自主学习部分。自主学习部分主要是方法指导,如"怎样学习国家地理",教材以问题的形式,以提供学习资料和网站的形式,在活动中学习的形式,包括阅读光盘、读图、阅读资料、地理小制作、社会调查活动、网上浏览与收集资料,等等,为学生的创新设计了虚拟舞台。高中艺术学科专门设置了"研讨与访问"的单元板块,作为从课堂走向社会的探究阵地。

8. 注重整合

各学科编写在努力体现本学科风格和特色的同时,都充分重视学科内不同内容之间以及学科之间的整合,尤其重视信息科技对社会和科学的深刻影响,加强内容、形式等方面与信息技术的整合。例如,义务教育阶段的语文,在选材上就提出语文的外延与生活的外延相等,按照五种交际范畴组成整合性主题结构,让学生理解观点多元和学会尊重不同观点。物理学科分别将泗水拔鼎、迎刃而解、耳朵与平衡、张衡、英文词汇故事等穿插在课文中,体现该学科与语文、历史、生物、英语等学科的整合。高中生命科学学科与化学、物理、信息、医学和环境等学科整合的特色也比较突出。体育教材注意同其他学科知识之间的横向联系和整合,如与语文学科联系的"体育文学作品欣赏",与生命科学学科联系的"人的生长发育规律",与音乐、美术、艺术和劳动技术学科联系的"开发多元智能"等,体现了实践活动和整合的基本特征。高中物理教材采用了温度、速度、声音、磁场强度等传感器与电脑的连接技术,实现了采集数据与处理数据的数字化,设计了数字化实验室(DIS,即 Digital Information System),把物理学科教学建立在以计算机为核心的现代信息技术的平台上。数学学科也在尝试用教具、学具和实物、实境开展数学活动的同时,设计以计算机(计算器)现代信息技术为支撑的数字化学习活动(DIMA,即 Digital Information Mathematic Activity),增加并扩展学生体验性、探究性学习的载体范围。

上述这些特色在十多年的实践中得到了发展和深化,各学科教材体现出各自的特点,丰富多彩。以下是几门学科教材的特色案例。

案例一:英语(新世纪版)高中教材的特色

本套教材采用当前国际上较先进的、适合我国中学生外语学习的主题教学法与结构功能法相结合的编写体系。每个单元以一个主题或话题为中心,听说读写技能的实践活动均围绕该主题或话题展开。同时,各项技能的训练也相对自成体系,设计的教学活动体现任务型教学法的特征,有助于学生学以致用。教材编写具有如下四个特点。

1. 内容丰富,题材多样,体现新课程标准的内容与要求

教材语言和内容时代气息浓厚,具有知识性、趣味性和实用性,符合高

中学生年龄特征。教材中既有介绍电脑、基因、克隆等高新科技信息的篇目，也有近现代人物的传记、采访；教材呈现了关于友谊、人生追求、同情和容忍、道德修养、战争与和平等人文性的话题，也包含关于体育、卫生、教育以及音乐、美术（包括卡通、漫画）、风土人情和时事要闻等方面的文章；教材以英语为载体介绍了一些浅易的学科知识，如有关历史、地理、物理、生物方面的常识等。

2. 既重视语言基本功的训练，又强调教学活动与现实世界的联系

在阅读方面，编者设计了富有创意的各项微技能训练项目。通过各种问题和学用结合的各项任务，使学生有效而全面地掌握英语阅读的基本技巧。这不仅体现了英语阅读的真实过程（authentic process），也为学生今后继续学习打下较为坚实的基础。这一编排模式也是不同于以往教材编写模式的一种创新。

在听说方面，教材中有听和说的单项技能训练（listening practice, speaking practice），还有综合技能的训练和运用（tasks）。这些训练活动大多由课堂教学活动（pedagogic tasks）和真实（real）或半真实（semi-real）的活动组成，目的是尽可能让学生将所学语言知识和技能运用于真实语境中。学生可以使用英语进行对话、小组讨论、调查、采访及随后的口头反馈、表演课本剧、为影片片段配音、辩论等语言实践活动，全面锻炼英语听说的能力。

在写作方面，教材较系统地介绍了各类文体的写作，既有基础知识的操练，又有由易到难的写作任务。利用课本中相关话题作为写作的主题，使学生能够实践新学的语言知识，做到学用结合。

3. 素材选自原著，并与语言活动巧妙结合

教材素材源自真实语料（authentic language）。在展开实践活动时，设计了多种形式的练习，使学生在学习并熟悉这些主题的内容和相关语言材料后，能结合自己的生活及周边环境，开展真实的语言实践活动。这样，教材能最大限度地激发学生的兴趣，使学生积极主动地参与教学活动。

4. 充分体现人类文化的真善美，着力于提高学生的道德素养

本教材不仅教育学生热爱科学、热爱生活，而且教育学生热爱祖国、热爱和平、珍惜生命，树立正确的人生观和价值观，培养和提高自身的道德修养。

案例二：小学数学教材的特色

"二期课改"小学数学新教材具有以下特色。

1. 新教材从儿童熟悉的生活情景出发，通过游戏化、生活化的编排，使学生喜爱数学

教材塑造了性格不同的小丁丁、小胖、小巧、小亚这四名学生(模特)，让学生观察周围世界中与现代生活有密切联系并有广泛应用性的数学内容，并在专业、文化背景下，展示概念引入、问题提出、通过开放式的讨论获得法则、解决问题、回到生活中去的过程，让学生看到数学是丰富多彩的，用它可以探讨自己生活与经验中熟悉、有趣的片段，因而喜欢数学。根据对全市使用试用本新教材的 811 所小学调查问卷反馈，绝大多数学校反映学生喜欢新教材。

2. 注重学生创新思维的培养，提高整个小学阶段学生的探究能力

从一年级引入数射线开始，陆续引入线段图、树状算图等辅助工具，利用数形结合，培养学生分析问题的能力。教材创设了学生自主探究的平台，引导学生主动探索、概括规律，培养学生的探究能力。

3. 在数与运算、几何、统计三大主线上作深层次改革，在"双基"改革的基础上强调数学思想方法的渗透与经验的积累

在数与运算方面，一是强调数的表达，渗透位值的思想，并建立十进制思想。在认识数的过程中，强调数的不同表达方式，利用板、条、块和百数图、千数图等多种模型，帮助学生直观、清晰地建立位值思想和十进制思想。二是强调数学模型多样化与算法多样化。通过实物和学具，引导学生用不同的模型来描述算理。

在几何上以积累经验为主。通过儿童的具体操作活动，帮助学生为几何概念积累经验，以便抽象出相关的概念。小学阶段的几何，实际上是经验几何。因此，在几何部分的设计上，教材从儿童的经验出发，采用从实物到几何体，从立体到平面，再从平面到立体，使学生在不断的操作中积累几何的经验。

在统计部分，关注学生统计意识的发展。教材的统计部分，从学生的实际生活经验和感兴趣的主题出发，通过真实的资料进行探索性分析，使学生感受到统计的意义，从而发展学生的统计意识。如平均数的处理，不是仅仅介绍如何计算平均数，而是先通过学生熟悉的情景，引出求平均数的必要性，然后介绍平均数的应用，让学生通过实例感受平均数在日常生活中的作用，使得学生能

够正确应用平均数的概念,从而发展学生的统计意识。

案例三:高中物理教材重视探究应用、整合信息技术、改造习题训练的特色

1."情景—探究—应用",学习主线明晰

教材每一章节都体现一条主线:情景—探究(包括活动、体验)—应用。从创设的情景中引发问题,通过体验或探究获得新知,并能将知识应用于解决实际问题。

例如第 2 章第 C 节"力的分解"。

情景:泥泞中拉车和用斧劈竹

以泥泞中拉车和用斧劈竹为例,引出需要将力分解的课题。

探究:用 DIS 研究斜面上力的分解

通过斜面上物体力的分解等分析和实验,学习分解力的一般方法。

应用:分析赵州桥和千斤顶

通过对赵州桥和千斤顶等实际应用的讨论,用所学的知识去解决相关的实际问题。

千斤顶

赵州桥

2. 体现自主学习,重视科学探究

教材强调引导学生通过自主探究过程形成物理观念,构建物理概念,认识物理规律。

(1) 重视科学探究。教材中明确提出 11 项重点探究活动,如牛顿第二定律、气体压强与体积的关系、感应电流产生的条件等。有的按六个科学探究要素进行探究,有的按部分要素进行探究。

(2) 设置学习包。为了更大程度地强调学生学习的自主性、探究性、合作性,提倡基于问题、基于项目、基于案例的学习方式,教材设计了四个"学习包"。所谓学习包,就是围绕某一特定内容,结合学生经验所构成的相对完整的探究式学习单元。其基本学习过程是:学生组成小组,在教师指导下根据课题任务提出系列性问题;然后通过自学、查找资料、讨论、探究和实验学习物理知识,解决问题,最后进行小结、交流、评价。

(3) 发挥栏目作用。为体现自主学习,教材还设置了特定的栏目,如"大家谈""自主活动""点击"等,以及供学生自主阅读的栏目,如"STS""历史回眸""拓展联想"等。

3. 整合信息技术,创建 DIS 实验平台

为了贴近时代、整合信息技术,本教材在学生实验和演示实验中引入了数字化信息系统(DIS)平台,该实验系统由传感器、数据采集器和计算机组成。

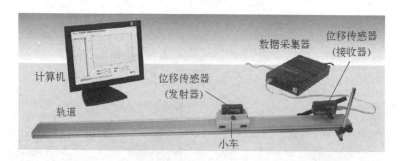

本教材中 DIS 学生实验有 6 个,其中力学 4 个,气体 1 个,电学 1 个,占实验总数的 50%。演示实验中也有多个实验运用了 DIS 技术。

DIS 的主要作用是:(1)体现物理教学的时代特征,创设信息化的学习环境,增强学生数字化、信息化意识,实现教学与信息技术整合。(2)能使物理量

的测量及时、精细、简便。能测定某些通常较难测定的物理量,如瞬时速度、变化的力、磁感应强度、光强等。(3)利用计算机对数据处理、分析和存贮的功能,多种实验数据可并行显示,利于进行科学探究,促进学习方式改变。

教材与信息技术整合不限于 DIS 技术,其他还有网络平台的利用,多媒体课件开发及数字化专用仪器的选用,如数字电表、数码相机等。

4. 习题新颖,训练形式多样

教材训练项目有解题、观察、实验、思考、探究和其他(阅读、整理、倾听、表达、合作)。训练形式包括书面、操作、论辩、调研、课题等,特别加强了课程标准中提出的四种新题型的开发。这四种新题型是,根据实际情景编制的情景信息题,强调过程分析和科学方法的过程方法题,解决身边实际问题的实践应用题,以及开放性较强的探究开放题。

三、从选修课程教材到拓展型课程教材

上海两期课改的课程结构中,无论是"一期课改"的选修课程还是"二期课改"的拓展型课程,都是为了更好地体现"提高素质、发展个性"和"以学生发展为本"的课程理念而专门设计并逐步形成和完善的,都具有学生自主选择性、内容广泛性、编制校本化等特色,因此,为这类课程编制的教材,也就必须相应地具有选择性、广域化和校本化等特点。

(一) 选修课程教材

1. 选修课程教材的教育目标和种类

选修课程的教育目标是要有利于因材施教,有利于促进学生主动地学习,有利于促进学生潜在能力和个性特长的发展。学校开设的选修课程,不仅在结构、内容上要适应学生兴趣、爱好的多样性需要以及能力、基础条件等方面的差异,而且在形式上也要有更多的灵活性。"一期课改"编制了多品种的选修教材,为学生提供了个别化、处方化的结构形式,即提供各科可能的组合,学生可以根据自身的情况(如能力、需求、兴趣及已有的知识基础)选取不同的组合以适应自身的需要。为此还专门编制了选修课程指南,指导学校开设并实施选修课程,指导学生选择有利于自己发展的选修课程,指导有关方面编制选修课程的教材。

"一期课改"中,课改委组织专家、教师根据必修课程中的工具学科类、知识学科类、技艺学科类,相应开发并编写了知识学科类、技能学科类、体艺学科类的教材 118 种,包括了知识学科类中的语文类、数学(含计算机)类、外语类、物理类、化学类、政治类、史地类、生物医学类,技能学科类中的工艺类、农业畜牧类和其他类,体艺学科类中的艺术类、舞操类、田径类、球类和棋牌类。品种比较全面,每类中的具体科目也比较丰富,单从高一、高二适用的选修教材的内容看,涉及知识学科类的就包括人文、社会、自然科学及工、农、医各学科的一些知识,有拓宽和加深有关基础课的内容,也有不少是新知识门类,像马克思原著选读、美学常识、新闻采访与写作、数学思想方法入门、运筹学选讲、社会经济、生活常识、新能源、天文学基础、医学初步、环境保护等。涉及技能类的包括工农业生产中的一些基本技能的学习,生活中的有关技能,涉及体艺学科类的则包括音、体、美、舞蹈、影视、摄影等多方面。这些供各校根据条件选用的选修教材适应了学生不同兴趣爱好和社会主义现代化建设对人才的多方面、多层次的要求,有利于促进学生思想品德素质、文化科学素质、身体心理素质和劳动技能素质的提高,促进学生个性的健康发展。

2. 选修课程教材的特点

由于选修课程教材与必修课程教材在课程设置上的不同特点,使选修课程教材的编写也不同于一般的必修课程教材。选修课程教材主要有以下八个特点。

(1)选择性。就百余种选修课程教材而言,按其与必修课程教材的关系看,主要有依托延伸型和相对独立型两种。依托延伸型主要在必修课程教材的基础上适当延伸、展开或加深,特点是能将打好基础和发展特长、面向全体和因材施教较好地统一起来。相对独立型教材则是在学科必修课程教材内容之外,围绕各种社会与自然的单一或综合的课题编制,供有兴趣有需要的学生选学。两类教材都能够使学生获得相当的自主选择空间,能较好体现因材施教的原则。

(2)同步性。针对学生在学习中的难点,编写选修课程教材,并与必修课程教材内容同步,这样可以弥补部分学生在必修课程教材学习中的某些不足。

(3)组合性。绝大多数的选修课程教材教学时间一般在 17～34 课时,一学期能完成 1～2 门选修课程,这样对一部分有潜能但尚未形成个性特长的学生来说,在教师的帮助指导下,可以从高一年级到高三年级设立一个个选修科目组,让学生通过不同的科目组,向不同的方面逐步培养兴趣、开发潜能。

（4）专题性。选修课程教材通常以专题形式编写,便于较快反映国内外科技新成就或人文科学新发展,有利于开阔学生的眼界,丰富他们的知识,激励他们献身科学技术事业的兴趣和信心。

（5）实践性。选修课程教材更有利于把理论与实际应用相结合,着重培养学生的思维能力,促使学生掌握思维方法,并力求引导学生灵活应用知识,注重动手操作和实践能力的培养。

（6）多样性。由于学校有类型不同、生源不同,还有市区学校和郊县学校之别;学生中也各有差异。学校的差异性和学生的差异性决定了选修课程教材的多样性,只有这样才能为学校"选开"和学生"选习"提供更多机会和余地。

（7）精选性。从选修课程教材涉及的领域来看,有自然科学、社会科学方面的内容,有工、农、商、经、贸、人文科学等方面的内容,也有先进的科学技术和边缘科学方面的内容,对于某一本选修课程教材而言,其内容也极其丰富,但要在短短的十几课时里,让学生学完这些内容。因此,在选修课程教材编写中,首先做的一点是精选内容。精心选择学生关心的、感兴趣的内容,选择与学生日常生活联系密切的内容,选择反映国内外科学技术中的新情况、新内容、新发展。精选的选修课程教材,教学内容充实,有利于教学中取得良好效益。

（8）直线式。由于选修课程教材以微型及专题性为主,内容精练,因此教材结构一般不采用必修课程教材常用的螺旋上升的圆周式结构,基本采用直线式编排,即把教材的内容按认知等级排列,从最简单的信号方式到最重要的解决问题的行为方式。

（二）拓展型课程教材

由于拓展型课程包含限定拓展型和自主拓展型两种,而限定拓展型课程有活动类和专题类之分,自主拓展型课程有学科类科目和活动类科目之分,学科类拓展科目组中有为满足学生向文科、理科、艺术、技术等方向发展而设置的一系列学科课程,以及由基础型课程的某些知识或技能为生长点而拓展的内容,其内容与要求都纳入相应学科的课程标准。高中有些专题还属于某一类专业的必考专题,这就决定了拓展型课程教材品种、内容、形式和教材编制主体的多样化和广域化。关于编制主体,前面几节已有叙述。这里,重点就各品种的编制内容、形式、特色作一些简要回顾。

拓展型课程教材编制主体的多样化,决定了教材科目、内容、形式的多样化,具有鲜明的地域特色和校本特色。但正因为如此,也更容易出现各自为政、低水平重复等问题。为此,课改委在课程方案中对拓展型课程开发与教材编制提出了一些基本要求,使学校开发拓展型课程和各方编制拓展型教材能在一定的规范下进行,使教材编制中的特色创新纳入健康有效的轨道。

1. 拓展型课程教材的内容选择原则

拓展型课程开发与教材编制的关键是确定内容。"二期课改"对此提出三个与拓展型课程有关的具体原则。

(1) 目标导向原则。学校拓展型课程教材的内容,必须以国家确定的教育目标为导向,减少随意性,增强科学性,防止或避免课程开发和教材编制中偏重于学术性的倾向,既保证国家对基础教育的基本要求,又体现学校教育的独特性、针对性和多样性。

(2) 基础衔接原则。学校拓展型课程教材要加强与基础型课程的衔接,关注学生已有的生活经验和学习经验,致力于学生对已学知识的融会贯通与综合运用。

(3) 适切性原则。学校的拓展型课程教材要以本校学生的不同需求和终身发展为出发点,根据不同的社区环境与课程资源、不同的办学模式和办学条件、不同的师资水平,量力而行、因地制宜、循序渐进。

2. 拓展型课程教材的编制特点

(1) 模块化结构的教材设计。编制结构多样化的教材是拓展型课程教材的一大特点,根据课程特点采用系统化、专题化和范例化等多种结构形式,同时倡导模块化结构的教材设计。以模块化结构设计编写的教材,通常表现为以问题为中心,即围绕问题设计模块或主题的核心概念和基本学习过程,并体现其教育价值,不受学科体系的约束。模块化教材的内容由相对独立的模块组成,各模块之间可以方便组合,学生可以单独学习其中一个或一组模块,便于学校和学生根据实际情况选择模块进行学习。

(2) 体现改革要求的内容选择与组织。拓展型课程的教材为教师、学生提供一个可操作和可选择的平台。内容选择上贴近学生生活,教材设计上有利于学生自主学习,活动设计上有利于学生合作、探究。课程资源、背景资料有利于教师创造性地开展教学。文字教材编制还有意识地为多媒体的使用留有空间。教材的例题和习题,特别强调层次性、开放性、实践性、综合性和可选择性。

（3）多样化的呈现方式与品种形式。拓展型课程的教材有多样化的呈现方式。每种教材形成自己的特色,具有独特的价值和功能,适应不同的学生、不同的学校使用。学习素材在框架结构、教学设计、知识内容和活动形式等方面形成不同的特色。拓展型课程的教材,除文字教材以外,还有多样化的教材品种形式,如电子教材、音像教材等,既有成套的系列教材,也有活页、单元组合式教材,还有学习包形式的教材等。教材的编撰更加生动活泼,版面新颖,体现学生的年龄特点和时代特征,使学生爱看、爱读、爱用。

四、从活动课程指南到研究型课程学习包

从前面几章关于课程体系的阐述中可以看到,上海两期课改的课程体系中,无论是"一期课改"的活动课程,还是"二期课改"的研究型课程,都是最具创新特色的课程,从活动课程到研究型课程的发展过程也极富创新特色。

由于活动课程和研究型课程具有学生自主性、内容生成性和形式活动性,使得这类课程的教材提供不可能采取学科教材的教科书形式。经过实践探索和总结研究,逐步形成了活动课程指南和研究型课程学习包两种富有弹性的可供学生自主选择参与的指导性教材。

（一）活动课程指南与教材

活动课程是从教育目标出发,以学生的兴趣和需要为主要依据,在教师指导下,通过学生的自主活动,获得直接经验和实践能力的课程。其主要目的是侧重适应学生不同需要和不同水平,培养学生的兴趣爱好,发展学生的个性特长;活动课程的教材内容和要求必须是有层次的,允许学生根据自己的兴趣、爱好和特长来自由选择,其参加活动的内容与方式也由学生自主选择确定。因此,提供活动的材料要多层次、多渠道、多形式,以满足全体学生的需要。

1. 活动课程指南

为了指导学校开设好和学生参与好活动课程,课改办组织力量为义务教育

和高中编制了活动课程指南,对活动课程的性质定位、课程目标、活动内容、实施形式和评价方式等,都作了具体指导,尤其对于活动内容,按照不同领域提供了具体详细的项目举例。

2. 活动课程教材

在活动课程指南的基础上,课改办组织专家、教师,为中小学活动课程编制了一批教材。活动课程教材跟学科课程教材的区别是,学科课程教材重视知识内容的系统性和所有学生的可接受性,而活动课程教材强调活动内容与要求的层次性、可选择性以及活动形式的学生自主性、灵活性。活动课程教材分为基本教材和专题教材两大类,构成轴心辐射式结构形式。轴心部分由活动课程基本教材组成,包括活动课程主要领域的基本内容,具有普及性、通用性,可供全体学生选用;辐射部分是各种各样各个层次的专题教材,可供不同兴趣爱好的学生选择使用,以适应学生进一步发展兴趣爱好和个性特长。活动课程教材具有如下三个特点。

(1) 综合性和教育性相结合。丰富多彩的活动课程不仅突出表现为对学生个性特长和创造力的充分发展,而且其培养目标纳入学校教育的培养目标,就是使学生的知识、技能、思想和情感等多方面得到共同发展。因此,活动课程教材从学生的生活经验出发设计活动的材料,强调活动内容的生动性、丰富性、综合性和知情意行的相辅相成,因而活动课程教材往往以多种知识和技能的综合学习与运用的形式出现,其产生的教育影响也是多方面的。像活动课程中的班级、团队活动是对学生进行思想品德教育和文明礼貌教育的重要阵地,应采取寓教育于活动之中、为学生所喜闻乐见的多种形式。例如,举行"迎接 1997 年香港回归祖国"的主题班会活动,活动过程中,学生必须运用或学习有关政治、地理、历史等知识,同时又接受爱国主义、集体主义、民族精神、与人协作精神等教育,对形成科学的世界观起到良好的作用。

(2) 兴趣性和层次性相结合。兴趣是人们力求认识某种事物或爱好某种活动的倾向,是发展个性特长必须经历的阶段,也是学生形成爱好、特长的起点,因此活动课程的教材内容和形式以及活动过程都要能吸引学生自主选择、自动投入,给学生带来满足和乐趣。学生的兴趣有一个培养、提高和发展的过程,活动课程的教材不仅要体现兴趣性,还要有层次性。第一层次为普及层次,要求学生广泛接触,拓宽知识面,培养兴趣,寻找个性发展的方向;第二层次为提高层次,要求学生自选项目,发展兴趣,通过活动有助于学生的兴趣自然定向,逐步发展和提高;第三层次为发展层次,让学生通过活动课程各得其所,各钻其爱,各展其长,逐步形成和发展特长。

(3) 实践性和自主性相结合。活动课程以学生的活动为中心,学生在活动中学习,在活动中提高认识、培养能力,具有很强的实践性。因此,活动课程教材侧重于所学知识的运用,并在运用过程中学习新的知识,强调学中用,用中学。要求学生将所学的知识、技能、技巧和生活经验,在与同学交往、参与集体活动和社会活动的过程中充分运用,并从中获得新的生活体验,追求实践价值。而这个实践性的特点,其实也体现了自主性这一特点,活动课程教材要有利于学生自主的实践活动。

(二) 研究型课程指南与学习包

如前所述,研究型课程是在活动课程基础上发展起来的新型课程,它的内涵更加丰富,外延更加集中,对于培养学生的创新精神、实践能力有独特作用,其课程内容具有可研究性和开放性,其课程实施具有生成性和活动性。研究型课程不可能为学生的所有研究活动编制和提供预设性的教科书。经过实践试验和总结,课改办组织力量编制了具有指导性的研究型课程指南和资料性的研究型课程学习包。

1. 研究型课程指南

研究型课程指南包括导言、课程目标、课程设置、课程内容、课程开发、课程实施、学习评价、课程管理与保障等八个部分。

(1) 导言部分阐述研究型课程的定位、性质和作用,课程的理念和设计思路。

(2) 课程目标部分有总目标和阶段目标两个层次。从知识和技能,过程、方法和能力,情感、态度和价值观三个方面阐述。表述采用了两种方式,一种是行为目标,以具体的、可操作的行为方式陈述,有明确的达成要求,如有关研究方法和能力的目标。另一种是表现性目标,描述学生在具体教育情境中的表现、学生需要解决的问题和将要从事的活动任务,如亲近和接触自然、考察和参与社会、关注和反省自我、经历问题研究的过程等。

(3) 课程设置部分根据《上海市普通中小学课程方案》,提出研究型课程设置的具体要求和各学段的课时安排。

(4) 课程内容部分根据研究型课程具有的广泛性和开放性特点,不提出确定的内容标准,只是指出课程内容的范围,并通过主题举例和内容与要求举例的方式具体描述课程内容。为了便于各学校自主开发和设计本校研究型课程的内容,指南对课程内容选择和组织原则与方式作了具体阐述。

(5) 课程开发部分主要对研究型课程开发的要求和策略作具体说明。研究型课程是需要学校开发的课程,学校教师和学生都要参与课程的开发。指南提出的要求和策略就是用以指导学校根据本校实际情况,组织教师和学生开发学校的研究型课程,更好地实施研究型课程。

(6) 课程实施部分对研究型课程实施的基本要求、实施过程、实施方式、组织形式和教师指导等几个方面分别提出了具体的指导意见。由于研究型课程是一门学校课程,各级各类学校之间有很大的差异,因此指南对研究型课程的实施不提出统一的模式,强调实施方式的多样性和选择性。为此,提供了多种实施方式供学校选择,各校也可以在实践的基础上创造出新的实施方式。

(7) 学习评价部分包括学习的评价原则和常用评价方式。评价原则提出评价的内容既包括学习态度、科学态度与科学精神,又包括研究和解决问题的能力以及合作和交流的能力。常用评价方式有成长记录袋、观察与谈话、协商与研讨、展示交流与答辩,等等。

(8) 课程管理与保障部分根据研究型课程不同于基础型课程的特性,从学校和教育行政部门、教育机构两个层面提出了独特的管理要求。为了确保研究型课程的顺利开发和实施,指南还提出一系列保障措施。

2. 研究型课程学习包

编制研究型课程学习包的目的,是帮助学校教师和学生开设并实施好研究型课程,帮助他们更全面、顺利、有效地开展研究和探究活动,更好地贯彻和落实研究型课程指南提出的理念和目标。

编制研究型课程学习包的指导思想:一是以《上海市中小学研究型课程指南(征求意见稿)》为依据。二是把握课程性质。研究型课程不是知识型课程,而是经验型课程,学习包不能注重知识的传授,而要指导学生的实践,为学生提供具有指导意义的素材性、指导性材料,面向学生的学习和生活世界。三是引导和倡导自主的有效学习,为学生提供有效学习的"脚手架",引导学生经历和体验更完善的探究过程、更有效的思考、更规范的行为操作,从而让学生在活动过程中自觉或不自觉地内化各种行为和思维策略,实现由接受性学习向自主性学习的转变。四是充分考虑学生的年龄特点,建立小学、初中、高中整体构架。

研究型课程学习包,有小学探究型课程学习包、初中探究型课程学习包和高中研究型课程学习包三套。

（1）小学探究型课程学习包的体系结构与特点。

小学探究型课程学习包的框架结构是将小学阶段分为低、中、高三个年段,提供适合年段的设计。低年段(一至二年级):情景引入——跟我来(开展探究活动)——探究学习单——星星榜(评价)——活动无限(拓展延伸)。中年段(三至四年级):情景引入——自主探究——学习单(学会一种探究技能)——评价单(反思与评价)——活动无限(拓展延伸)。高年段(五年级):任务驱动——自主探究——学习单(学会一种探究技能)——评价单(反思与评价)——活动无限(拓展延伸)——小资料。

小学探究型课程学习包具有如下四个主要特点。

① 精心设计活动,使活动成为达成课程目标的有效载体。一是精心选择探究主题和探究活动;二是通过活动步骤和环节的设计,引导学生在态度、价值观、技能、方法、合作精神、行为习惯等方面获得发展和提升;三是通过"探究学习单"给学生提供在某一探究内容进行充分探究的机会,引导学生不断产生问题;四是通过"评价单"引导学生对自己的活动过程和表现进行反思、总结,体验意义;五是通过"活动无限",开阔学生的视野,感受探究主题的丰富,并生成自己的探究内容。

② 活动内容丰富,探究形式多样。一是探究主题和活动丰富,面向学生的生活世界,涉及环境保护、安全教育、自然探索、问题解决、学校和家庭生活、文化、能源、健康、经济、国际理解等方面,内容丰富多彩,有利于开阔

学生视野。探究形式多样,不仅有调查、实验等探究形式,还根据小学生的心理特点,设计了游戏、角色扮演、小发明、小制作、活动策划、设计等探究形式。

③ 强调探究活动的开放性和弹性。一是活动内容开放。不规定学生探究活动的具体内容,学生可以根据自己的兴趣,开展不同活动内容的探究。二是活动过程开放。虽然对每个探究活动提供了主要步骤和环节,但并不限定每个步骤具体该怎么做,没有解决问题的标准答案,只是给出必要的思考和操作的提示,给学生留出充分的探究空间和个性发展机会。三是探究领域开放。学生可以根据自己的兴趣和条件选择适合自己的活动。

④ 语言生动,版面设计活泼。采用适合小学生的语言和版面设计,力求激发学生的兴趣。

（2）初中探究型课程学习包的体系结构与特点。

初中学生尚不能完全独立探究,必须经历一个由扶到放的过程,为此学习包设计了学着做——做中学——自己做——主题乐园等四阶梯的框架结构。"学着做"(Follow Me!):通过探究活动的真实案例,向学生展示各种类型探究活动的过程,让学生体验、认同和喜欢探究。"做中学"(Inquiring & Developing!):通过精心设计的各种探究活动,让学生在有指导地开展探究活动的基础上感悟、学习各种探究技能和方法。"自己做"(Do It Yourself!):对学生的自主探究活动提出具体要求,引导学生深入探究,进一步掌握一定的探究技能和方法。"主题乐园"(It's A Big!):供学生自主选择,完全开放。四个部分四个台阶,由扶到放,层层深入,将学生从陌生、不会探究引领至自主探究的新天地。同时,对活动类型(如实验、问卷调查、文献研究、设计制作、策划、访谈、角色扮演等)、活动要求(探究内容的深入程度、探究方法的严谨程度)等也作出了区别性处理。整套学习包的框架,从活动指导、活动类型、活动要求三个维度进行设计。

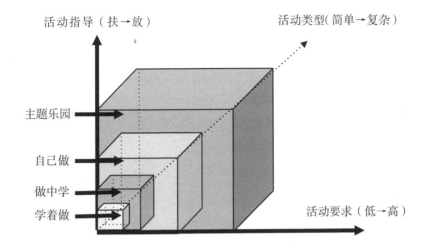

初中探究型课程学习包具有如下五个主要特点。

① 阶梯设计,满足多元需求。《初中探究型课程学习包》(第一辑)包括"学着做""做中学"两个阶梯,以满足不同的需要。不同能力的学生任意选择,从适合自己的位置开始探究。

② 操作性强,活动内容贴近学生的生活实际。学习包的活动内容涉及学生生活的方方面面,有适合学生年龄特征的动植物科学探索类,有学生喜欢的动画漫画调查类,有让学生动手动脑的设计制作类。这些活动都改编自学生实践过的真实案例,改编后又经过学校的实践检验,具有很强的可操作性。

③ 提供方法指导,帮助学生改变学习方式。在"学着做"部分,通过生动案例让学生感受研究性学习方式的过程;在 "做中学"部分,对多种形式的探究进行了方法的指导。每个探究活动中都注重引导和帮助学生获得情感、态度、价值观、技能、方法、合作精神、行为习惯等方面的发展提升,每个活动都成为帮助学生改变学习方式的载体。

④ 活动设计注重开放性、指导性和资源性的统一。学习包采用预设和随机相结合的方式,给活动的开放性留下了空间。为了让学生通过探究活动提高发现问题、探究问题、解决问题等能力,学习包通过预设规范的探究程序,对关键问题进行提示,对探究活动和基本探究技能进行指导,也为教师留下指导的空间。同时,学习包对活动开展的具体内容、具体实施方法等则留下空白,并在每一个活动后面设计了"参考课题""更多的选择",给学生留出了充分的探究空间

和个性发展机会。此外,学习包还提供了相关的媒体信息,提供资源支持。

⑤ 落实目标的评价。"做中学"部分的"评价单"摒弃了大而统一的评价方式,评价指标具体且与目标紧密联系,切实培养学生的探究方法与技能、自主学习和管理的能力、合作精神和态度等。

(3) 高中研究型课程学习包的体系结构与特点。

《高中研究型课程学习包》(第一辑·供高中一年级学生使用)按照帮助学生认识和掌握基本的研究方法,经历完整的课题研究过程的目标,编写了《指导手册》《学生课题研究案例》和《学生课题研究选题参考》三个分册,从理论和实际操作两个层面阐述展现课题研究的一般过程和基本方法,给学生提供自主实践的机会,让学生在研究过程中应用所学方法,学会研究。《指导手册》主要从理论层面介绍课题研究的一般过程和文献研究、实验研究、调查研究的基本方法,帮助学生认识并掌握课题研究的基本方法和规范。《学生课题研究案例》通过鲜活的、不同类型的课题研究案例,让学生感受课题研究的详细过程,感受研究方法是如何应用到具体课题研究中的,进一步促进学生对课题研究的理解和认识,提高课题研究能力。《学生课题研究选题参考》给学生提供应用和实践各种研究方法开展课题研究的机会。通过提供一定数量的课题及研究建议,降低自主产生课题的难度,保证课题研究的普遍开展和有效开展。

高中研究型课程学习包具有如下三个主要特点。

① 课题领域广泛,内容贴近学生生活实际。调研发现,不少高一学生自主产生课题还有一定难度。为了让所有学校的学生都能经历课题研究的过程,高中学习包从高中生实践过的大量研究课题中精选了学生比较感兴趣且有较大研究价值和意义的课题,供学生选择课题时参考。这些课题涉及环境、科技、文艺、学校、社会、学生等诸多领域,内容较丰富且具有典型性。编写时,又考虑了学生的年龄特征、兴趣爱好、学科知识背景、认知水平、研究能力,以及不同区县不同学校资源

的差异,具有较强的可操作性和适用性。每个参考课题的后面都有"课题拓展",给学生提供更多的选择,同时引导学生在一定的背景下发现更多的问题和课题。

② 案例启发思考,加深理解,有利于提高课题研究能力。学习包精选实验类、测量类、调查类、项目设计类课题研究案例,展现确立课题、制订研究方案、开展研究、撰写研究报告、展示和交流研究成果、反思和评价等课题研究的不同阶段中研究者的所作、所思、所惑、所感,力图通过这些具体细节描述,使学生从他人的研究实践中引发思考、获得启示,感受和理解课题研究的过程和方法,关注对研究问题的思考和分析,知道和领悟课题研究"应该怎么做",与《指导手册》和《学生课题研究选题参考》互为补充,使学生进一步理解课题研究的内涵,从而能够更加规范、有效地开展课题研究。

③ 体现课程生成性特点,倡导学生深入持久地开展研究。《学生课题研究选题参考》部分,提供了若干课题拓展或深化方向,引导学生对所研究课题进行更深入的研究,或对类似领域的其他相关课题进行拓展研究。《学生课题研究案例》部分,则通过课题研究者的真实研究经历反映课题研究具有的生成特质,使学生从同龄人身上感悟课题研究过程中可能会不断产生新的问题,引发新的或更深入的思考,使研究不断得以深化和发展。

五、引进改编境外教材

《国家中长期教育改革和发展规划纲要(2010—2020 年)》指出:"鼓励各级各类学校开展多种形式的国际交流与合作","探索多种方式利用国外优质教育资源","引进境外优秀教材"。《上海市中长期教育改革和发展规划纲要(2010—2020 年)》也指出:"增强学生国际交往和竞争能力。积极引进和消化国外先进课程资源。"上海作为国际化大都市,理应在教育国际化方面走在全国前列。

上海"二期课改"开始引进境外教材并加以改编的尝试,其目的:一是具体学习境外的先进理念、先进内容和先进编制技术;二是在教学实践中冲击旧的教学理念和教学行为,加快课程改革的步伐;三是通过改编,有助于具体消化和内化,使教材更适合国情,提升编者和教者的实践水平。

从 1997 年起,引进英国牛津大学出版社香港版的英语、科学、自然和劳动技术教材,根据上海的社会需求和学生特点,改编成为上海版教材,取得了很好的效果。

(一) 英语(牛津上海版)

上海市中小学《英语(牛津上海版)》试验本教材,在牛津英语香港版的基础上改编,由上海教育出版社、牛津大学出版社出版。试验本教材包括课本、练习部分、活页资料、教学参考资料和配套音带。

改编本《英语(牛津上海版)》基本保留原版教材的框架体系,根据上海等城市和地区英语教学发展的实际情况,对原教材的分册作了调整,原版教材中小学合计 11 册,改编本将原版本 11 年的教材作适当压缩处理,改编为 10 年,供上海等地区的小学三年级起开设英语使用。1998 年下半年,徐汇、闸北等区提出在全区小学一年级试验开设英语活动课程的设想,得到市教委支持,课改委决定进一步引进低年段的牛津英语教材进行改编,供小学一、二年级英语活动课使用。于是,上海改编的牛津英语教材曾经出现过以小学一年级为起点的品种。牛津英语这种"一套教材、两个起点"的格局,后来在"二期课改"方案决定从小学一年级起开设英语课之后,逐步过渡为一个起点。

改编本对教材中涉及意识形态差异以及封建迷信和过浓的香港地方色彩等内容作必要的删除、改写和重写,又根据上海和其他较发达地区的实际情况和需要,对其他内容也作了必要的删除、精简、改写和增补。

这套教材的特点是:(1)突出中外优势互补,体现先进课程理念。这套教材的编写吸收了境内外先进的教材编写理念和设计思想,综合了境内外英语教学一线经验,以任务型语言教学途径为教学法理论基础,突出语言学习的趣味性、直观性、实践性和灵活多样性;以任务驱动语言学习过程。(2)构建模块建筑体系(building blocks),内容编排螺旋式上升。以模块为单位组织教学内容,模块内的语言材料围绕一个主题展开;每个模块包含若干单元,每个单元集中讨论该主题下的一个具体话题。各模块之间互相补充、互相配合,保证语言知识和语言技能体现循环、复现、发展、提高的学习理念,螺旋式上升。同一模块主题在不同年级循环出现,保证教学内容复现和循环,使得语言能力层层递进、不断提高。年级不同,话题一脉相承,逐渐提升和深化,学生在不同年级都有知识增长和技能增长。例如,同样是"自然界"的主题,一、二年级学习理解四季的名称、天气和不同季节穿着的衣服；三、四年级学习表达气候和不同季节喜欢做的事；五年级上升到讨论水、火、风等自然元素和环境保护、安全常识等。模块式教材结构，在教学中形成了任务型教学模式（task-based approach），在培养学生掌握听、说、读、写基本语言技能的基础上，促进综合语言运用能力的提高。（3）体现英语的工具性和人文性双重特点。本教材不仅具有工具性，培养学生综合语言运用能力，还特别重视英语课程的人文教育功能。内容选择既包括各种语言要素，即语言知识（语音、词汇、语法、功能、话题）和语言技能（听、说、读、写），还包括学生全面发展需要的课程内容要素，如情感态度、学习策略、文化意识等。学生通过英语课程能够开阔视野，发展创新能力，形成良好的品格和正确的人生观与价值观，从而实现语言学习和学生发展的双重目的。

英语（牛津上海版）以学习者为中心与学用结合的教学理念、地道的语言、由浅入深的语言材料、贴近生活紧跟时代的题材、能激发学生主动学习合作学习的形式多样的语言能力训练项目、五彩缤纷的中外风土人情等特色，符合"二期课改"外语学科追求的以学生发展为本、可持续发展、培养外语交际能力、学以致用、提升学生综合素养等目标。这套教材被教育部列入"义务教育课程标准实验教学用书目录"。到 2005 年秋，浙江、江苏、山东、江西、安徽、辽宁、吉林等一些师资条件较好的学校都在使用这套教材，使用人数已跟上海接近。

（二）新综合科学（牛津上海版）

上海市普通中学初中六、七年级试验教材《新综合科学》（牛津上海版）是根据英国牛津大学出版社 1990 年的原版香港教材改编的，由上海远东出版社出版。课本为六、七年级各一册，16 开本，共 553 页。配套的材料有《实践与练习册》（学生用）、《教师手册》以及教学挂图。2000 年起在上海部分初中试验。

本套教材的改编既忠于原著，原汁原味地引入原教材的精髓，又根据上海学生和上海地区的具体情况作适当的修改。教材体现了当前国际上科学课程的发展方向，突出了科学探究，贯彻了让学生从整体上认识自然世界的编写思想。从教学试验情况来看，本套教材符合上海"二期课改"的方向，基本符合《上海市初中科学课程标准（试行稿）》，这套教材的使用对上海初中科学课程产生了重大影响。

整套教材的逻辑结构合理。教材内容的选择具有典型性,整体上反映了自然世界中最基本的科学知识和技能,在探究活动的设计上能较好地把学生的认知过程与科学探究的过程结合起来,又能符合初中六、七年级学生认知和心理发展水平的要求。教材中科学知识的文字表述科学性较强,课本内容比较充实。课本中大量增加了实物图片、照片,同时以卡通图配合文字的描述,很好地促进了学生的形象认识。教材为学生提供了大量的活动机会,活动设计思路新颖、设计合理,有较强的操作性。教材的特色鲜明,例如:以学生主体性的动手活动来学习知识;文字叙述简练而清晰的特色;大量采用图画(包括大量卡通形象)的特色,等等。这套教材非常有利于激发学生学习科学的乐趣,令人耳目一新,是一套成熟的、经过长期实践的好教材。

这套教材的特色有三:(1)在科学活动中学习和育人。教材除了演示实验外,着重安排学生主体参与的科学活动有 278 个,相关的图片有 1490 幅。学生在活动中兴趣浓厚,发挥了学习的主体性;学生在活动过程中形成了概念、建立模型、理解规律;学生在活动中体验了科学本质、提高了科学素质、学习价值判断,达到育人目的。(2)系统进行科学探究的实验。教材着重构建了探究系统,学生在系统的实践中逐渐提高探究水平,从模仿探究到独立探究,从单要素探究到多要素探究,从定性探究到定量探究,初步形成了科学探究的意识和基本方法,初步熟悉了科学探究的要素、阶段和基本过程。(3)着力培养科学思维方式。教材采用的编写方式一般是先提出问题,通过活动去分析和解决问题,渗透思想教育和思维方式的培养,再归纳出重点和知识技能,最后简要总结。

(三) 小学自然(牛津上海版)

上海市小学《自然》(牛津上海版)教材由上海市教委教研室根据英国牛津大学出版社编写的自然教材改编,上海远东出版社出版。由于这套教材是英国 20 世纪 90 年代初编写的,因此改编中特别注意避免当时年代和英国教材的痕迹,努力落实课程标准的要求,体现课程标准的三维目标,力求实现中国化、本土化。而且,按课程标准要求,把原来的读本编写成了有学生参与探究活动的上海版教材,尽力为学生和教师的发展提供较大空间,还逐步配置了教具、学具和多媒体等相关材料。这套教材自 2000 年秋季推出小学一年级第一学期教材,到 2005 年春季完成五年级第二学期教材的改编,并在上海市"二期课改"实验基地学校和闸北区所有小学进行试验。2004 年秋季,根据上海市在小学一年级起全面推开新课程计划的要求,在听取课改基地学校和闸北区试验小学意见的基础上,对试验教材进行小修订后在全市推开试用,至 2008 年已经完成从一年级开始至五年级第一学期试验本教材的小修订,2009 年春季完成所有试验本教材的修改工作。

在实践中,广大师生和有关专家都对这套教材表示赞赏,认为这套教材朴素实在,比较成熟,学生们喜欢并能从中得到启发。

这套教材比较突出的特点和长处是:(1)符合上海课程改革精神。整套教材的设计和编写基本符合课程方案和课程标准的精神,符合以学生发展为本的课程改革理念,能落实课程标准规定的三维目标要求。教材内容的选择和组织体现了教育性、基础性、科学性和应用性,教材编写体现了趣味性、可读性和启发性。(2)保持原版教材特色。教材保持了有着多年传统的原版科学启蒙教材《英国牛津自然》的特色,选材立意高,视野开阔,充满童趣,能以儿童的眼光整体综合地编写教材,能紧密联系学生的生活实际,案例经典生动,文字适合学生阅读,图画精美,能给人留下深刻的印象。(3)适应上海学生特点。根据上海小学生的特点编写了对应的活动手册,保证了学生的主动参与。课本和活动手册相结合的教材体系,给予教师选择、再创造和发展的空间。

六、教材媒体多元化

教材的广义化是社会和科技发展的必然结果。古时候曾经长期用竹简记录和传递信息,后来是丝绸布帛,后来发明了纸张,于是纸质媒体成为主要媒体。随着社会和科技的发展,人类进入了信息时代,信息记录与传递的媒体越来越多,教材媒体也就出现了多元化局面。上海作为现代化国际大都市,课程改革中充分利用了多媒体资源,在以纸质教材为主体的同时,逐步发展了其他媒体,尤其在"二期课改"中更是把课程与信息技术的整合作为重要特色,在全国率先实现了教材媒体的多元化。上海课程改革的教材媒体,主要利用了录音带、光盘、网络平台等载体,出现了有声教材、音像教材、网络教材等。

例如,《英语牛津上海版》完善立体化教材体系和资源建设,除了提供纸质材料之外,增加了音带、光盘等电子材料,同时还建设完善了教学资源网站。音乐教材除了学生用的教科书文字简明、图文并茂、生动活泼、富有趣味性和可读性外,另有音像教材紧密配合教科书的曲目,采用了录音带、录像带、VCD、DVD等;教师用的参考资料的文本资料还配有多媒体教学辅助软件。美术教材的教科书还辅以画册图片、标本实物、作品以及相关的视听影像资料和计算机软件等媒体资源,把文本与电子媒体结合,形成集成和互动优势,加强美术教学的效果,促进学习方式的多样化。

第四章

教学是课程实施的中心工作
——基于课堂转型的教学及其研究

  课程的实施必然要落实在教学中。教学是课程实施的中心工作。根据新的课程理念实施各类课程，就要着力推进教学基本实施环节的配套改进，推进传统课堂的转型，也需要进行新课程理念下的各项教学研究。

  教学改革和教学研究的动因或推力在于课程改革。上海在没有承担课程改革试验的任务前，教学工作主要根据全国统编教材，开展教材教法的研究和改革。自 1988 年启动课程改革，初期面对经济发达地区的课程改革试验，其后又承担教育综合改革实验区的基础教育课程改革系统工程，重心逐渐转向课程及其改革的层面。由于教学处在学校教育的中心地位，以课程改革为核心的教学研究和改革自然成为学校教育改革的重要内涵。

第一节　教学是课程实施的中心工作

确立教学在课程实施中的中心地位，一个重要任务是要还教学以育人的本质属性，站在素质教育的视角，完整地理解教学的真谛。

一、教学价值的转变与提升

在应试教育模式的长期影响下，教学几乎与"育分"画上了等号，学校教学与德育似乎成为分离的两个领域。在多数学校的领导班子中有分管的"教学副校长"和"德育副校长"，一些规模大的学校还安排有"行政副校长"，在实践中各成系统，如图4-1所示为一般通式。在行政分工背景下，教学的育人功能片面化了。

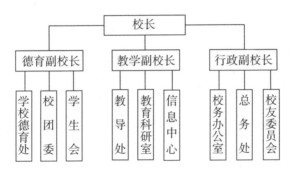

图4-1　学校行政分工管理通式

针对上述这些现实问题，上海在推进中小学课程改革初期就对学校教学工作重新提出了要求。1991年秋季开始进行课程教材试验，分别在60所中小学进行整体改革试验，在10个区进行单科教材试验，涉及学生近14万人。针对试验中对教学工作存在的问题，1992年4月召开了有千余校长参加的上海市中小学教学工作会议，提出以素质教育为核心，全面梳理了教学与教育的关系、教学与课程的关系等核心问题，深入推进课程改革。

在1992年4月上海市中小学教学工作会议后，上海市教育局教研室开展的工作有：(1)以课程教材改革为中心，建立新的课程教材体系；(2)建立上海教学研究体系，吸收国际新教学理论，完善教学研究网络；(3)建立上海教学管理与评价体系，促进管理现代化，评价科学化。

　　为完成上述工作,市教研室还进行了一些课题研究:(1)"上海教学现状与对策的调查",全市有 21 个区县参加,以了解实情,为教学改革探路;(2)从上海市长期的教学经验中搜集、筛选,印发了各门学科的教学经验汇编和选编;(3)将一系列教学工作的文件进行修改,作为今后教学工作的规章制度,以抓好今后的教学常规管理;(4)研究并出版了各学科新的教学目标,引导教学从发挥教育的功能上找到新的定位;(5)研究修改并制定了上海中小学教学改革研究工作的发展规划。

　　这些课题研究的一系列成果,系统解答了课程改革背景下教学功能如何回归教育本质的跨世纪实践难题。首先指明,根据调查,对照课程改革的理念,摆正教学与教育的关系,是一个必须解决的问题;其次,在基层实践的层面,已经积累了一些体现或落实正确教学观的经验,这是一个能够解决的问题;再次,从目标指引的角度,指导学校教学正确实施课程,建立发挥学科育人功能的机制;最后,从全面落实课程改革目标,强化教学的教育性出发,制定规划文件。

　　关于"教学与立德树人的关系",上海首先从加强德育方面思考,建立了一个新的思想品德教育体系,这就是"三线一面"和"三位一体"。"三线一面"是指,"思想品德""思想政治"等学科为一条线,教给学生必要的知识、立场、观点、方法,作为行动的指导;校会、班会和团队活动为一条线,让学生在集体活动中自己教育自己;社会实践活动为一条线,让学生在学工、学农、学军和社会考察中感受社会实践的教育;各门学科、各项活动为一个面,隐含各种思想品德教育。"三位一体",即努力把学校教育、家庭教育、社会教育"三位"有机地结合成一体,共同对学生开展教育。整个思想品德教育体系,都要力求符合学生的年龄特点、贴近生活实际和社会实际,加强针对性、生动性和实效性。

　　上海在 2006 年又提出通过"两纲"教育来深化学科教育的课题,从民族精神和生命教育两方面,分指标落实到学科教学之中,新辟了一个实施渠道。2012 年,进一步提出了要科学地挖掘学科对学生核心素养培养的价值所在,以学科的多维核心素养作为增强学科育人目标功能的基础保障,使学科建设的品质有了更加明显的提升。

　　重新发掘教学的教育价值,强调用学科育人的内涵来建设学科,是对学科的功能回归,这是因为育人是学科的本质属性,学科育人的视角具有时代性与社会性,学科育人的维度取决于学生作为人的"德、智、体、美"多元素质结构。把学生作为"人",学科的功能落实在"育人",是认识教学与教育关系的新视野。

应该说,学科育人的正确观念和课堂效益正在逐渐清晰。但同时,一些片面的、表层的理解也值得关注。例如:将学科育人等同于学科德育,只讲学科育德,不够全面;将学科育人仅看作备课、上课要落实的任务,而对作业、评价等环节则不考虑;将学科育人仅看成是课堂教学中的要求,而对学科教学的其他渠道、学科建设的其他方面没有关注或重视。所以,原来一些单维度、单方面的学科育人观都有偏颇性,学科价值的育人观需要在新的视野和视角中重新认识,将其从"育分"围城中解脱出来,在学科整体建设的层面进行体系性的重构。

以"育人"作为最终追求的学科建设,就是要以学生终身发展的理念,关注学科体系的全面响应和全面考量。其一,是学科思想的建设,突出学科的"核心素养",学科都要具有自身育德、育智、育体、育美等方面的功能价值。其二,学科内容的建设,要从"育人"的目标出发研究教材、调整教材、补充教材,根据校情与学情细化课程标准,建立具有育人新功能的内容体系。其三,教学范式的建设,要激活课堂的生命体,将课堂看作学生的生活场所,师生相教相学、教学相长和对话的场所,成为一个真正的学习共同体。其四,学科资源的建设,要按照育人的目标与要求,不断积累优质的教案、优秀的课例、有效的作业、鲜活的课件、充满情感的辅导资料、体现绿色指标的评价等。其五,学科教研文化的建设,要改变原来只重视教学内容与方法而忽视教学对象,加强对学生、对学习的研究,建立回归学科教育本质的"以学定教"的教研文化,由此推进教师专业发展的新标准,使"学科育人"既"育生"也"育师",培育具有教育家眼光的学科教师队伍。

二、教学改革新理念下的上海行动

基于社会转型和知识转型的教育大背景,教学改革的思想和走向已成为必须重新思考的课题,首先需要强调的是理念的更新。根据上海课程改革方案的导向,在教学改革方面应实现五个基本转型。

(一) 教学目标从偏重为升学奠基转向为学生终身发展奠基

这一转型的根本意义,是落实从中小学应试教育向素质教育的转型要求。从当代的升学机制看,考试评价还没有摆脱唯分数为主要依据的局面,教学目标注重知识传授也是一个事实。但今后学生进入一个知识爆炸的时代,知识更新日益加快,要学生适应终身学习社会的生存与发展,必须重视对学生学力的培养,联系到具体教学,即要关注三维目标(知识与技能、过程与方法、情感态度与价值观)的落实。

（二）教学内容从注重统一知识转向使内容适应学生需要

需要尊重学生的多元差异，包括其知识基础、智能结构、兴趣爱好、发展性向等均有不同，学习的需求也就会有所不同。社会也需要多层次、多规格的人才结构，以往教学内容一统的局面已经不适合这个时代和学生实际的需要，增强对教学内容的弹性处理，让学生学习最需要而又不相同的知识内容，是后工业化时代的必然选择。这一理念的建立对教师处理教学内容带来新的挑战。

（三）教学方法由教师传授转向以学定教，注重学习经历

大数据时代标志着一个现成的知识或结论都可以从网络上直接得到，而学生缺少的是实践体验为标志的学习经历。为此，教师要从单一的讲解、单向的提问转变为师生多向互动，让学生参与实践、自主探究、合作交流和阅读自学，从重教转变到重学、多提供学生独立思考的时间与空间。教师必须注重对学法的研究和学习策略的研究，来适应数据化时代的教学要求。

（四）教学手段由传统教具板书转向与信息技术整合

如前所述，在信息技术发展带来的大数据时代，人们的信息素养将更能决定国家与民族的"实力"。教学手段注重教学过程与信息技术整合，是一种世界潮流。培养学生的信息素养，诸如信息的获取、检索、表达、交流等技能，包括以独立学习的态度和方法，将已获得的信息用于问题解决、进行创新思维的综合信息能力等培养，必须在具体教学中得到落实。

（五）教学评价从统一笔试转向激励健康快乐成长的多元评价

有效的评价必须针对目标。因为教学目标的多维特点，决定了评价不能只是注重知识的掌握与运用，不能只是一张试卷上的成绩。要关注由"三个维度"组成的学力提升，注重对素养的综合评价，这是学业评价领域转型的基本要求。在具体评价的方法、途径和评价主体等方面，以激励学生健康快乐地成长为宗旨，走向多元评价，同样是现代教学提出的转型要求。

在推进教学改革理念落地的探索中，上海注意教学常规的改革和建设，借助课题研究为先导，提高针对实践问题深化改革的品质。在市教委教研室层面开展的教学改革课题从新课程实施后几乎每年不断，有的还属于教育部基础教育司立项的课题，如"低幼衔接教学"的研究、高中课程结构与管理的研究、高中

课程结构的评价研究等;更多的是专题性的研究项目,如小学语文、数学关系双峰避让的实践研究、初中预备班因材施教问题的研究、初中开设综合文科和理科的实践研究、学生素质结构与素质测试的探索、学生学习潜能的研究、课程评价、教学评价等研究、教学管理信息化研究、艺术教育体系研究、教育与生产劳动相结合研究、学校图书馆如何为教育改革服务的研究等。1997 年开始启动新一轮课程改革时,市教委教研室又和华东师范大学一起组织了"关于发展性学力和创造性学力的研究""面向 21 世纪中小学新课程方案的研究"等课题,并组织"关于加强课程与信息技术整合的指导意见"等专题研究,以及各学科开展了《教育改革和发展行动纲领》的研究等,在世纪之交的上海掀起了一个面向新世纪课程和教学改革研究的高潮。

在系列研究的基础上,根据课程改革的实施要求,着眼于教学常规管理改革的需要,上海进行了两次有关教学文件的修订和推行。其中,1994 年根据"两类课程、三个板块"课程结构及其实施要求而修订的教学文件包括:《校长和教导主任领导教学的几点意见》《关于教研组长职责和教研组建设的几点意见》《关于加强教学常规的几点意见》《关于加强理科实验教学的几点意见》《各学科改进课堂教学的几点意见》《关于实施选修课程的几点意见》《关于实施活动课程的几点意见》等。到 2002 年,根据新一轮课程的改革特点和要求,修订的教学文件包括:《关于加强中小学课程管理的若干意见》《关于加强中小学教学常规的若干意见》《关于加强中小学校本教研工作的若干意见》《关于中小学拓展型课程实施和建设的若干意见》《关于中小学研究型课程实施和建设的若干意见》《关于改进基础型课程课堂教学的若干意见》等。这些教学文件由上海市教育委员会颁发。

上海有关中小学教学工作的文件是规范课程实施的指导意见,广大基层学校和教师在这些文件精神的指引下,落实"教学是学校教育中心工作"的要求,开展相关课程的试验和推行,使教学工作沿着新课程改革的方向健康发展。

三、探索教学基本环节的改革与创新

在推进课程改革和教学改革进一步深化的同时,上海充分重视整个教学系统各基本环节的改进和创新。上海关注的教学环节如"备课""上课""作业""辅导""评价"等,都需要针对新的课程改革要求,落实教学的改革理念,将改革落实到行动中。上海对备课、上课、作业、辅导和评价等教学基本环节提出如下五

方面要求。

（一）从分析学情到教学设计，实现重心下移

实现教学重心由教向学的下移。这里说的"重心转移"包括三个方面：一是重心由教师转向学生。根据"以学生发展为本"的理念，在教学系统中，教师是服务者、指导者，而学生是真正的受益者和教学质量的体现者，所以教师应该以学生为标杆来进行备课，这就符合了新课程的要求。二是重心由教材转向"学材"。教师处理教材符合现代教学要求的着眼点，是将教材化为"学材"，化为学生可学懂知识、学会学习的"学程"书本，将教材知识转变成让学生实践体验的学习任务，更多地体现为学生自主学习、合作学习的指导书，这也是备课的新视角。三是重心由教法转向学法。教法应该服务于学法，教法研究应该服务于学法研究。有关学习论研究成果，对学习过程与方法的认识，已经在行为主义、认知主义基础上产生了建构主义、多元智能等理论。学习方式在原有接受学习、发现学习等基础上，产生了研究性学习、体验性学习、反思性学习、合作学习等。这些都需要在备课中得到体现。

备课面临的问题主要是研究学情与教材以及教学设计的科学合理。对学生整体基础和学生间差异进行分析，是对学情分析的重点。学生的基础主要是指学力的基础，包括知识技能、学习习惯与方法、学习态度与学习动力等方面。学生的群体差异和个性特点是备好课的基础，要通过"懂学之义""通学之道""循学善导"等几个步骤进行学情研究。而教材的基本要素有三个：一是教育价值，或者通俗地称育人功能；二是知识关系，通过知识点之间的结构分析，解读其呈现规律对学生认知规律的响应；三是核心知识，是指一个单元中必须掌握的核心概念、重点基础知识和基本原理等。

备课要注意为上课的不确定性留有一定余地，体现教学策略和教学机智的教学思想。从教学策略上看，主要是在备课时先预设几种可能情况，当出现一种情况时，有相应的策略应对；从教学机智上看，主要是在备课时就要注意根据学情，设计具有一定弹性化的教学方案，来响应课堂教学中师生之间和生生之间有效互动的生成过程。

为生成留余地的弹性化备课，要着眼教学的多个要素，包括教学目标、内容、方法、练习和评价等。例如：设定教学目标，就不仅局限于知识与技能，还应该涉及过程与方法、情感态度和价值观等维度；目标应该有弹性，要尊重学生之间的差异,体现"上可不封顶、下要保底线,要求有层次、对象不固定"的原则,使不同学生都有相应努力目标,而且可以动态调整。还比如教学实施过程设计,要注意为学生的主动参与留下时间和空间,以及练习作业的设计等,都要为教学中的动态生成创造条件。

（二）构建和谐的学习共同体,落实"以学定教"

成功的课堂教学需要将主动权还给学生,体现"以学定教"的要求,在操作上,包括"先学后教""多学少教""以学评教"。师生之间要提倡教学互动、教学民主、和谐课堂。为此,相关的要求应贯穿于教学的全过程。

1. 重视有效导入

上课伊始精彩而有效的导入,能迅速把学生带进一个与教学任务和教学内容相适应的理想境界,创造与教学情调相融洽的课堂氛围。导入的方法是无限的,但必须符合有效导入的原理:第一,符合教学目的性,提高导入效益;第二,符合教学内容本身的科学性,不能影响效率;第三,学生学习富有启发性,讲究导入效能;第四,根据具体课型的需要入手,使导入具有针对性;第五,导语短小精练,简洁明了,具有新颖性与趣味性。

2. 创设教学情境

当学生置身于特定的教学情境之中,使客观环境、主观能动紧密结合,相互促进,就可以有效提高学生的学习兴趣。要使学生自由地入境入情,亲身体验,或形成一定的问题,或产生积极的情感,或激发对学习的兴趣和动机,或理解教师的期待和自己的职责。学生在这个阶段会感悟真实的知识结构,体悟情感的发展历程,甚至还会领悟或想象学习材料以外的丰富世界,以切身感悟到教学过程包含的丰富信息,课堂教学就会产生更理想的效果。

3. 讲究教学策略

教学策略针对的是教学结构与程序的实施,还应该是对教学过程的整体性思路,如:(1)内容处理的策略,包括选材、调整、组合、分层和补充等;(2)组织教学的策略,包括教学班的组织,学习小组的划分等人员组合的具体策略;(3)选择方法的策略,包括优先调动学生的学习积极性,参与教学、平等合作,营造和谐氛围等;(4)运用手段的策略,要针对学生尽量采用最简便而又最先进的设施、设备和技术,进行有效利用。

4. 巧用问题启发

教师在教学过程中的主要任务,是为学生提供一个"脚手架",一个支持他们进行研究的框架,以便促进学生的探究活动和智力发展。实施中有几个环节:(1)把学生置于问题情境之中;(2)组织学生进入研究准备;(3)帮助学生进行独立或合作的研究;(4)呈现和展示学生有形的(录像带、模型、计算机程序、多媒体软件或书面报告)研究成果;(5)分析评价问题解决过程。

5. 有效利用技术

要注意五点:(1)要创设学习情景,激发兴趣,培养学生的创新意识;(2)要注意变静为动,扩大视野,突破教学重难点;(3)要集中有利信息,加大教学密度;(4)要让学生主动参与学习,优化教学过程;(5)对教学技术的运用思路和方式,应该要体现课程改革和教学改革的要求。

(三) 根据课程标准体现层次选择,优化作业体系

要改进作业,实现作业的有效性,从观念的层面上看,主要是要明确要求,能自觉以课程改革理念来指导作业改革的实践;从实践的层面来看,主要是关于作业设计、布置、批改、讲评的技术性问题。

作业的功能主要有两个方面:一是对学生而言,作业是课堂学习内容的巩固和运用,体现了学习的过程,充分显现课堂教学中三维目标的落实,使学生强化和巩固课堂所学知识和技能,培养和提高实际运用能力;二是对教师而言,作业是检验课堂教学效果的手段,是有效调整和改善教学内容、教学方法的基本依据之一。作业设计有一个原则,就是必须与学生的学习实际紧密相关,与教学目标一致。

建立课堂作业新体系包含设计和实施两个方面。(1)创新作业的设计思路。将知识立意转向能力立意,并根据新课程要求,逐步增加新的作业类型:一是探究性作业,如鼓励学生的问题生成,针对某目标任务设计完成任务的步骤方案,或对一定的信息作出合理的说明或解释等;二是开放性作业,包括"一题多解"式开放,以及过程方法和答案等层面开放;三是体验性作业,应该把握好"程度适当、条件许可、全员参与、随机应变"等原则。(2)实施新的作业操作系统。优化作业的操作系统是有效实现作业的设计思想和成果转化的根本。作业操作的环节主要是作业的布置、批改和讲评这三个方面。布置什么样的作业和如何布置、怎么批改作业以及对学生作业进行怎样的讲评,这些问题要在今天的背景下进行讨论并明确要求:一是作业的布置,要有差异。有差异地布置作业,让学生都有适合自己的作业,是对学生尊重和支持。二是作业的批改,要重过程。作业的批改不能只给学生一个对或错的结论,而应该加强对作业的分析过程。在分析作业的过程中捕

捉到思维的痕迹,了解学生在解答作业中思维的水平与质量,了解其中的问题,以便在教学中加以改进。三是作业的讲评,要有导向。学生期待的是教师能对其作业有客观的评价,对其存在的问题或不足能有科学的分析与指导。所以,讲评作业的价值在于为学生的进步与发展作导向。

（四）尊重个性的关爱与指导,关注非智力因素

辅导学生学习是教师的天职。古往今来,教师就以教育学生会学习而立身。在学生遇到学习困难、不明学习方向、丧失学习信心时,教师自然地给学生送上有针对性的辅导,这是作为教师的基本岗位职责。但随着时代的演变,技术的进步,社会的发展和课程的改革等,学生的学习方式和学习动力都在发生变化,学习的困难与发展的方向也会发生变化,辅导就产生了一个与时俱进的要求。

对教学辅导,有两个需要考虑的方面。其一,改进辅导的策略问题,包括：(1)对辅导对象(学生)的解读策略。当今学生的几个特性,如差异性、可发展性、高起点性和欠稳定性,隐含了多元智能和时代发展的规律,需要分类解读分类辅导。(2)辅导内容的分析策略。不同学生在不同方面存在的薄弱点,是辅导内容的基本指向,辅导时,智力因素与非智力因素兼顾,特别对学生学习兴趣激发、习惯培养和人格完善的重视,是最有效的策略。(3)辅导方式的选择策略。具体的实施策略应该因人而异,这个"人"既指教师,也指学生。(4)辅导时间的安排策略。具体包括课中的辅导、课外的辅导等,但对部分学生应体现全程关注和辅导。其二,要科学处理教学辅导的几个关系,包括课内辅导与课外辅导、集体辅导与个别辅导、现场辅导与远程辅导、知识性辅导与方法性辅导、"双基"辅导与心理辅导,以及教师的辅导与学生接受辅导等。

（五）注重多元,促进健康发展,实现评价增值

针对学业评价存在的只注重死记硬背的内容、只注重书面测试、只注重分数名次排队、只注重终结性评价等问题,评价改进需要关注的方面是：(1)在评价的价值取向上,体现教育性和发展性,旨在引导、教育,促进学生全面而富有个性的发展。(2)在评价内容上,体现全面性和综合性,全面关注学生在德、智、体、美诸方面素质的发展状况和发展水平。(3)在评价主体上,体现多元化,教师、学生自己、同学、家长都是评价的主体,在多主体评价中重视发挥学生自评、同学互评的自我教育、同伴互动、促进反思、引导交流、共同提高的作用。(4)在评价实施中,不仅重视终结性评价,更注重过程性评价,使评价过程成为教师对

教育教学状况诊断、反馈的过程,成为学生自我教育、树立自信、走向成功的过程。(5)在评价的方式方法上,倡导定性评价,注意定量评价与定性评价的结合。最终,以公开的评价要求,激励学生健康快乐成长,实现评价增值。

当然,关于形成性评价与终结性评价、特长评价与全面评价、定量评价与定性评价、传统方式评价与现代化手段的评价,以及对评价的再评价与评价的增值等关系或问题的合理处理,还需要校本化探索。

第二节 课堂是课程实施的基本阵地

学生在学校的学习生活主要在课堂中度过,课堂的教学活动是学校教育的基本渠道,课堂是学校教育的基本阵地。课程改革关键要看课程实施的改革,而课程实施的基本渠道也是课堂。为此,课程改革和教学改革关注课堂,这是最自然和必然的道理。

一、课堂教学理念与功能的转变

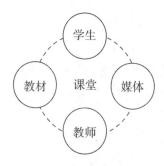

图 4-2 课堂的四个要素

课堂的组成要素,主要有学生、教师、教材、媒体四个方面(见图 4-2),课堂教学的基本关注点,其实就是对四个课堂要素的现状审视和问题分析。课堂转型是基于社会转型、知识转型和课程转型的推动,在这些上游因素的影响下,课堂教学的理念有了转变,对课堂功能的认识有了新的发展。

学生和教师都是课堂中的生命体,都是最具主动性或能动性的要素。传统的认识是:学生是课堂中的主体,教师是课堂的主导。但在信息化时代,学生的知识来源日益丰富,教师与学生在信息获取层面的差异在日益缩小。由此可见,课堂中的两个生命体角色定位正在发生变化,很可能就是同一个学习共同体的成员。这种观点得到上海大多数学校和教师的赞同,并在教学的实践中努力践行。而作为课堂要素的教材(学习内容),也正在从以往"神圣"的高台上得到功能的回归:教材更主要的是课程的载体,不是普适到所有学校和学生,而是在课程实施中需要校本化处理的一种资源,教师与学生都是教材校本化的决定因素。另外对媒体的作用正在从创设情境的视角进行理解,在大数据时代,媒体的类型与功能都在成为影响师生思维的"催化剂"。为此,课堂四要素正在向融为一体的方向发展变化。

通过这些理念的引领,课堂已经向回归育人功能的本原演进。在体现"以人为本"的思路下,营造"和谐课堂"渐渐成为教师实践教学改革的共识。有教师提出,今天的课堂要走向"和谐",就应该实现几个"变":变"封闭"为"开放";变"预设"为"生成";变"发问"为"对话";变"句号"为"问号";变"苛求"为"包容";变"指令"为"鼓励"。课堂功能从"育分"转向"育人",和谐课堂下的学习共同体建设,是课堂新理念的实践追求和行动体现。

二、关于课堂教学基本范式的审视

课堂的形态往往可以从范式或模式的角度进行分析,不同的课堂理念有不同的价值观,形成不同的范式追求。在课程改革和教学改革的不断深化中,这个课题同样摆在了教师的面前。

基于不同的理论,对课堂的教学范式或模式的通式解释有多种,上海在实践中比较认同结构—程序的观点,认为教学模式是为达成一定的教学目的,在一定的教学思想指导下,通过一定的教学实践而逐步形成、相对稳定的教学活动结构和程序,能体现一定的教学理论和教学经验。对结构—程序教学模式内涵也有相应的理解(见图4-3)。

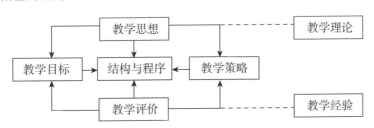

图4-3 结构—程序教学模式的基本解释

图注:教学模式的上位是教学理论,下位是教学经验,核心成分是教学结构—程序,其基本组成要素主要包括认知流程、能力流程、组织形式、方法手段等,这些要素必须相互关联,有一定的衔接和响应,既要有纵向环节的进程,横向也要有机配合,并形成一种结构与序列的形态。为便于操作和具体说明,需要说明相应教学策略和教学评价,并指向结构—程序的一定部位。

这里，教学思想显然是决定教学模式价值观的关键因素，同样也引出了对于素质教育观念下课堂教学模式的讨论。以素质教育观念为引领的课堂教学模式具有五个特征：(1)"以学生的素质发展为其目标之根本"，即首先表现在教学模式的功能目标上，着眼对学生的综合素质的培养，包括知识、技能、方法、习惯、态度、心智、人格等方面的指引。(2)"以学生的学习活动为其结构及程序之主体"，要根据学生来决定学习起点、选择学习内容和方法途径，让学生成为课堂的主人，教师的指导和责任在于为学生的学习活动提供帮助和服务。(3)"以鼓励创新和加强实践为其主题设计之重点"，鼓励学生增强创新意识，培养学生创新能力，教学模式应该具有一定灵活性、开放性和可变性，有利于学生开展发散思维、求异思维，允许并鼓励质疑、提问、标新立异。(4)"以面向全体和照顾个性为其基本策略"，显性的标志是内容安排的弹性和可选择性、教学组织的小组化设计以及教学评价的多元化等。(5)"以民主性和开放性为其方法和评价之特质"，包括和谐的师生关系、民主的教学氛围，重过程而不重结果的教学处理，以及评价的着眼点在于学生的未来发展，对学生的能力倾向有开放性和后瞻性的鼓励。

上海对课堂教学模式的这些探索，为学校落实素质教育奠定了较好基础。

三、对于教学模式的建构和运用

建构教学模式需要明确教学模式的共同特性和功能。

(一)教学模式的共同特性

教学模式尽管类型不同，但有一些共同特性，具体包括：(1)结构完整性。都有一定的指导思想、主题表达、教学目标、教学的结构与程序、相应的教学策略和教学评价等最基本的要素。(2)功能独特性。针对特定的应用目标、条件、范围，才会产生预期良好的教学效果。(3)表达简约性。多以十分精练的语言、象征性的图像、明确的编码符号去概括和表达教学过程，可使得那些凌乱纷繁的直接经验经过梳理归纳而理论化，又能够使一些比较抽象的理论有一个更具体的、简明的直观性框架来反映。(4)效力优化性。教学模式是经过教学实践检验，在一定时间、地点、条件下能取得较好效果的框架，因而具有整体优化的功能。(5)可操作性。教学模式是一套程序和完整系统，应用教学模式在一定意义上说,是依据一定结构程序和规则来从事教学活动,表征了教学模式的可操作性。(6)框架稳定性。因为教学模式不是从个别、偶然的教学现象中产生出来的,而是从大量教学实践和教学经验理论中概括的,或者是一种成熟教学理论在操作层面上的体现。(7)指导创造性。一是教学模式有一定的弹性,对有关各学科具有普遍参照的作用;二是教学模式具有许多可生长点,可以产生许多变式,或在原模式的框架内增加若干节点,甚至还可以引导研究新的教学模式。

(二)教学模式的功能

关于课堂教学模式的功能,不同流派的观点也不尽一致。上海在学习吸取各相关学者的理论基础上,从指导实践的角度梳理了教学模式的四个实践功能(见图4-4):(1)指导教学设计。参考教学模式及其功能目标、结构、程序的特点,结合教学内容和要求,进行具体的课堂教学设计,以优化教学过程。(2)预测教学结果。可以推断学生能达到的知识与能力上的目标,而成为教学评价的一般依据。(3)改进教学方法。可以改进教学过程的方法体系,使教学成为一种有序化和科学化的过程。(4)激励教师自我培训。一方面,教师积极创造新的教学模式,提高自己的教学理论层次;另一方面,根据教学模式的一般框架和思路,教师在选择和运用教学模式的过程中研究和创新,成为提高教师业务水平更有效的途径。

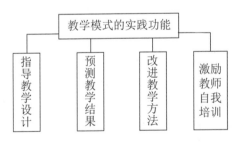

图4-4　教学模式的实践功能示意

教学模式的建构同时也体现其理论功能,使教学模式本身作为理论与经验的中介,也指导了教学模式的建构思路。教学模式的具体表现为两方面:(1)验证和完善有关的教学理论。由理论演绎而研制的教学模式是一种假设模型,必须得到实践的验证才能确定教学模式具有的价值。所以,教学模式研制和试验的过程及其结果,事实上是对原生理论在应用层面上的验证,同时也在实现对理论的完善。从另一个角度看,这正是模式建构的一个方法论。(2)将有关教学经验提升到准理论。总结典型经验经归纳而研制的教学模式,其建模过程就是一个将实践加以理论化的过程。各种个别教学经验经过逐步的总结概括和系统整理,通过教学模式的建立与试验,而向理论层面发展和提升。在上海,有些教学模式就是在这种状况下提出的,如在愉快教育实践中延伸出愉快教学模式,在成功教育实践中延伸出成功教学模式等。

四、教学策略和教学风格的形成

如何理解教学策略?有的学者认为,"教学策略是教师在教学过程中,为达到一定教学目标而采取的一系列相对系统的行为"。也有人认为,教学策略是实施教学过程的教学思想、方法模式、技术手段三方面动因的简单集成,是教学思维对其三方面动因进行思维策略加工而形成的方法模式。总之,教学策略是以一定的教育思想为指导,在特定教学情境中,为实现教学目标采取的不断调适、优化,使教学效果趋于最佳的系统决策。所以,以教学模式为基础,但不要僵化模式,而要根据教学思想在课堂中依照学情不断调整教学行为策略。

如何运用教学策略?运用的原则是提高教学效果,要遵循一定的教学规律,采用相应的方法和手段,以尽可能少的时间、精力、教学设施的投入,取得尽可能多的教学效果,实现特定的教学目标。教学有效性包含三种含义:一是效果,指教学活动结果与预期教学目标的吻合程度;二是效率,指有效教学时间与实际教学时间之比;三是效益,指教学活动的收益、教学活动价值的实现。

上海在推进课程改革和教学改革中,着眼素质教育的要求,从提高课堂教学的有效性考虑,组织教研人员和教师参考上述要求,开展了有效教学策略的主题研究,并收集和编辑了教学模式和教学策略的若干经验,启发广大教师有效执行新课程和开展教学改革研究。

在教学策略探索的过程中,许多教师还主动开展了对教学艺术和教学风格的追求,将教学艺术的内涵——"教师达到最佳教学效果的知识、方法、技巧和创造能力的综合表现"同教学改革相结合,探索形成教学风格。

如果说教学艺术融合了多种艺术手段,以多元的信息全方位地刺激着学生的视觉、听觉、触觉等多种感觉器官,以其整体性来发挥巨大的教育教学作用,那么对教学风格的追求是教师教学改革和研究的最完美结果。教学风格具有四个特征:一是教学艺术性,将教学技能技巧运用得恰到好处,给人一种和谐、流畅的感觉,充满艺术感染力;二是教学创造性,在教学内容、教学方法和教学过程组织等方面体现出创造性思维的成果;三是教学实效性,对学生知识的掌握、智能和技能的训练以及思想品德的发展都能行之有效;四是心理品质稳定性,这是教师在长期教学实践中一贯坚持和追求的,体现教师个人良好的心理素质、鲜明的个性以及建立此种教学风格的高度自信心。

可以说,教学风格是一个教师具有成熟性和个性化特征的"专利",是在教师岗位上以教学思想或文化为价值追求的自然结果,在教学风格的背后,其实是一种教学思想的存在。上海的课程改革和教学改革都支持教师根据素质教育的方向努力打造有个性的教学风格,从回归教学育人本原的角度,鼓励教师在专业发展的道路上,以形成现代教学风格为标志,将教学改革品质提到一个新高度。

五、上海在课程与教学改革中对研究性学习的实践探索

20 世纪 90 年代中后期,上海在原来活动课程的实施中开始了研究性学习的探索和实践,主要在 10 所高中开始试验,提升了活动课程实施的品位。随着课程改革的深入开展,上海将研究性学习纳入课程体系进行深度探索,一是在课程结构中设置单独的研究型课程,二是推进各学科在教学中开展研究性学习(改变学习方式)。教育部充分肯定了上海课程改革的这项探索,1999 年要求上海组织了三个宣讲小组,前往全国第一批开展高中课程改革的十个省市进行研究性学习的专题培训。

随后,上海颁发《上海中小学研究型课程实施纲要》,对研究型课程和研究性学习以总目标形式作了价值解读:(1)亲近和接触自然,考察和参与社会,关注和反省自我,获得对自然、社会和自我的体验,初步形成对自然、社会和自我的整体认识。(2)经历问题研究的过程,获得研究活动的体验和经验,初步掌握研究问题的方法;初步具有发现问题、探究问题和解决问题的能力,收集、处理和运用信息的能力,自我规划、自我管理和自我发展的能力,合作、交流和表达的能力。(3)养成科学态度、科学精神、科学道德和人文素养,树

立正确的价值观；发展创新精神,形成合作和分享的意识；具有公民意识和社会责任感。

对保障环节,上海也开发了许多有效的资源。如,开发"2049 上海推广试点项目"的"资料包",资源库由学生用资源库(学习资料和实践资料)、教学支持资料库(教学指导资料和多媒体资料)和网上资料库三部分组成。重点建设学生用资源库,开发了 52 个主题,每个主题编写了 8 课时容量的教材。又如,建立各类教育实践活动基地,包括"东方绿舟"、中小学科普教育基地、上海市爱国主义教育基地等,落实"课程要为学生提供多种学习经历""完善学习方式,拓展学习时空"等理念,为实施研究型课程和研究性学习提供条件支持。

上海还通过展示与宣传推进研究性学习。在上海组织的研究型课程展示会上,教育部基础教育司、上海市政府领导出席并作了鼓励和指导性讲话,推进了研究性学习的实施。同时,许多专题展示活动和成果,上海各大报纸和电视台,以及全国媒体《人民日报》(华东版)、《光明日报》《中国教育报》等也作了报道。上海《文汇报》的"教育家"专栏和《新民晚报》的"桃李芬芳"专栏还专门组织了研究型课程、研究性学习的讨论,向全社会介绍新课程,引起了社会关注并得到了基本认可。上海设立的"研究性学习"专题网站,也为广大学生提供了可借鉴的资源。

第三节　课堂教学评价的改革与创新

课堂教学评价的范围包括教与学两个方面,其价值在于促进学生素质成长,促进教师专业发展和提高课堂教学质量,是教学研究的重要任务和领域。

一、现代评价原理对课堂与教学改革的导向

教学评价是一种价值判断,任何评价的意见都是出于评价者一定的价值观和专业视角。如从学科专家的角度,就会关注学科内容的科学正确性、知识容量的合理性、学生对知识内容以及基本技能的掌握情况,等等;从教学论专家的角度,就会关注各个教学环节的设计与落实,比如教学目标制定、教学内容处理、教学方法选择与实施、知识巩固等情况;从学习论专家的角度,就会关注学生认知过程的正确有效性,包括学习经历的适切性和学习方法的合理性等;从教育学专家的角度,就会关注学生通过接受教学后在思想情感,甚至德、智、体、美诸方面的提高。

在教育评价中,现代评价的一些原理逐渐被上海课程改革接受:(1)增值性原理。评价不仅是对评价对象的价值判断,也不仅仅是一种赋值的行为,而是通过评价指标和标准的提前公布,使之成为对评价内容发挥正导向作用而体现评价的增值。(2)全员参与原理。评价不仅仅是评价者的工作,也是被评价者的需要,评与被评都站在推进教育发展的角度,是利益需要的共同体,所以现代评价支持评价双方共同参与,体现全员评价。(3)模糊性原理。评价不仅仅是以数量来表征所判断的价值,即不以量化为唯一的结果,在指标体系评价的同时,还要有诸如概

括性问题、档案袋等定性评价手段,体现评价信息的结构性互补。(4)形成性原理。评价不仅仅关注终结性,更要关注过程性,实现动态的发展性评价,将评价活动贯穿于被评价对象发展变化的全过程,考察其不同阶段的增量和其他相关形成因子的作用。(5)激励性原理。评价不仅仅只对结果,而更要关注对评价对象以后发展的指导与激励,所以要通过评价及其结果的表达,引导被评价对象看到成就,同时正确认识与目标还存在的差距,知道努力奋斗的方向。

按照上述评价的本质与现代原理,可以明确课堂教学评价的基本指导思想,即要更关注课堂教学是否符合新课程的理念,是否以学生素质发展为本,并达成三个维度的教学目标。同时需要借鉴各种专家或流派的观点,综合考量和应用于评价中。如:对知识与技能,目标维度可能要借鉴学科专家的思路来评价;对过程与方法,目标维度的评价则可以从教学论、学习论的角度来思考;而对情感态度与价值观,目标维度更需要从教育学的视角来考量。因此,可以这样说,能够从上述这些理论视角来进行课堂教学评价,就是一种比较专业的评价。

课堂教学评价的一般思路是判断其有效性,主要考察各个课堂要义如目标、内容、方法、手段、作业等的有效性,以及各要义之间的一致性。课堂教学都需要体现这个意识并争取有这个结果,使课堂教学能体现出有效的价值。

二、课堂教学评价的改革实践

上海在推进课堂教学观察与评价时,首先是借助对课堂教学价值判断的理论流派,考虑影响评价视角的基本因素。对教学最有影响的三个主要理论流派是多元智能理论、建构主义和后现代主义。

多元智能理论主张各种智能只有领域的不同,而没有优劣之分和轻重之别,因此每个学生都具有可资发展的潜力,只是表现的领域不同而已。这需要教师在以促进学生发展为终极关怀的参照下,从不同视角、不同层面去看待和培养每一个学生。

建构主义强调人的主体能动性,即要求学习者积极主动地参与教学,在与客观教学环境相互作用的过程中,自己积极地建构知识框架。人在认识世界的同时认识自身,人在建构和创造世界的同时建构和创造自身。

后现代主义重视多元性和过程性,认为每个学生都具有鲜明个性,教学不能以绝对统一的尺度去度量学生的学习水平和发展程度,要给学生的不同见解留有一定的空间。也就是,在承认多元的基础上,让学生成为知识的探索者和发现者,课堂教学不仅要注重结果,更要注重过程。

由于课堂教学的价值观不同,评价存在几种不同的视角,如关注教师教的视角、关注学生学的视角,以及关注学科建设的视角等。

关注课堂中教师的行为,主要是指教师的基本教学素养,以及提高课堂教学质量的效果。对教师的关注点有:(1)教学思想,主要包括:坚持以人为本,促进人的全面、和谐发展;坚持开放的教学观;坚持学科之间以及各学科与生活的联系;坚持不断探索与创新。(2)行为素养,如:能主动与学生沟通,尊重学生,教学民主等;能激发学生学习兴趣和鼓励学生学习自信心;能以自身行为潜移默化地影响学生。(3)教学设计能力,如:对各教学要素,如教学目标制订、教学内容处理、教学过程设计、教学反馈预测等比较得体,课堂结构疏密有致,各环节衔接紧密。(4)教学基本功,包括基础知识和基本技能等。(5)教学机智,如:注意创设情境,活而不乱;灵活处理偶发事件;控制自身不良情绪,善于和学生进行心灵对话。

关注课堂中学生的学习行为,主要是指学生在课堂教学中多种素养提高或发展的情况,及其具体发展过程。关注学生针对目标的达成度及其过程,还要看学生是否处于课堂的主体地位等课堂情况,包括:(1)学习时间和兴趣,如:课堂中,学生的活动时间应保证尽可能多;学习兴趣能被激发,达到教学共振。(2)学习的方式与过程,如:进行发现式、探究式认知活动;合作交流、参与互动,能联系实际体验知识、感悟道理,思维活跃,活动有效。(3)学习素养,如:善于倾听、理解他人的发言,并能抓住要点;能很好地与他人沟通;能发现问题、质疑发问,发表不同见解,勇于创新、乐于创新等。(4)学习效果,如:基础知识扎实,能力培养落实,形成基本技能,目标达成度高。

关注学科建设的评价视角,主要观察或考察课堂教学学科知识体系的结构性和完整性。

要比较完整地了解课堂教学的情况,必须通过一些途径,借助一些可操作的观察和评价工具来实现。当前可利用的途径主要有现场听课、问卷座谈和课例分析。无论通过何种途径,都需要将一些基本指标改制成一定的评价用具。根据不同视角,评价用具也有不同的形式。对于课堂教学评价的基本用具,上海主要参考的是课堂的关注点,例如表 4-1 的课堂教学教师行为。

上海对中青年教师教学进行评选时,曾使用以关注教师行为为主的评价表(见表 4-1)。

表 4-1 课堂教学教师行为评价表

学校:　　　　学科:　　　　执教时间:　　年　　月　　日　　节次

课题:　　　　　　　　　　　　　上课班级:

项目	教学目标与教学要求(20%)				教学内容与教学组织(30%)				教学模式与教学策略(30%)				教师素养与教学技艺(20%)				整体评价(满分 100 分)			
等第	A	B	C	D	A	B	C	D	A	B	C	D	A	B	C	D	A	B	C	D
得分	17/20	13/16	9/12	5/8	25/30	19/24	13/18	7/12	25/30	19/24	13/18	7/12	17/20	13/16	9/12	5/8	85/100	70/84	55/69	55 以下
																	总得分			
评语	包括教学效果与特长等																			

说明:表中"等第"用打 √ 表示,"得分"用分数表示。

三、实施教师全员评课活动的实践探索

在课程改革全面深入推进中,上海在教育行政部门的领导下,由教研部门和教育技术部门(远程教育集团)合作,在"十一五"全市师资培训项目背景下,实施了 13 万中小学幼儿园教师全员观课评课活动,运用的评价表如表 4-2 所示。

表 4-2 上海市中小学"探索实践"课的评价通式用表

学科:　　　　年级:　　　　区县:

单元课题:　　　　　　　　　　　　　执教者:

项目	内容细目	评价程度(好则分高)					案例依据(突出其表证)
		5	4	3	2	1	
教学目标的制订与达成	三维目标有机整合和"两纲"落实						
	与具体教学内容的有机结合						
	与所教的课型相匹配						

（续表）

项目	内容细目	评价程度（好则分高）					案例依据（突出其表证）
		5	4	3	2	1	
教学内容的处理与拓展	根据学生实际的结构处理						
	对重点、难点的把握						
	对内容适当的有效拓展						
教学过程的先进性与有效性	问题设计与引导探究						
	教学民主与交流互动						
	教学媒体与教具运用						
	训练设计与有效实施						
学习方式的改善	探究性学习的体现						
	合作及交流的参与性						
	联系社会生活实际的习惯						
教学评价的科学性	评价针对目标的全面性						
	评价方式的多元性						
	评价表达的客观性						
主要特色							
总体评价：							

点评者：　　　　　　　　　　点评日期：

为了让中小学各学段和各学科教师都能够观看到相关的课堂教学实录，上海动员各区县共同参与，以录像课的形式提供评价素材。这些素材的具体内容分为三部分：(1)执教者和教学目标简介；(2)课堂教学录像实录；(3)课堂评价参考题。这三部分都以电子化形式提供。这样的电子化课例第一批共有 862 节，故这次全员观课评课活动被称为"862 工程"。

评价教学目标的落实要对照"教学设计"，要注意"知识与技能""过程与方法""情感态度与价值观"三个方面有机整合落实；要将学科落实民族精神与生命教育两个纲要的要求有机体现；要结合具体教学内容、学生实际和不同的课型等。

评价教学内容的处理要符合学生的认知规律。对教材要抓住主线、突出重点、分散难点、安排有序；对教学内容进行合适的选择调整和加工提炼；能选取学生了解的社会生活知识充实教学内容；使全体学生在有限的课堂时间内掌握最基本的学科知识与方法，智力与能力有相应的提高。

评价教学过程要充分关注学习问题的设计与提问，能培养学生的质疑能力、问题解决能力，以及创新精神和实践能力；注意师生之间的交流和互动，体现教学民主，体现和谐的课堂氛围；能注意和信息技术整合的有机与有效，提高课堂教学效率；学习训练能注意引导学生进行探究体验与合作交流。

课堂教学的评价要体现公正性和客观性，注意对全体学生学习行为关注的均衡性和覆盖面，引导学生开展反思与自评；评价用语平和、正确，切合实际；能运用评价手段激励和引导学生改进学习、增强信心、提高效益。

特别要关注学生的学习方式是否有所改进与完善，综合素质是否有所提高。

在运用上述具体评价要求进行观课后的评课中，还建议并指导教师要注意正确把握好如下五对关系。

1. 教学与教育的关系

课堂教学是学校育人的主要阵地，发挥课程和学科的育人功能是课堂的灵魂，所以，科学合理、全面准确的课堂定位是实现有效教学的基础。体现教学与教育的有机整合，首先要有效落实教学的"知识与技能""过程与方法""情感态度与价值观"三个维度目标。上海在"二期课改"中提出各学科要落实民族精神和生命教育两个纲要提出的育人功能，这同样是课堂教学的核心主题之一。为此，一堂好课必须正确处理知识与技能、注重方法与能力的教学目标，同时要注意与情感和责任等方面的培养实现有机结合。

2. 预设与生成的关系

对课堂教学目标、内容、进程、条件等方面的预设是成功的基础。上好一堂课，教师的预设功底不可抹杀。预设体现了一位教师对教学目标、内容、方法、效果追求的价值思想，是长期积累的经验表现。但是，预设也不是一帖"万能药"，原因在于对学生群体的差异性与发展性的预测不可能是绝对正确的。因此，课堂教学还必须重视生成，给学生生成的权利，留有生成的空间，这也是考察教师在理念基础上的灵气与智慧。如"引导学生解答"和"引导学生思考"这两个不同的课堂行为,前者试图让学生接受预设的答案,而后者是给学生方向,同时考虑教学应变,体现生成。一堂好课必然是预设与生成的完美结合。

3. 接受与探究的关系

在有限的课堂教学时间内,让学生以较少的时间了解或掌握较多的前人经验和文化知识,学习效率比较高,这是接受性学习的长处。我们东方的课堂文化中,提倡接受是符合国情包括校情实际的举措,并被证明是有效教学的方式之一。现在的问题是,在前人经验十分丰富并不断增加,知识呈现"爆炸"的态势下,单纯的"接受"在课堂中遇到了不可避免的困惑和尴尬。进入学习型社会,培养终身学习能力成为课堂教学的新任务。出路就在于引导学生改变学习方法,注重对探究的实践体验,包括学习习惯的培养、课堂训练的改进、指导学生学会学习。所以,新的课堂应该是接受与探究的兼顾。

4. 自主与合作的关系

在学生学习的层面,我们很看重学生能够独立思考、独立完成作业的能力和方法,更注重主动性的自主学习意识与行为素养的培养。但是现代社会对公民的要求发生了变化,和谐社会建设注重沟通交流,注重团队合作等素养,这些必须在课堂教学中列为培养要素。合作学习应有基本的要求,包括要有合作的需求,要有角色的分工,要实现成果的共享等,让学生能够感受到合作学习的真正意义。当然,我们没有轻视个体化的自主独立学习,而且觉得应该在自主学习的基础上发展合作学习能力,主张在合作学习中能够担负起个人责任,这就是实现自主与合作的相辅相成。

5. 细节与整体的关系

我们在长期实践中形成的一个传统,就是对课堂教学比较注意观察细节上的科学性、艺术性。我们对课堂教学行为的指标分解,也是表达了对细节的关注。比如:教师对教材的处理,哪些地方是合理的,哪些地方是有缺点甚至错误的;在充实资料方面,哪些是先进可取的,哪些是无意义的;在教具学具的运用、演示实验的操作、教学时间的掌握等方面,观察和评价的视角很仔细。在关注细节,特别是那些有可能影响"成败"的"细节"的同时,更不能忽视整体,特别是课堂教学的整体效果。例如,教师能否根据反馈的信息及时有效地调控学习方式,充分展示知识的形成过程和思维过程,培养科学思维方法、学科基本思想方法和综合素养;在教学过程中,是否指导学生形成良好的情感体验、积极主动的学习态度和正确的价值观。这是一种着眼大局的观察与评价。

总之,一堂好课,就是对照新课程要求在改进中、提高中的探索课,具有在发挥育人功能基础上的学科特征,而不是贴标签;在效率、效益、效能等方面都体现有效教学的要求,而不是盲目热闹的"泡沫课"。

四、"以学评教"——值得探索的一个新课题

"以学定教"需要"以学评教"的响应,所以上海开始进行以下两种评价。

一种是关注学生行为的评价,主要从两个方面反映:一是教师对学生发展需要的满足度方面;二是学生素质的实际发展情况。为此,上海对课堂评价还注重使用关注学生学习过程的基本指标及其程度的评价用表(见表 4 - 3)。

表 4 - 3　课堂教学学生行为评价表

学校:　　　　　班级:　　　　学科:　　　　时间:
课题:　　　　　　　　　　　　　　执教:

关注指标		评价赋值										总体评价
一级	二级	10	9	8	7	6	5	4	3	2	1	
学生享用资源	参与活动时间											对学习结果的总体认可度
	学习资料利用											
	设备技术运用											
学生素质体现	兴趣与方法习惯											
	问题与创新意识											
	合作与交流能力											

说明:本表指标主要指向新课程实施中的重要关注方面;对"评价赋值",视现场满意程度,程度高则分值高。

另一种是师生行为兼顾的评价。鉴于新课程实施中对课堂教学的要求,上海借鉴有关专家的研究,实践兼顾师生课堂行为以及评价依据的思想,这标志着新课程对课堂教与学双方的评价有了新的认识(见表 4 - 4)。

表 4-4 兼顾师生行为的课堂教学评价表

学校		班级		学科		日期	年 月 日
课题				执教		总分[ ]	
学生 60 分	1. 学习方式 0 5 10 15 20 [ ]	案例与评析		教师 40 分	1. 角色把握 0 5 10 [ ]	案例与评析	
	2. 学习水平 0 5 10 15 20 [ ]	案例与评析			2. 环境营造 0 5 10 [ ]	案例与评析	
	3. 学习效果 0 5 10 15 20 [ ]	案例与评析			3. 技术运用 0 5 10 15 20 [ ]	案例与评析	
总体评价：							

说明：(1)本评价表体现评价重心由对教师的关注转移到对学生学习和发展的关注；(2)每个维度评价要有"案例与评析"，考察教学评价思想；(3)本评价表既可以用于教师课后反思评价，又可用于教师相互听课以后进行教学评议和分析。

"以学评教"强调了教师的教学效果最终要体现为学生的发展状态，将评价的关注点转向学生，以学生在课堂学习中呈现的状态，即学生能否主动学、能否积极学、是否会学、学得如何，作为教师课堂教学活动的评价标准。这种探索在目前还仅仅是开始，但一定是改革与探索的方向。

第四节 课堂教学改革案例

在课堂教学的改革中，上海涌现了一些成功案例，有些还得到兄弟省市的认同，体现出可传播、可借鉴的价值，现略举几例。

一、后"茶馆式"课堂教学模式和策略的探索

后"茶馆式"教学是上海市静安区教育学院附属学校（九年一贯制）在课程改革的实践探索中逐渐发展起来的（见图 4-5）。

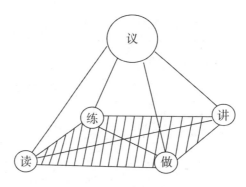

图 4-5　后"茶馆式"教学模式

　　后"茶馆式"教学可以概述为"一、二、三"。"一"即"一个核心":"议"为核心。与自己"议",与他人"议",与客观世界"议"。"二"即两个特征:以课堂教学的两个关键干预因素形成后"茶馆式"教学的两个特征,一是学生自己能学会的教师不讲,二是尽可能暴露学生的潜意识,尤其关注"相异构想"的暴露与解决。"三"即"三个发展":(1)教学的方式更加完善。把有意义的接受性学习称为"书中学";把研究性、实践性学习称为"做中学"。从"书中学"一种学习方式,变成"书中学"与"做中学"两种学习方式结合。(2)教学的方法更加灵活。不确定读、议、练、讲、做等教学方法的教学用时;不拘泥于读、议、练、讲、做等教学方法的应用完整;不规定读、议、练、讲、做等教学方法的操作顺序。(3)教学的价值取向更加明确。以新课程"三维"目标为价值判断,以学生学业效能的高低,进行不同教学方式、方法的取舍。

　　目前,后"茶馆式"教学已在上海市和全国产生了较大影响。对"后'茶馆式'教学"进行网络搜索,全国近 20 个省、市教育同仁有 5 万余条赞誉。三年多,来学校参观学习的中小学校长、教师近 2 万名。经上海市教委批准,后"茶馆式"教学已作为全市中小学教师的培训课程。后"茶馆式"教学在国际上也产生了一定影响。2011 年、2012 年连续两个暑假,学校受新加坡教育部邀请,为新加坡的校长、教师作报告,培训后"茶馆式"教学。

　　在上海课程改革深化的阶段,学校对后"茶馆式"教学模式又作了反思,发现迫切需要寻求能够针对不同学段、不同学科以及不同课型的后"茶馆式"教学的教学方法。认为以一种教学模式或一个方法来囊括所有教学的改革,是没有生命力的。于是,学校从策略层面对原模式进行了不断改进的探索,通过基于实证的循环反思不断提高后"茶馆式"教学模式的灵活性和有效操作性。

　　经过循环实证(见图4-6),不仅达到了项目研究的目的,同时获得了更多意想不到的丰硕成果,特别是教师在研究过程中的感悟。教师自己撰写教学案例,在案例中不仅反思了自己教学行为的改进,更重要的是很多教师把自己的顿悟清晰地展现出来,也成为教师专业发展的新途径。

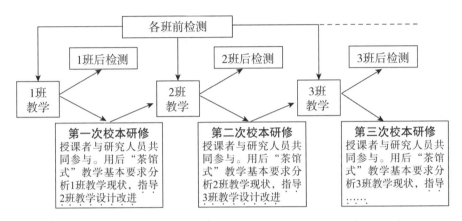

图4-6　后"茶馆式"教学模式改进策略的循环实证流程图式

二、"一对一数字化学习环境下教学互动策略"的探索

　　"一对一数字化学习环境下教学互动策略"是上海市洛川学校的实践探索成果。学校对项目的研究有较扎实的基础和条件,在上海市课程领导力行动研究项目中,学校将研究扎根于以多维互动为特色的新技术环境下的课堂教学,注重课堂教学中的师生参与度和课堂教学的时效性,设计基于不同学科的课堂互动策略,分享典型教学案例,建设师生培训课程,总结有效教学模式,旨在推动新技术与学科课程的深度融合,为不同学校促进教育信息化进程提供可借鉴和操作的案例资料,为促进面向信息化的教师专业知识技能的发展提供可供借鉴和操作的案例资料,为未来普及一对一数字化学习的应用提供实证依据。

　　一对一数字化学习是指每人拥有一台数字化学习设备,并运用这一设备提供的平台与资源,进行有效学习的理念、技术与方法。支持一对一数字化学习的技术有多种,如笔记本电脑、手机、PDA、iPod、课堂即时反馈设备等。一对一数字化学习环境包括支持一对一数字化学习的设施、资源、平台、通讯和工具。它具有信息显示多媒体化、信息传输网络化、信息处理智能化和教学环境虚拟化的特征。

课堂互动是指教学活动要素——教师、学生、教学资源和教学媒介之间的复杂互动,主要包括人与教学媒介互动、教师与学生互动、学生与学生互动、师生与教学资源互动等。课堂互动中教与学双方交流、沟通、协商、探讨,通过调节师生关系及其相互作用,形成以学生发展为本的、由教师和学生组成的学习共同体,强化人与环境交互影响,产生教学共振,以提高教学效果(见图 4-7)。

(一)"情境创设的感知体验"教学互动策略

充分利用网上信息资源,开展质疑、问难和想象,发展创新思维能力。教师注意创造合适的情景,使抽象问题形象化、具体化、直观化,学生学习由外而内、由浅入深、由感性到理性,不断产生兴趣。教师还可以借助信息科技和工具软件,创设虚拟仿真实验环境,为学生提供在现实中无法体验的动态情景,学生在情景中观察现象、读取数据,进行研究性学习。

(二)"框架问题的探究学习"教学互动策略

教师结合英特尔未来教育的项目活动理念精心设计单元和课程,帮助学生发展他们的理解能力。教师在自己的项目设计中设计基本问题、单元问题和内容问题,把大量的知识进行重新组织,激发学生全身心进行探究学习,促进学生创新思维能力的发展。

(三)"引学导练的分层学习"教学互动策略

教师在备课时考虑学生差异性,运用多种媒体数字材料,让学生选择作业,根据学生的需求灵活地安排教学内容。教师及时用数据支撑方法来评价学生,学生在学习的过程中运用数字化学习工具记录学习情况,对比学习前后的数据,教师根据学生的进步来确定成绩。

(四)"融入生活的实践活动"教学互动策略

利用网络学习工具的便携性,为学生在课外开展融入生活的实践活动提供支持。利用学生笔记本电脑无线上网、摄像头拍摄和 180 度旋转触摸屏幕等功能,为学生在网络环境中进行自然体验、社会亲历和交往活动提供技术保障和环境支撑。

技术融入课堂教学后,教学的模式和策略发生了转变,学生的学习习惯和思维的方式路径有了极大改观,学习能力支持了其终身发展的需要。

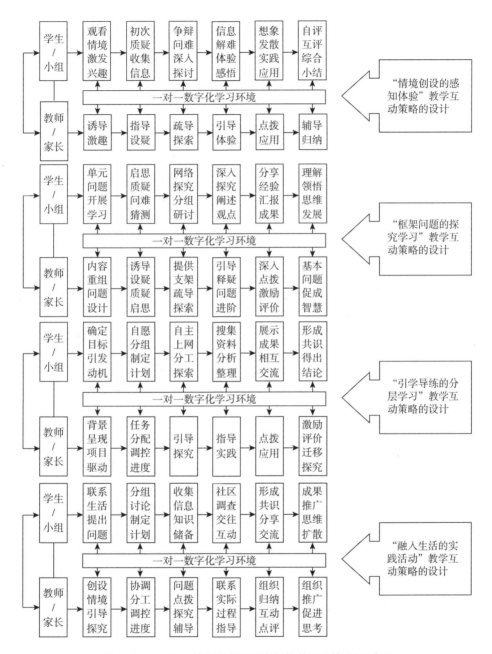

图 4-7　"一对一数字化学习环境下教学互动策略"示意图

三、构建生态课堂的行动研究

生态课堂是同济大学第二附属中学在开展"基于'地球学'的生态课程校本化实施研究"过程中提出的一个课题,经过实践探索有了基本清晰的思路。

学校认为,课堂是教育教学活动的主阵地,是课程实施的主渠道,课堂中如果没有和谐相生、没有开放灵动、没有生机蓬勃、没有真实自然,那么最终将直接影响学生的发展、影响课程实施的质量。所以,希望通过构建生态课堂的行动研究,重构新型课堂教学,构建一个和谐共存的生态课堂,探索适应生态课程实施需要的课堂形态,实现真正意义上的有效教学。

生态课堂是指克服以往灌输式、园丁式教育等一系列缺陷和不足,以生态观的视野关注课堂中的每一元素,重构教育理念、师生关系、实践模式,并以此为基点建构出的新型课堂。它关注的是教师、学生、课堂教学环境之间多元互动的整体关联,而不是其中的任何一个部分或方面。生态课堂的追求目标是让生命实体在良好的条件下自然地、和谐自由地生长发展。因此,生态课堂应当具有主体性、差异性、合作性、互动性和情境化五个特性(见图4-8)。

图 4-8　生态课堂的特征

生态课堂倡导的课堂教学形态应该:(1)在因子关系上,是自然的、互动和谐的;(2)在参与程度上,是主动的、跃跃欲试的;(3)在课堂气氛上,是热烈的、合作竞争的;(4)在教学方法上,是智慧的、机智灵活的;(5)在内容把握上,是生成的、发展挑战的;(6)在学习品质上,是真实的、个性发展的;(7)在教学效果上,是高效的、有实在价值的。

总之,生态课堂是以"生态课程·和谐教育"的课程理念为支撑,以激发学生学习兴趣、开阔学生学习思维、提高课堂教学有效性、提升学生学习生活品质为目标,依据生态化的模式来构建的课堂教学。

这些探索对建立课程改革背景下的新型课堂具有积极意义。限于篇幅,不能再列举更多的探索案例。

第五节　提升区域教研和校本教研的功能

教研工作的开展，无论是区域教研还是校本教研，都必须遵循时代发展对教育教学的需求。所以，有效的教研工作必然是一个动态发展的系统工程，是与时俱进的。它与基础教育的课程改革和发展直接相关，以体现时代发展要求的课程作为载体。开展有效教研是基础教育教研工作的一条主线。

在上海中小学课程改革开始推广之时，上海市教委教研室的主要职责已经转到以课程改革为核心，也就是对区域教研工作的职能作了新的规定，主要有五条：(1)受教育行政部门的委托，组织人员研究、编拟和修订中小学课程教材改革方案、课程标准及各类课程的教材，承担中小学课程教材改革试验与推广的分类指导工作。(2)参与中小学、幼儿园骨干教师的培养与指导工作，负责全市青年教师教育教学研究课题的立项、指导、鉴定和评奖工作，承担中小学、幼儿园教师教学评优活动以及教学、教改经验的总结与推广工作。(3)进行教学和教改的研究，对中小学课程方案、课程标准、教学用书在实施中的主要问题进行调查研究，并提出对策建议；对中小学教学质量进行测试分析和评价。(4)研究和编写中小学、幼儿园教学资料，汇编教学与教改经验和动态资料，开发和研制教学软件及教具学具等。(5)受教育行政部门委托，进行教学业务管理，拟订并落实新教材的出版计划，承担教材编写队伍的管理与建设工作，承担课程教材改革的理论研究、经验总结、信息交流以及有关会议的组织工作。这是随着课程改革成为教研工作的核心以后，对区域教研的功能重建。而校本教研同样有相应的功能体现。

一、以人为本，推进区域教研的内涵发展

在全面推进素质教育和课程改革的背景下，区域教研将面向全体学生、全体教师和全部学校的发展需要。区域教研的理念和工作重点应该有哪些转变？上海对此梳理出如下三点。

（一）坚持"以人为本、服务教师"

教研工作要以教师为中心、以学校为本位来立意，这是推进课程改革、提高

教学质量的需要。教研工作要惠及大多数教师,照顾不同教师发展,就要将教研重心下移到学校,不仅是教研员必须深入学校、深入课堂,更重要的是改变教研方式,把对话、交流、互动的机制引入教研,通过教学教研实践服务教师专业发展。这一理念的内涵有三层意思:(1)教师的专业发展是满足学生发展的基础,为了实现"以学生发展为本",促进教师专业的发展是前提;(2)引领教师发展的一支重要力量是教研员,为了实现教师专业发展,提升教研员队伍专业素养是必要条件;(3)面对新课程,从一定程度上说,教研员与教师的专业发展原点是相近的,建立全新的教研工作模式,以促进教师发展为研究的主体,需要理论和专业人员的共同参与。根据这一理念,中小学教研工作需要有历史性的重大改变。以课程实施过程中教师面对的各种具体问题为对象,需要设立一定的项目,在相应理论的指导下开展行动研究,以解决实际问题为目标,注重经验的总结、理论的提升、规律的探索,从而实现教师的专业发展,以及使新课程向纵深发展。

(二) 贯彻"课程价值的导向"

教研工作是一项有方向性的事业,最核心的方向就是课程改革的方向,所以教研工作应以新课程追求的价值为其导向。

研究、指导、服务和管理是教研工作的基本职能。在新课程背景下,教研工作更多强调的是专业研究、能力指导、实践服务和数字化管理。为此,工作基点要由原来的指令性转变为指导性,工作方式要由原来的重布置、检查、评比转变为重调研、指导、协调。这些要求都必须在新课程的价值平台上实现,新课程以追求"学生素质发展为本"为价值理念,其中包含了四个要义:全体学生的素质发展,学生全面素质的发展,学生有个性的发展,学生素质的可持续发展。聚焦课程,以课程的这些价值理念为基本方向,这是确立教研工作重点的指导思想。围绕这一核心方向,开展以教师(含教研员)素养与行为为对象的研究、指导和服务,实现重心转移,是深化教学研究改革的方向和重点。

(三) 追求"均衡并协调发展"

中小学教研工作面向全体学生、全体教师、全体学校。然而,由于社会、经济、文化发展的不平衡和背景的差异性,学生、教师、学校之间在观念和基础条件等方面都存在明显的差异。因此,区域教研工作面临的是学生、教师与学校基于不同基础和目标的均衡、协调发展问题。

根据这个理念，教研工作需要把着眼点更主要地放到薄弱区域和薄弱环节上来。对农村地区的学校、教师与学生来说，由于教育经费不足，教师专业发展的队伍建设以及实施学校管理体制的优化等要求，就存在的诸多困难而言，需要付诸更多的关注与帮助；而对于薄弱领域，如课程资源的共享、课堂改进的实践指导等，既是实施新课程的需要，也是开展校本教研面临的主要困难，是目前学校教师的普遍急需。因此，促进乡镇或薄弱学校教师专业发展和提升校本教研的质量，推进区域教学质量和教研工作的均衡发展，已经成为新课程实施过程中需要迫切解决的问题。在优化区域教研工作、推进均衡发展的实践中，围绕课程实施中的问题及其解决，上海对区域教研提出并实践了如下三项新举措。

1. 由教学视导到课程教学调研

教学视导工作是集中一个教研机构的全体教研人员，对一个区域或一所学校的教学情况进行全面了解的活动，是能够集"研究、指导、服务"于一体，比较完整地落实教研工作职能的重要项目。针对新课程实施，教学视导是保障课程有效实施、指导学校有效领导课程和教师有效执行课程的一个重要措施。但是，基层学校在接受教学视导时，感觉"视导"的名称本身带有一些"居高临下"的意思，与"以人为本"的理念有差异，但学校还是需要这种指导的。上海在关注到这个现实问题后，就将视导转向调研。上海对中小学、幼儿园等开展的调研，包括课程实施和教学及其研究工作，更具有广泛性。课程教学调研更主要的作用是完善课程实施、教学管理和教学指导的工作。因此，在对一个调研区域、部分学校的调研情况进行总结与分析的基础上，还要考虑到挖掘对其他未调研区域和学校的借鉴价值，使课程教学调研相对教学视导发挥更有效的价值。

按目的和内容，课程教学调研的类型主要有一个专题同一个对象的跟踪性调研、一个专题不同对象的普适性调研，以及一个专题一个对象的一次性调研等几种。

一个专题同一对象的跟踪性调研也可以称为"纵向发展性调研"。围绕调研专题（课程、教学的某些方面），考察这个调研专题的进程与预设的期望目标之间的关系，考察进程的有效性，发现存在的问题，深入分析问题的原因，提出若干对策建议。

一个专题不同对象的普适性调研也可以称为"横向分析性调研",针对某项工作在一定范围或者全面实施的情况,需要在一个阶段后进行考察,可以包括对工作本身的科学合理性考察、对实施者工作操作性的考察,以及对工作过程与结果的可行性、有效性的考察。同样需要发现和分析问题并提出建议。

一个专题一个对象的一次性调研是指对某项工作就某一专题组织一次调研,调研的对象明确是一个,但一般是有一定深度的了解,时间上也可以适当长些,调研的报告中可以有一些案例,需要有实证材料的支持。

2. 由教学展示到网络教研

教学展示活动是一个以教师教学经验传播和提升为目标的群体性活动。一般而言,教学展示的效益取决于计划方案的科学性和对经验展示后继利用的有效设计与实践,组织教学展示活动的着眼点主要是先进教学经验的总结与推介。由于实地组织的教学展示活动的参与面、受益面都有局限,对教学展示的有益资源后继开发利用也存在信息遗失的问题。在这种背景下,对利用计算机和网络平台组成的网络教研(数字化教研)活动的需求就应运而生了。

网络的优势,就在于具有开放性、快速性、共享性和互动性等特点。网络使区域或校本教研都有可能突破时空限制,使得教研机构与教研人员、学校与学科教师能更加广泛地参与,有利于促进教研工作面向教师大众,促进学校教师积极参与教研,从而使教研资源更有效地利用,以更广泛的参与性来推进教研活动的效率与效益提升。

上海的网络教研随着课程改革、教学改革的推进已经取得较明显的成效。在市、区、校三级网络健全、带宽条件不断优化的环境下,无论是借助网络来实现教研信息的快速传递,还是建立电子化的资源共享机制,都有大幅度的提升。而且各学科每学期在全市层面组织的网络教研多有数量要求,将教研活动需要的数字化资源先置于网络,推行共享网络资源与条件下的教研活动,得到教师广泛的参与响应,每次的点击数、上传数、下载数都很大,参与面广,能够覆盖所有区县和学校,并正在成为教师参与教研的一种习惯"生活"。

3. 由研训并列到研训一体

"研"指科研(主要指教研),"训"指培训,在区域中原来分别由两个不同功能的机构承担,但随着课程实施中的问题需要深入研究与解决,上海较普遍的做法是将两者融合,创造性地实施"研训一体"的模式。这是指在教师培训中把教育科研与培训有机结合起来,以教研带动培训,以培训促进教研,促进教师素质提高的同时推进教学质量提高的一种工作模式。

"研训一体"的基础是区域层面的教研与培训机构都属于教师进修学院的体制,有条件从实践中创造和概括出形成推动全员参与的行动模式。教研机构与培训机构密切合作,把教学改革中的问题作为培训内容,对教师实施有针对性的研培。"研训一体"在教师的教育教学实践中进行,将教师的教育教学实践和培训有机结合起来,在实践中探索,在研究中改进实践。

事实表明,"研训一体"以科研为手段,以问题解决为目标,把行动研究与教师培训结合起来,引导教师在研究中提高专业素养。这种模式改变培训与教研的分离状况,切合中小学教师队伍的实际状况,符合广大中小学教师的实际需求,能够满足中小学教师通过参加基于实际问题的研训,来真正解决自己在教育教学实践中遇到的困惑,深受中小学教师的欢迎。

二、丰富实践,做强校本教研的特色项目

所谓校本教研,概括地说,就是为了改进学校的教育教学,提高学校的教育教学质量,从学校的实际出发,依托学校自身的资源优势和特色进行的教育教学研究。也可以理解为,以学校为基地,以教师为主体,以新课程实施中学校面临的各种具体教学问题为对象,关注学生学习生活,挖掘科研潜能,从而促进教师专业成长的一种教研制度。

校本教研的生命力在于学校,可以从五个方面来认识和理解:(1)以新课程实施中的具体问题为对象。教研工作必须将重心下移到学校、自下而上地发现新情况、研究新问题、设计新措施。(2)以学校为基地,以教师为主体。校本教研必须坚持"为了学校、基于学校和在学校中进行"的基本准则。校本教研的主体应该是而且只能是教师。(3)以行动和反思为主要研究形式。校本教研必须"为了行动研究、基于行动研究、在行动中研究",这种行动是教学行动与教研行动的统一体。反思是行动研究的最有效方式和最基本环节。(4)以教研人员的专业引领为支撑。校本教研应加强专业教研人员的引领、参与和指导,避免在低水平重复和同层次徘徊。(5)以系列化的相应制度为保障,建立并健全包括

教育行政部门管理制度、教研部门指导制度和学校组织开展校本教研的制度在内的体系,推进上下联动、系统运作的制度创新。

1997 年,以浦东新区为点,由市教委教研室人员分组蹲点不同学段的几所学校,探索教研重心下移,以转变被动接受区域教研的"输血"和增强校本教研的"造血"功能为目标,进行一年的实践与研究,取得了一定的收获,积累了相应的经验。

在实践中,增强校本教研注意了三个工作环节或工作策略:(1)专业引领。包括教育与课程方面的理论学习,由高校与研究部门课程、教研方面专家作报告,由地区和学校学科带头人、骨干教师带教。(2)同伴互助。包括进行教研组和不同学科教师一起组成的群体,以问题为中心,以课堂教学研究为平台,以公示型方式展示和研讨困惑及收获,实现互助共进。(3)自我反思。主要是教师本身反思自我教育教学的行为,根据教学实录(课例)进行分析,对照先进教育理论进行反思,找准薄弱点来提高自我。

随着学校主体意识的觉醒,校本教研这一理念越来越被广大中小学重视,学校注意确定校本教研在教育教学研究中的主体地位,营造学校"教研文化",开创学校"教研特色"。

对校本教研的深度认识,必然涉及其本质属性,包括其内涵与外延具有的一些特性,这些特性包括自身的本质以及与外部因素的关系。校本教研的内核凸显了校本性、科研性、人本性三个特性,对外体现了牵引性、依托性两个特性(如图 4 - 9 所示)。

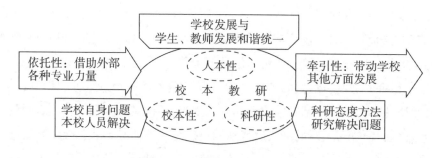

图 4 - 9　校本教研的基本特性示意

对于校本性,最形象的解释就是"为了学校、基于学校、在学校中",学校中的问题最终是依靠学校自身力量来研究解决;科研性揭示了校本教研本质上是一种科研活动,不能是主观想象,也不能随意研究,而要符合科研要求;人本性明确了校本教研的基础是以人本、生本为价值追求,而不能以忽略甚至牺牲师生的发展为代价谋求学校的片面发展或效益。这三个特性反映的是校本教研的内核。但同时,校本教研也不是要实行"关门主义",并不等于可以完全不需要或排斥专业人员以及科研部门的指导,而需要广开门路,提倡借鉴和学习,引进各种专业资源,为我所用,提升校本教研的品质。另外,校本教研还是学校工作的组成部分,尽管教学工作是学校的核心工作,但与学校其他工作是融合在一起的,以教研来牵动学校其他工作的发展,尤其是提升课程指导力和执行力,这是一种基本指导思想。

上海在校本教研的探究中逐步形成了若干比较有效的实践模式,如课例分析、沙龙交流和跨校联动。

课例是指一节完整的课堂实录,课例分析是采用赏析与剖析并举、重在有意义借鉴的一种教研方式,为教师所喜欢并乐于参加。课例分析以有计划、有目标地精选课例为前提。这些课例,既有优秀教师执教的,也有一般教师执教的;既有校内教师执教的,也有外校教师执教的;既有相对成功的,也有存在较多问题的。课例分析,使直观的案例与理论相碰撞,使感性认识与理性认识、理论与实践有机地结合起来。一个完整的课例分析,包括对他人课例的分析到对本人课例的解析,基本流程是评课—备课—说课—上课—评课。这个环节流程显示的是"学习—实践"过程,是一名教师在参与关于课堂教学的团队教研活动中的角色行为。

沙龙交流是一种宽松的校本教研活动形式,容易激发参与活动者的思维,它具有随时随地随人的特点,是学校教研文化的一种特征。它不仅便于发现、探讨、验证问题和经验,也便于快速、及时、直接地指导课堂教学。沙龙交流式的校本教研,可以在同学科教研组、备课组内进行,也可以在跨学科的年级组内进行,更可以在跨学科兼跨年级的一个宽松集体中随意进行。沙龙交流不必像开会那样严肃正规,可以自由组合,气氛民主,任何人都可以很自由地"有感而发""有话想说",没有一个绝对的主持人。其优点是大家可以在说真话、道真情中交流教学中的点滴经验和体会,互相启发,成效甚至超过一些正规的教研活动。

跨校联动是对校本教研的拓展,针对的同样是校本问题,但因为问题带有共同性,能吸引两所及两所以上学校一起参与,共同研究、合作互动、优势互补、资源共享,从而实现学校、教师、学生的共同发展。这是一种新型的校本教研形式。结对联动对于促进校际优质资源共享,促进学校的均衡发展有着重要的意义。在操作上,有五个具体要求:(1)要有目标。学校要把联动教研工作纳入学校规划和学期工作计划,各项目标要适切具体。(2)要有制度。学校之间有明确的带教职责和管理制度,每学期联动工作有计划、有记录、有总结。(3)要重过程。学校、教师能积极、主动、平等地参与联动活动,并通过学习、反思、研究、合作、互动、共享,有效解决学校发展、教师专业成长、学生全面发展中的实际问题。联动主题明确,研究氛围浓厚,联动形式多样,联动过程扎实。(4)要有实效。通过合作联动,学校在某一领域工作有突破、有创新,教师教研主体潜能得到充分发挥,专业水平有提升、有发展。联动体的思想、经验、做法在区域内发挥了重要作用,并及时通过区教育信息网平台、区教研活动平台等得以传播、辐射和推广。教学质量优秀或进步显著。(5)要有保障。联动体学校及分管领导能经常深入联动体,进行协调和管理,并能开展有针对性的以及符合共同需要、共同问题和共同目标的引领与指导。参加联动体的学校能为联动体的活动提供一定的财力、物力保障,使联动体各项工作顺利进行。

三、文化再造,提升各类教研的品位质量

教研文化之所以需要再造,是缘于转型时代的动因。在时代发展进入后工业化阶段,包括社会、知识和课程均出现转型的特征。在此背景下,传统教研文化必然面临需要重新思考的问题,并对课堂文化提出新的要求。

(一) 教研文化再造的动因

从社会转型的视角,人们现在生活在一个知识经济的社会、全球化与数字化的社会、终身学习的社会,这就标志着人类已进入后现代社会。后现代社会的发展,知识创新比知识传承更具有推动力;现成结论均可在网络寻找到,最可贵的是丰富的学习经历;学生离开学校走上社会,原先掌握的知识技能很可能已经过时,需要再学习、再培训。面对着这些新现状,教育者需要重新厘定传承与创新之间、结论与过程之间、智能与"动能"之间的原有关系,需要解决学生在学校教育后能够具有终身发展的素质基础的问题。进入这个

时代,"云技术""大数据"等概念对成年人和未成年人而言是同时到来、同时学习、同时享用的,具有平等性。有些学校的实践甚至还有这样的感受:学生是数字时代的"原住民",而教师是"移民"甚至是"难民","主导"的地位有了一定动摇。

从知识转型的视角,人类正在由"科学(现代)知识型"转入"文化(后现代)知识型"时代,"知识"的性质有了全新的变化,师生面对或教学的知识,都囿于一定的认识水准,仅仅表现为一种假设或猜测,并不是充分的、永恒的"真理"。知识的发展和进步没有最终结论,只是一个个"里程碑"。而教学中,最可贵的思想,是师生都敢于对具体的"知识"质疑发问,在学习的同时埋下创新追求和欲望的种子。哪个民族后代更具有这种思想品质,那个民族就可能是知识发展进步的未来引领者,在未来的社会竞争中取得主动权。而只有师生平等地组成学习共同体,才能促进学生的才智自由发展。

教育尤其是基础教育是一个需要"面向未来"的社会领域。为此,一个优秀的教育者群体一定是一个正视未来要求而不陶醉于传统、善于反思、敢于否定与发展的高智商群体。其中,文化层面的反思是根本的反思。

一个领域的最高境界是其文化境界,教研工作的最高层面就是教研文化。文化有广义和狭义等多种解释:(1)就字面意思大而言之,是一个集大成的东西,是指人类创造的物质财富和精神财富的总和,一般特指精神财富,如教育、科学、文艺等;(2)运用语言文字的能力和一般的知识,如学习文化知识、文化程度;(3)特指某一领域或某一范畴体现的思想、观念、道德和行为规范以及风俗习惯等,如企业文化;(4)考古学上指同一历史时期的不依分布地点为转移的遗迹、遗物的综合体,如半坡文化、仰韶文化。这里所说的教研文化,显然应属其中的第三层面,即作为教研部门应有的思想、观念、道德和行为规范。

教研文化是一个新概念,或者说是一个组合概念,由教(教学)、研(研究)以及文化三个子概念组合而成。这不是一个新课题,在今天教学研究领域中会经常谈起。但根据时代的新召唤,以及面对教研领域的现状,教研文化显然是一个不尽完善的课题,需要进行反思转型甚至再造的研究与实践。

(二) 教研文化转型再造需回应的现实问题

关于教研文化的转型再造需要回应三个方面的现实问题。

1. 对教研功能的价值认同差异较大

持"提效"观者认为,当前课堂教学效率不高,深入开展教研活动是为了提高教学有效性,提高教学质量。持"减负"观者认为,目前学生为繁重的测验考试所累,学业不在能力层面提升,需要教研活动来矫正。持"发展"观者认为,新课程背景下教师专业发展遇到新课题,教研工作尤其是校本教研要为教师发展搭建新平台。所以,互相隔离的认识需要整合成体系,对教研功能的观念有必要进行系统建构。

2. 教研工作对象和任务有碎片化现象

教研工作有的注重教学要素,但存在重视具体教学内容和教学技术而忽视甚至轻视研究学生的问题;有的注重教研形态或教学环节,但存在重视备课、上课而忽视对作业、辅导、测验的有效设计与实施;有的注重教学流程,但存在重视教学内容和教学过程的研究而忽视教学目标和教学反思的探索等现象;还有的注重教师专业发展,但存在只重视专家引领,而不重视同伴互助等倾向,对教研工作本身的目标——评价关注更显得十分薄弱。为此,关于教研工作内涵和外延内容的整体性和系统性,乃至其功能的整合,同样需要研究并重构,使课程实施与教学研究有机结合。

3. 教研的实践操作缺乏理论引领

学校和教师面对新课程实施中的问题开展改革实践,可以说有积极性和主动性,但也有一些行动的误区。例如,同课异构和学案编写,多以教师的认识和意志来取代学生的实际和需求:同课异构讲究教学模式的异构和技术运用的差异;学案则统一目标、以练代学。这些探索是有一定道理的,但从根本上看没有重视学生的认知规律和基础差异。同课异构是因为学生群体之间的差异,关键是体现因材施教;学案是因为学生个体之间的差异,关键是帮助学生学会自学,这些都需要符合学习理论。再如,没有将校本研修和学科建设、研修文化建设结合起来,就事论事地组织研修活动,所以内容单一、形式单调、品质不高,资源积累也比较薄弱。可见,教研工作的站位和层次需要提升,而重心需要下移,理论成分需要增强,这也是当前组织研讨的现实需要。

当然,多年来的实践探索,教研工作中有价值的经验也日渐丰富。整合多种力量,包括理论研究者、技术指导者以及实践者,进行系统梳理,开展针对现实需要的互动研究,这是上海基础教育界自觉组成研究共同体推进发展的一种传统经验。我国基础教育老教育家吕型伟曾有言:"教育是事业,其意义在于奉献;教育是科学,其价值在于求真;教育是艺术,其生命在于创新。"根据吕老的思想,这些要求对教研工作同样适合,也要将教研工作当作事业、视为科学、讲究艺术,需要在现有经验的基础上回应问题,寻求新的突破。

（三）教研文化再造的主要任务

对于区域教研而言,当前教研文化再造的主要任务是:(1)实现教研工作重心的系统下移。包括在区域中要关注学校的教研,在学校中要关注课堂的教研,在课堂中要关注学情的教研等层级的下移;也包括教研工作所包含的研究、指导、服务、管理等功能的重心下移,教学环节中备课、上课、作业、辅导和评价的重心下移,以及技术设计的重心下移等。(2)构建全员共享共建的数字教研体系。数字化是社会走向的必然趋势之一,也是教研工作走向的趋势之一。在大数据时代,教研信息资源已经成为教研品质的重要标志,这个时代的教研信息源,上与下已经无所谓有区别。在这样的情况下,信息提供与享用相融合,教研员与教师面对教研信息,都有共享共建职责。(3)完善区域教研实践与发展的机制。从文化层面看,制度文化是保障自觉常态的根本因素。教研工作的实践和提质发展同样需要制度文化的保障。机制包括制度,更包括对制度执行、检查、改进、完善等一系列措施。所以,对教研有了这些思考和行动,教研文化的转型和再造就有了较扎实的基础。

对于校本教研而言,当前教研文化再造的主要任务是:(1)在理论层面,要从移植转向自建。尽管对校本教研有不少经验汇集甚至专著出版,但总体而言,主要是借鉴其他比较成熟的理论来分析和解读的。经验需要上升到可以推广和传播的应用理论,校本教研需要建构符合自身基础特点和发展趋势的独立理论,甚至成为一个体系,这是一个需要长期努力探索的任务。(2)在技术层面,要从传统转向现代。但此话的意思不是要扬弃传统,优秀传统需要传承,但仅仅传统是不够的。在数字化时代的今天,校本教研的技术平台已不可同日而言。基于网络的教研活动既不排斥传统,更能克服传统围城所存在的弊端。现代技术背景下校本教研的硬件和软件建设任务,需要我们承担。(3)在实践层面,要从分离转向整合。深度打造校本教研文化,将校本教研作为教师职业生活的组成部分,作为教师的一种自觉追求,就需要整合。课堂应该是相学相教的共同体,资源应该是开发与利用的互动共享对象,教学环节应该是有机联系的整体,其促进学校、师生发展的功能更应该整合。

上述层面的教研工作都需要在文化层面进行思考,需要在新的目标要求下实现教研文化的重构和再造。

第五章

拓展学生发展的时空和途径
—— 建立课程实施的保障体系

　　课程是为学生服务的。课程的实施需要基于包括资源、师资、评价等的保障。建立课程实施的保障体系，为学生提供多种资源以拓展学习时空和途径，引导学生丰富学习经历，完善和创造有利于学生发展的评价环境，才能支持学生综合素质培养目标的达成。

　　为学生终身发展奠基的课程实施保障体系领域众多，主要是指向资源和环境。从资源而言，包括物化的课堂教学资源、校外的社会教育资源，也包括虚拟的网络平台资源，以及来自教师层面的智力资源。而环境保障更复杂些，对于课程改革来说，考试和评价可能是最有直接影响的环境因素。本章对这些由资源与环境组成的保障体系从机制优化的视角，就上海的一些思考与实践进行梳理。

第一节　优化课程资源的开发机制

资源的本义是指生产或生活资料的天然来源,后来也泛指一般的资料及其来源。任何资源都是在开发和利用中体现价值的,课程资源也不例外。

上海在推进课程改革和深化课程实施中,始终坚持从机制上保障和优化各种课程资源的开发与利用。

一、对课程资源功能与价值的认识

课程资源有广义和狭义不同的解读。广义的课程资源是指有利于实现课程目标的各种因素,以及必要而直接的实施条件;狭义的课程资源仅指形成课程的直接因素。

另有许多不同视角的解释,归纳起来有四个:(1)将课程资源看作"实施条件","是形成课程因素的来源以及课程必要而直接的实施条件";(2)将课程资源看作课程"实施的素材","指在课程实施过程中对学生进行学校教育的一切素材";(3)将课程资源看作课程的"全程资源","是课程设计、实施、评价等整个课程编制过程中可资利用的一切人力、物力以及自然资源的总和";(4)将课程看作一种"实施媒介","课程资源既是知识、信息和经验的载体,也是课程实施的媒介"。

上述理解包含了两层意思:一是课程资源是保证课程目标实现和课程实施顺利进行的基础;二是课程因素的天然来源和课程实施的条件。上海课程改革在由试验走向全面推广,课程实施趋向深层次探索的过程中,课程资源需求显得十分强烈,而现有资源又不够丰富。为此,对课程资源的深度探索一直是上海坚持的重点课题。对课程资源的理解,是兼顾隐性和显性的不同资源,也启发了课程资源开发和利用的基本思路。

在学校教学或课程实施中,课程资源之所以被教师重视,在于课程资源具有突出的功能。课程资源的主要功能体现在三个方面:(1)支持课程目标的达成。不同的课程资源都具有一定的教育性,对课程的目标达成是一种"正能量"。利用课程资源有利于课程的有效实施,最终必然是有利于知识与技能、过程与方法以及情感态度与价值观等三维课程目标的落实。(2)丰富课堂教学的过程。由于课程资源的丰富性,它可以克服单纯依赖课本教材的课堂教学的单调性,帮助课堂呈现丰富的教学过程,让教师与学生的互动变得更加有趣和实在。(3)完善学生的学习方法。教学活动引入多种课程资源,使学生得以在各种资源情境下感受知识的形成和运用,体验知识的价值,这种学习过程的积累就自然能影响学生的学习方法,形成基于资源背景进行学习的习惯。由于课程及其实施要涉及教与学这两个基本活动过程,课程资源也就有教的价值和学的价值这两种基本价值。今天人们更看重的是适应并促进学生发展的价值,课程资源的真正价值,在于通过其对学生学习的服务和支持而显示出来的。

上海基于对课程资源的上述深度理解,注意了对各种课程资源开发、利用的机制建设,涉及资源研发机制、内容创新机制、用与供的互动机制等。对这些机制建设的结果,使课程改革的推进有了更为扎实与可持续发展的保障。

二、课程资源的开发视角

按载体形态,课程资源大致可以分为三种类型:(1)以人为载体的资源,又称为内生性资源,包括具有较高的思想道德素质、丰富的生活经验和广博的专业知识的各类教学人员,最大的特点是他们可以直接参与课程实施,并对其他资源进行深度加工。(2)以物为载体的资源,是指历史、现实和将来存在的物为载体的资源,即物化形态的资源。这类资源较多,只要是附载信息的物(教材、器材等),都可成为此类课程资源,关键是要根据需要灵活选用。(3)以活动为载体的资源,是指所有活动或特定情景蕴含的可利用的资源,表现为特定的机会或情景。这类资源有着艺术化的功效,具有动态性、随机性、即时性等特点,只是在特定的时空条件下存在,本身是不能完全复制的情景性资源(即使是数字记录,也是虚拟的)。

从课程资源与学习者的关系看,课程资源可以按如下两个标准划分:一个标准是看某种课程资源是否专门为学习者而设计;另一个标准是看课程资源距离学习者的远近程度。按前者,一般可以将课程资源分为两类;按后者,课程资源可以分为三类。这个视角下的课程资源分类具体见表 5 - 1。

表5-1 按与学习者的关系进行的课程资源分类

标准	课程资源类型	主要性质与范畴
课程资源是否专门为学习者而设计	专门设计的资源	以社会资源为内容或条件,如主题活动系列学习材料、综合实践活动资源包等。包括文字材料、录音带、录像带、多媒体课件,相关活动场景和机会等多种形式
	非专门设计的资源	具有一定课程价值的相关资源,自然界、社会中广泛存在的具有多种特性和功能的社会资源等
课程资源距离学习者的远近程度	直接的课程资源	泛指各种直接为学习者服务的课程资料和相关配套资料,不仅包括教材、练习册,还包括相关媒体和书籍等
	教学环境内的课程资源	指课程实施涉及的主要社会环境资源,其功能是呈现教学信息和提供活动空间,如课程实施涉及的课程、教具、传统游戏等
	教育环境内的课程资源	指具有教育意义的广泛的社会环境,既包括以提供服务为主的支持系统,如乡村图书室、学习中心、电影院等,也包括科学技术、文化氛围等

按资源空间分布,课程资源还可以分为校内课程资源、校外课程资源和信息化课程资源三类。校内课程资源,除了教科书以外,还有教师、学生。师生本身不同的经历、生活经验、学习方式、教学策略,都是非常宝贵的课程资源,校内各类专用教室和各种活动也是重要的课程资源。校外课程资源,主要包括图书馆、科技馆、博物馆、乡土资源,还有家庭资源等。信息化课程资源则是超越校内外空间的,被称为网络资源、数字化资源等。

按开发利用的过程,课程资源还可以根据开发利用的程度分为三大类,即潜在的课程资源、开发但未利用的课程资源和已开发利用的课程资源。

上海的课程改革,对上述不同视角下的各种课程资源都予以高度重视,并采取相应的措施开展有针对性地开发利用各种课程资源的研究。

三、课程资源开发利用的政策机制

上海对课程资源的开发利用注重从政策机制入手,促使其进入常态。

（一）从理念到实践,强调研发机制

在有关课程资源的认识层面,我们并不缺少先进的理念,而要将理念化为实践的行为,培育投入开发的积极性,就需要有一定的机制。机制设计中除提供资金支撑为基础外,还涉及需求驱动、内容创新等方面。

1. 以需求为出发点的课题驱动机制

课程资源的多样性,使其开发和利用必须贯彻有主有次、有先有后、逐步展开的行动策略。就普遍层面上说,最急需的是对应课程信息化的有关文字音像和设施设备的资源。当然,不同区域和学校的实际情况会有一定的差异,所以必须根据具体需要来确定开发和利用的重点与步骤,将具体需求作为工作的出发点,按轻重缓急来设计,这就是以联系实际的课题来探路,驱动课程资源的开发。

2. 以激发学生自主为本的内容创新机制

一讲到课程资源,人们往往想到的是要为学生提供各种知识,并不重视创造引导或指导学生自主探究学习的环境,而上海的课程改革提倡的正是后者。如何使课程资源体现促进学生自主发展的特性,这同样需要建立一种机制,鼓励开发者研究学生的认知特点,创新课程资源的呈现形式。

其一,问题性资源。研究学生的普遍兴趣和认知基础,唤起学生强烈的求知欲,是问题性资源的意义所在。问题性资源应该具有哪些特点?如何开发和利用? 这可以从三个角度来思考:(1)直接问题,将学习内容重新编排,以问题系列出现,要求学生在问题的探究中掌握学习要求;(2)引发问题,为学生提供的是问题情景,具体问题由学生在对情景理解与分析中产生并进行探究,是比较高的学习要求;(3)反思问题,向学生指出学习中的差错的反馈资料,指导学生分析原因,可以很好地帮助学生找出课程学习中的难点。教师应该尝试收集学生学习中经常出现的错误,设计和整理成各种相关技能和知识核查表,及时提供反馈资料,帮助学生尽快掌握课程要点和学习方法,并激发学习动力。

其二,选择性资源。课程改革确立了"以学生发展为本"的理念,要落实这一理念,就要研究不同学生的实际,确定学生的现有发展基础和差异,并以此为出发点,为不同学生提供有差异的课程资源,让学生有选择地进行学习。对各学科教学的内容与要求都应该进行科学取舍,不但需要了解学生目前已经具备的知识、技能和素质等方面的共同基础,还应该兼顾他们的差异,准备丰富的材料,设计多种方案,组织多样活动,以利于因材施教。有些教师在设计学生学习训练作业题时,就注意顾及学生的差异,按共同基础要求题、不同基础可选择题和不要求一定完成的拓展题三个模块,让学生在完成第一个模块的基础上,根据自己的需要选择其他模块作业练习,教学效果很好。

其三,生成性资源。课程改革重视的是让学生通过学习经历来理解并掌握学习内容,这种课程转型,意味着课程实施要从知识记忆为核心的模式,转向让学生有意义生成、建构基本概念和养成创新能力为核心的模式,课程资源也必须有所响应。为此,教师应当注意提供不良结构的学习材料,让学生自己去完善知识结构,体验知识的形成过程。这就需要设计、组织和指导学生进行自主探究、主动发现的各种教学活动资源,体现"放手让孩子自己学"的理念,通过教师与学生、学生与学生的多向互动、沟通与交往,利用和开发学生的多元智力,在强调学生的过程体验中实现三维教学目标达成,使学生获得全面和谐而可持续的发展。

(二) 开发与利用,强调互动机制

课程资源的开发,不是课程专家的专利,教师也要积极参与其中。新课程提出,教师参与课程改革的一项任务是参与课程开发,让教师分享和分担课程开发的权利和责任,实现资源开发者与资源利用者、开发过程与利用过程之间的互动,提高课程资源的效益。

1. 理论与实践的互动

对课程资源的研究形成了多种理论,使得我们对课程资源有一个比较理性的认识基础。但同时,教师可以对课程资源进行基于实践的鉴别、积累和使用,他们对于哪些教育资源可以成为课程资源,哪些课程资源可以进入课堂,转化为现实的课程要素,实际上是起决定性作用的。所以,在课程资源的开发和利用层面上,理论与实践之间确实存在着互动性,为了增强其实际效益,更需要有意识地建立这种机制。

当前,在理论层面上,需要对经验性的课程资源进行理性总结。如教师作为课程资源的意义,主要就是经验性的,起码包括三个方面的要素:(1)育人方面的能力,包括堪为学生楷模的人格力量,启迪学生智慧的渊博学识,感染学生的教学艺术,以及针对学生发展实际的教育机智;(2)对内容的处理能力,能根据本地、本校、本班等学生实际情况作出相适宜的安排,能对知识与社会生活建立有机的联系;(3)对课程的拓展与再建构能力,使课程日益走向开放性、生成性和创造性,以自身的智慧、灵感和创造性的生命活力丰富课程内容。当然还应该包括学生的学习经验等,这些实践层面上的经验,同时也是构建课程资源理论的源泉,也是检验理论的实践对照。所以,两者互动和互补是课程资源开发和利用中十分必要的工作。

同样,课程资源的其他领域,如文字音像类、设施设备类、物态景观类,都需要建立这种理论与实践之间的互动机制。

2. 使用与供给的互动

按照传统的观念,课程资源包括既定的教学大纲和教学计划、凝固的教科书和参考资料等,一般都是由专家编写和提供的,教师是被动、消极、机械的执行者,成为各种课程资源的简单使用者。这样,教师也似乎没有资格与能力为丰富课程资源作贡献,不需要参与课程资源的开发,这种状态在课程改革实施中必须予以突破。

这里提倡的使用与供给之间建立互动机制的含义,其实是一种权利和义务的关系。作为教师,为履行岗位职责,需要物化的课程资源来支持自己的教学,提高自己的专业素养,但同时需要建立这样一种制度:在使用课程资源开展教学活动中,教师还有责任对所使用的这类课程资源进行经验总结,对其成功和不成功进行反思,并将这些经验与反思作为新的资源,供给同伴和他人共享,这是一种使课程资源能不断增长的机制。

同样,学生在享用课程资源的同时,也可以参与这类课程资源开发。学生的特长、经验、方法等本身是一种资源,可以向其他学生展示或与其他学生交流;另外,学生也可以成为课程资源开发的主体,参与课程资源的开发过程,如制作学习辅助用的实物材料、成立课外活动小组、探索身边的自然环境与人文环境等经历与成果。但是,这种机制需要在教师的指导下建立。

（三）从行为到效能，强调评价机制

课程资源的开发与利用，借助评价机制予以有导向性的激励和推进，并用以规范行为和提升效能。

1. 注重效能评价对行为的导向机制

课程资源的开发和利用要讲究效能。依据现代教育理论，课程资源效能价值的高低，要从三个角度评估：一是教育目标。课程资源要有利于实现教育目标，体现促进学生综合素质发展的需要。二是学生发展需要。课程资源要符合学生的知识基础和智能水平，符合学生身心发展的特点，满足学生的兴趣爱好和发展的需求。三是教师素养。课程资源的开发和利用要适应教师的专业特长，以及教育教学的能力和水平。所以，评价课程资源的效能，要体现国家教育目标、学生发展需要和教师专业素养的有机统一。

这样一些评价标准，是对专家与教师关于课程资源开发和利用的行为导向，是克服课程资源产生低效能问题的策略思路。我们主张在课程资源开发和利用的过程中，要不时地用这些标准来对照，使之进入健康发展的渠道。

2. 注重行为反思，使评价产生扩大效应

在用标准规范课程资源开发和利用行为的同时，还需要自我评价，即对自己的行为进行反思，这种反思性的自我评价可以让评价本身增加效能。

因为课程实施的主要途径是教学，所以教学活动资源是课程资源的重要组成部分，是微观层次的课程资源，是其更为细节的部分，更强调特定群体和情境的差异性与独特性。所以，我们可以这样说，对教学行为的反思是对课程资源利用的自我评价的核心。当然，我们也应该重视源于专家或理论的评价信息，需要不断地通过自我总结和借助他人的反馈来分析自己的教学行为，应该善于运用教学日志、研究小组和个人教学心得，以及同事指导、同事建议等途径和策略，提高自我总结和反思的水平。

为了新课程的有效实施，我们应该不断地考虑如何来充实自己教与学的知识库，聪明的教师都应该懂得如何在利用课程资源的同时进行反思，在反思的基础上进行总结，同时使自己的总结与反思也成为一种资源，并与他人一起分享，由此而促进课程资源不断丰富和优化。

第二节　教学资源的开发利用

教学资源是指为有效达成教学目的、有利于教学活动开展而创设的各种专题资源。它包括教材、案例、影视、图片、课件等，也可以包括教师资源、教具、基础设施等，广义的还涉及教育政策等内容。从广义上来讲，教学资源指在教学过程中可以被教师利用的一切要素，包括支撑教学的和为教学服务的人、财、物、信息等。而从狭义上来讲，教学资源主要包括教学材料、教学环境和教学后援系统，一般都是以学科为单位进行开发利用。

一、各学科课堂教学资源的开发利用

课堂教学是课程实施的主阵地。课程实施最终需要在各学科课堂教学中落实，所以教学资源的建设首先思考的对象就是各学科的教学资源。上海在多年课程改革的进程中十分重视对各学科教学资源的开发利用，并与信息技术相整合，使这些资源随时可以下载利用，能克服时空的限制。

上海在推进各学科的教学资源开发利用中主要关注了三大类资源，即：基于新课程新教材的单元教学设计、课堂教学案例(即课例)，以及不断更新的数字化的教学课件。在进入 21 世纪后课程改革需要深化的背景下，上海还建立了"上海市中小学'二期课改'网络互动平台"，将优秀课程资源上传，使每位教师都能够利用下发的用户卡上网观看或下载。

单元教学设计基本做到覆盖所有学科、所有年级和所有版本的教材，由市教委教研室各学科组织建设，经评选、完善而传至网络平台。为完善单元教学设计的资源价值，上海通过教研部门和远程教育部门合作组织了撰写者参加专题培训，对教学设计文本中的教材分析(涉及教育价值、学习过程和核心概念三方面)、教学目标(三个维度)、教学过程(强调情境设计、问题引发、信息技术运用等)、作业练习(要与目标、内容呈一致性)等都提出了规范要求，以提高这些教学资源的品质。

各学科部分单元的教学课例(课堂影像实录)，主要是为开展区域或校本教研所用，属于各学科的教研资源。这些课例资源包括了新课程推广实施的常态课例，以及为落实学科育人（含《上海市学生民族精神教育指导纲要（试行）》和《上海市中小学生生命教育指导纲要》，即学科"两纲"）目标的专题课例，做到了学科全覆盖。网络平台上的课例资源都有结构要求，包括"教学目标介绍""执教者简介""教学全程录像""专家点评"等要素，可为教研活动的开展提供比较完整的分析资料。同时，平台具有开放性，在相关教研活动后，如有更理想的课例，则可以不断上传补充，或替代原来的课例。

至于与各学科相关的教具、学具等传统资源，则主要由学校教师根据新课程或教材的要求自主开发利用，所以更丰富。

二、新课程背景下教学设施设备的建设

上海根据中小学课程教材改革的进程，曾在 1994 年印发了《上海市中小学实验（专用）室装备标准》，2008 年又依据《上海市普通中小学课程方案》（试行稿）、《中小学各学科课程标准》（试行稿）以及由市建委批准颁发的《上海市普通中小学校舍建设标准》（DJTJ08－12－2004）等，在 2005 年和 2006 年印发的《上海市普通中小学校（部分年级）装备标准（征求意见稿）》的基础上，再一次发布了课程改革推广年级相关学科教学仪器设备配备标准的征求意见稿，在听取对该标准的意见和建议后正式公布了完善的《上海市普通中小学校教学装备标准》。这是在课程实施中涉及各学科的又一种重要的教学资源。

《上海市普通中小学校教学装备标准》的制定需综合考虑多种因素，包括课程教材内容标准、信息技术、学校差异等，所以要听取教材编写者、教研人员、教育行政部门和教学及教师等多方面的意见，以体现时代性和实践性。《上海市普通中小学校教学装备标准》所列的器材一般均分为通用、专用两个类别。所谓通用者，是可以在多数教学内容或实验时运用；而专用者，是指专门为特定的教学内容或实验配备的。《上海市普通中小学校教学装备标准》还将器材分为"必配""选配"两类；必配者，一般是学科的基础教学或实验内容，而且与学科新的发展紧密配合，要求学校配备并使用；而选配者，需要看学校的条件，或者教学内容中的拓展选修部分，这样就充分地照顾到不同学校的实际需要。如初中音乐学科的装备标准样式的部分内容如表 5－2 所示，体现了上海对艺术教学和学校美育的重视。

表5-2　初中音乐教学器材配备标准(部分)

类别	名称	规格、型号、功能	单位	配备数量		备注
				必配	选配	
通用	音乐教室多媒体设备	包括计算机、投影显示设备、影音播放设备等	套	1		
	组合音响	包括影碟机、音箱、12 路调音台（含 AV 功放）、卡座、话筒等	套	1		
	录音机	手提、立体声、单卡、CD、MP3执行标准代号GB/T 8494	台	2		
	……	……	……	……	……	……
	合唱台阶	抽拉式	套		1	如有固定式可不配
专用:包括"键盘乐器""吹奏乐器""打击乐器""弦乐器""服饰"等不同系列(略)						

在专用教室的配备方面,根据新的学科课程标准,上海开始增加了一些学科的专用教室,包括从无到有(地理专用教室),从少到多(艺术类学科增加陶艺、摄影等专用教室)等。如新的地理专用教室包括教学室和准备室,其中教学室的功能结构具有如下特色。

【教学演示区】是教师运用板书、板图、挂图、模型、标本、录像片、投影片、实验、计算机课件等进行地理教学的场所。配备计算机、实物投影仪(或投影仪)、录像机、录音机、多层抽拉式黑板等及其相关设备。

【学习活动区】是供学生听讲、讨论、演讲、观摩、填绘地图和进行地理实验、地理制作、地理游戏、地理竞赛等的主要场所。课桌椅等设备需考虑以上活动的需要。

【教学具陈列区】主要用于陈列各种天文、气象、地质等自然地理以及人文地理教学具;陈列学生的优秀地理制作和其他地理学习成果。

【习作展示区】利用墙面橱窗,展示学生在基础型、拓展型、研究(探究)型课程中的地理学习成果的区域。可展示社会调查报告、野外考察报告、实地景观照片、地理小报、地理旅行周记、小论文等。

【网络学习区】网络学习区需配备若干台学生用电脑,供学生利用计算机进行网络信息学习。还可以将相关地理信息、书刊等与本区网络整合,供学生搜索使用。

三、关于信息化创新教学资源的开发利用

上海的中小学课程改革,对理科提出了加强创新实践的要求,在实验装备的资源配备上,由风华中学首创的 DIS 探究实验室为代表,开创了信息化教学资源开发利用的新阶段(见图 5‑1)。

图 5‑1   DIS 探究实验室实景示意

DIS 探究实验系统包括数据采集器、传感器、系统分析软件、实验教程、探究实验课程设计五个部分组成。传感器把从实验中感应到的数据量以电信号的形式传输到数据采集器,数据采集器自动识别传感器和电信号的类型,分类采集后按标准通信协议上传到 PC 机,再通过系统分析软件进行实时分析、统计、拟合等处理。这类实验室的配备,使物理等学科的教学,在实验中摆脱了一些靠眼力观察采集数据、用笔计算等费时费力的简单学习任务所消耗的时间,而增加了对科学现象的探究时间。

自 2010 年起,为适应创新型人才培养的要求,探索创新教育新模式,上海开始在全市选择部分高中学校进行创新实验室建设的试点工作。经过一年多的努力,在上百个申报项目中,经过多次筛选,有 19 所学校 23 个项目入选,并出版了专辑《创新实验室里的时代脉动——高中创新实验室案例撷英》。评审的指标有六个方面:创新实验室建设背景;相关课程设计;创新实践活动案例与成果;组织与管理;主要教学仪器设备清单;对做好创新实验室建设的思考与建议。可见,这些指标涉及实验室的宗旨、课程保障、实践成效、资源保障、对今后

可持续发展的设想等,对创新实验室的建设具有指导性。

2012 年上海启动第二批中小学创新实验室的项目申报和评审,经过一年的筛选,31 个高中项目和 29 个初中及小学项目入选,出版了《创新实验室里的时代脉动——高中创新实验室案例撷英》第二辑、《创新实验室里的梦想之光——中小学创新活动平台案例集锦》。由市教委组织专家评审并通过的两批创新实验室成果,几乎覆盖了上海中小学课程方案中所有的八大学习领域,其中不乏以长期探索实际为基础发展的学校特色创新项目,也有面向数字化时代提出的跨领域创新项目。

一般而言,实验室是针对理科教学的设施设备,支持学生对理科相关知识的实证性理解。但上海在推动学校创新实验室的建设中不仅关注了自然科学和技术领域的创新实验,还关注了人文、艺术和综合(如环保)的创新实验室和创新活动平台的建设,这本身具有创新性。与学校传统的融合,聚焦学校的特色发展,是上海中小学创新实验室和活动平台建设的一大特色。

在创建的具体方式上,可以归纳出三个主要特点:(1)以提升本校历史积淀的特色优势为目的进行建设。如百年老校上海市格致中学,从"格物致知""理科见长"的传统特色出发,建设了"物理探究实践大平台""地理创新实验室""生命科学创新实验室""化学创意实验平台"等组合集成的创新实验室群。(2)利用在地优势文化进行建设。如地处上海金融中心地域的华东师范大学附属东昌中学,联络学区中相关金融机构和银行博物馆等社会资源,建设"金融创新实验室";上海市奉贤区教师进修学院附属实验小学利用当地郊区农业资源建设"开心农庄实验基地"等。(3)利用大学附校、依托大学资源进行建设。如同济大学第一附属中学创建了"低碳创新平台",上海海洋大学附属大团高级中学创建了"海洋科普教育基地",上海海事大学附属北蔡高级中学创建了包含"航海文化创新实验室"的"航海教育基地"等。

第三节　校外课程资源的开发利用

校外课程资源主要是指各种社会教育资源,因其本身具有一定特色并可利用,包括革命传统教育资源、革命遗址、纪念馆、烈士陵园;相对于校内教育资源而言,这个广义的社会教育资源是实施探究性课程的鲜活载体,为学生研究性学习活动提供了生存土壤、活动场地、发展空间和成功的机会。

上海早在 2006 年就由市教委发文推进校外课程资源的开发工作。先从科普教育基地的课程化开发利用,到落实"两纲"需要对更多类型的社会教育资源的利用,为全面利用社会教育资源实施新课程奠定了一定基础。主要成就有如下三项。

其一,建设和完善了社会教育资源。包括建设完善多样化中小学生的活动阵地,如在建好用好"东方绿舟"、中福会少年宫新大楼、上海科技馆等标志性示范性青少年活动阵地的同时,还推动城区和街道社区的青少年活动阵地建设,以及爱国主义教育基地和公益性文化设施建设。上海全市有各类纪念馆、博物馆、展览馆、烈士陵园等爱国主义教育基地 41 个,科普教育基地 187 个。这些社会教育资源针对中小学生的接受能力和特点,努力丰富和完善展示内容,积极采用声光电等现代科技手段,增强参观教育的吸引力和效果。上海博物馆、上海科技馆、昆虫博物馆等众多科普场馆已成为上海中小学生的校外课堂。上海公安博物馆、上海档案馆等 30 个场馆还试行学生电子学籍卡 POS 机认证系统,记录中小学生的活动和场馆接待的情况。

其二,制定了一批社会教育资源场馆整合新课程实施要求的活动指南,为学生在这些基地开展实践活动提出具体目标与要求。编制的活动指南具有针对性和可操作性,指明了不同学段学生在社会教育基地结合不同资源进行实践学习的具体目标、内容、方式和要求,指明了教师指导、资源配套、活动开展等方面的策略思路,更具有操作性的是设计了具体的活动项目和学生作业单,以指引学生实践活动的有效开展。

其三,在实践基础上形成了一批品牌活动项目。包括:(1)体验活动,如"雏鹰文明行动""沪韵之花"青少年沪剧展演等活动。(2)节日文化活动,按照"仪式性展示、社会化组织、艺术化表现、人性化服务"的理念,共同开展"感恩思源、面向未来"纪念清明节等系列活动。(3)"关爱成长"系列活动,诸如"关爱成长、挑战梦想"上海市传统弄堂游戏大赛,"关爱成长、歌声飞扬"少年儿童喜爱的歌曲评选、创作、演唱系列活动等。品牌项目十分丰富。

一、"东方绿舟"课程资源的开发利用

"东方绿舟"的正式名称叫"上海市青少年校外活动营地",坐落在青浦区西部的淀山湖畔,占地 3734 平方千米,其中水域面积约 1333 平方千米,是上海推进素质教育的重大实事工程,为中小学生创设了应用学校和课堂中所学知识,寻找联系实际开展综合性的实践探究活动,培养创新精神与实践能力的良好环境。"东方绿舟"这一社会教育资源具有独特的价值。

"东方绿舟"这一充满诗情画意的活动营地,可以让我们感到处处都散发着勃勃生机。路边坡地上成片的竹林,品种繁多,迎风摇动,就像在招呼着学生的到来;逶迤曲折的河道,宽窄不一,清水缓缓淌流,不同的鱼可在此相聚戏水,也是许多水草生存成长的好场所。这些就好像在我们眼前展现了一个活龙活现的水生态系统;常青的草地,高低起伏,不时可见有数棵大树、几块顽石点缀充实其中,虽然是人造之景,但也展现了一些盎然的野趣,常常令人为此而叫绝;即使在"地球村",也可以常闻窗外春之蛙声、夏之蝉鸣、秋之蟋蟀唱和,均不失田野的乐趣。我们可以由此而产生众多探究的灵感和创作的冲动。

在"东方绿舟",我们可以在各具特色的"八大园区"中,领略不同的情景,体验不同的过程,探究不同的问题。在"知识大道区",我们可以同 163 位科学大师、思想大师、艺术大师"对话",体验人生,感悟人格的力量。在"国防教育区",我们可以登上"航空母舰",走进国防教育馆、军事科技馆、武器装备馆,了解古今中外的军事知识,参与模拟的军事演习,体验军事实战的种种感受。在"勇敢智慧区",我们可以选择各种有惊无险的有"游戏规则"的智力活动器具,体验惊险,挑战自我,战胜懦弱,培植勇敢、坚毅的精神。在"生存挑战区",我们可以通过野炊、垂钓、野营、丛林探路、渡河、救护等野外生活,感受顽强生存的经历。在"水上运动区",我们可以坐上冲锋舟、摩托艇、皮划艇、帆船、滑水板等开展竞赛活动,体验水上世界的动感,也享受大自然带给我们的欢乐。在"运动训练区",我们可以通过观察或亲身参与游泳、篮球、排球、足球、乒乓球等体育场馆中的精彩活动,了解运动员的精神风貌,领略体育文化的风采,同时感受竞技与健身运动的刺激性和韵律美。在"生活实践区",我们可以通过对三十多个国家不同建筑风格的考察,了解各国建筑的不同特点,探究建筑风格与地域环境及文化的关系,了解各国的风土人情,等等。而"科学探索区"是整个"东方绿舟"

最独特的一个区,它蕴含在营地的所有地方,表现为一个无所谓主题又有无穷主题的"影子区"。

　　我们面对"东方绿舟",就好比是面对了一个"知识库",一个"问题库",一个可以引发各种问题生成的情景海洋,涉及自然科学、社会科学与人文科学的可探究问题真是不可胜数。我们可以漫步知识大道,面对163位大师的塑像,从不同角度提出值得探究的问题开展交流讨论;我们可以在广阔的草地上放飞风筝,而对不同的风筝和不同的放飞结果进行讨论与探究;我们可以沿河行走考察,针对整个"东方绿舟"的形态构造不一的各种桥梁进行比较研究;我们可以来到"求知岛"上,随意划一个样方,开展生态、群落的调查,引发问题进行探究;我们可以在这1333平方千米水域中,选择不同地段进行水文水质的观测、调查,撰写环境报告;我们可以利用营地良好的天文观测条件,仰望晴夜的星空,向太阳系发问、向银河系发问,与星座"交流"话题;我们可以测量营地的地形地貌、地物设施,设计相应的图例与比例尺,给"东方绿舟"画一幅"导游兼导学图";我们可以在"绿色能源"的设施前,测试太阳能、风能的瞬间变化,探究其中的诸多奥秘,并利用绿色能源进行相应的科学实验;我们可以相聚在"少年广场"上,组织一次别开生面的"露天音乐会",把我们对艺术的感悟、对艺术的创造酣畅地展现出来,分享成功的快乐;我们还可以……

　　可见,面对这么丰富的资源,完全可以开展课程化的探究活动。上海正是在这种指导思想下,分小学和中学等不同学段开发了探究活动课程。如初中阶段,设计和开展了如表5-3所列的"东方绿舟"探究活动项目。

表5-3　初中学生"东方绿舟"探究活动项目部分参考清单

项目名称	主要意义	活动内容
营地图解	测绘、制作一张营地平面图,为同学提供指路等良好服务	平板成图活动;运用GPS全球定位系统验证;拓展活动:地图数字化处理活动
河道观察	用简单测量手段,观测河道断面形状和面积变化;培养团队协作精神	测量水断面的面积;测定某段河槽的容蓄量;拓展活动:分析弯曲与直行河段断面的差异

（续表）

项目名称	主要意义	活动内容
水环境考察	实地开展水文、水质的考察活动，增强对水环境保护的意识	（河流、湖泊）水文调查活动；水质（物理化学）调查活动；拓展活动：水体水质净化实验探究活动
走进淀山湖	体验与大自然、与水共处共存的情感和美感，体验湖泊考察的方法过程	淀山湖岸线和滩涂资源考察；淀山湖水体环境与水生生物调查；淀山湖风景区文化遗产的探究
气象观测	围绕"气象与生活"主题，开展气象探究活动，预报天气，为同学服务	气象观测实践活动；天气预报实践活动；拓展活动：结合营地的不同地段和生态环境，探究气象要素的差异及其原因
物候的观察	观测物候，探究生态季变的"韵律"，提高科学观察与探究能力	定点、定株、定人的观测活动；资料整理和分析活动；物候的应用探究

因为这些探究活动都在"东方绿舟"这个营地中开展，学生学习到的就是在真实情境下的知识，并由此而生发一些问题，为进一步探究提供课程资源。

上海对"东方绿舟"的学生课程化探究活动编制了"探究性学习活动指南"，还收集了学生探究活动经验，编辑了"区县与学校活动案例"。这些成果都非常具有实际操作性，为丰富学生学习经历提供了很好的借鉴。

二、科普教育基地课程资源的开发利用

从 2006 年 7 月，上海市教育委员会、上海市科学技术委员会联合颁发了《关于开展利用科普教育基地拓展上海市中小学课程资源试点工作的意见》（沪教委基〔2006〕49 号文）以来，上海的教研部门根据文件的要求，具体负责对上海科普教育基地的课程开发，从 2006 年到 2011 年，分四个批次形成了 38 个科普场馆的科普探究活动课程。具体来说，在科普教育基地课程资源的开发利用方面，主要做了如下工作。

（一）研制《上海市中小学课程改革利用科普教育基地资源实施纲要》

《上海市中小学课程改革利用科普教育基地资源实施纲要》为中小学课程改革科学利用科普教育资源指明了方向：要充分开发和利用上海丰富的科普教

育资源,使之发挥对培养广大中小学生科学精神和社会责任感教育的特殊功能,对促进上海中小学课程改革实践"创新精神和实践能力"培养目标,奠定新的基础。

这个纲要制定了中小学不同学段的学生利用科普教育基地资源开展探究活动的基本目标。对学生到科普教育基地开展探究学习活动的通式目标,从不同领域来阐述:(1)对基地知识内容的梳理了解;(2)在指导下运用基地资源解决问题的基本技能掌握;(3)课堂学习中能够借助基地相关知识理解内容;(4)能激发学习和探究的兴趣或好奇心;(5)能够在基地中发现并提出问题来进行探究;(6)乐于和他人一起就某些专题开展合作学习,能交流和分享经验。对于小学、初中、高中不同的学段,上述目标的要求层次也有一定差异。

这个纲要还具体提出了四项主要任务:(1)针对科普教育基地的资源优化任务;(2)整合课程资源开展探究活动的教学创新任务;(3)编制学生在科普教育基地开展探究活动指南的任务;(4)建立中小学利用科普教育基地资源的机制任务。

这个纲要特别对编制《课程改革利用科普教育基地资源的活动指南》内容框架作出指导,并提出了实施意见。

(二) 编制《课程改革利用科普教育基地资源的活动指南》

由市教委教研室直接组织开发的场馆活动指南为 4 批 38 个。市教委教研室组织全体学科及综合教研员参加并分别主持编制《课程改革利用科普教育基地资源的活动指南》(以下简称《活动指南》),其编制的主要工作环节如图 5-2 所示。

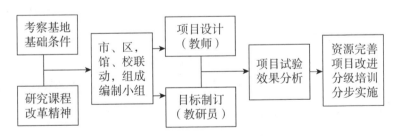

图 5-2 《活动指南》编制的主要工作环节

通过上述若干环节,完成各科普教育基地课程开发任务。每一个科普教育基地的"探究学习活动指南",主要从"资源特色""基本学习活动目标""项目活动设计""作业示例""实施建议"等方面进行提炼或展开,指导学生在科普教育基地的活动中开展有目标、有一定主题的探究学习,培育创新精神和实践能力。

1. 活动项目的基本要点

一个活动项目要包括如下五个基本要点。

其一,项目名称——根据基地资源实际,设计若干活动项目。活动项目的名称应该同具体的社会教育基地实际有紧密的联系,带有鲜明的个性特征。设计的活动项目应在横向上尽可能覆盖各社会教育基地的各种资源,供不同学校和学生选择;在纵向上考虑兼顾不同阶段学生的不同基础,以适合不同年龄的学生在基地进行实践活动。总体设计上还可考虑一个活动的系列结构。如利用上海邮政博物馆资源的活动就设计了"邮史""邮编""邮路""邮票"四个主题系列。

其二,资源配合和适合学段——包括年级、课时等建议。根据社会教育基地的资源条件,在全面考察的基础上,针对适合不同阶段的学生开展学习活动的需要,选择最有价值的设施、设备、资料、实物等,或者是适宜的展区(空间),让学生能够在该社会教育基地内较自由地开展一定的体验探究活动。根据新课程的精神,应该能够体现"实践""创新"的互动性资源,需要大力开发利用。

其三,内容和要求——按教学设计的思路,分点阐述。这是活动项目的主体部分。一般包括活动内容和活动要求两个方面,也可以将这两方面按相关性进行一体化的阐述,即按照"要求—内容"的模式,采用"目标行为动词"加"任务内容"的形式阐述。其中提出的活动要求是针对学生的学习行为,必须有明确的操作性和目标可测性。内容和要求设计及制定,要回应在该社会教育基地进行活动的学习总目标,应该贯彻包括"知识与技能""过程与方法""情感态度与价值观"的全面育人要求,并充分体现各基地资源的特色。

其四,活动建议——针对指导教师的行为,提出实施指导的具体建议。同样要根据各社会教育基地的具体情况,从组织学生开展适当的活动角度,提出相应的意见或建议。要注意所提的意见或建议都需兼顾该基地的资源与条件,以及学生在该基地进行活动的时间与空间的允许,突出有效性和可操作性。

其五,配合活动项目,设计相应的作业任务单。根据活动项目设计中的"内容与要求",以及不同学段的学生在认知和技能上的基础水平,明确学生在基地的活动作业任务(如:听什么? 看什么? 做什么? 写什么? 等)。应保证一个活动项目至少有一套学习任务或作业单的设计示例;同时要有一定的层次性和可选择性,让学生能根据自己的情况进行有选择的活动;还要鼓励教师根据学校和学生实际有所创造。

必须明确,学生在社会教育基地开展的实践活动,要体现"拓展学习时空,丰富学习经历"的指导思想,是基于"真实情景下感受知识的形成与价值",而不要使学生感受到是新的学习负担和任务,所以作业的设计要通俗、有趣。

2. 科普教育基地讲解人员(科普辅导员)的专业培训

上海组织项目组在相关教研员的统筹指导下,由区教研室、学校合作开发。从 2006 年开始分 4 批共开发了 36 个教育基地。

2011 年,根据市科委对科普教育基地的年度考核要求,由市教委教研室负责,联络相关科普教育基地,将这些课程化的活动指南,根据新的发展变化作了系统的修订完善,并印制成册,分别送到各个基地。其直接结果是指导中小学生(每年有 100 多万)进科普教育基地开展科学探究学习活动。

根据《上海市中小学课程改革利用科普教育基地资源实施纲要》的要求,组织了以科普教育基地讲解员(科普辅导员)为对象的培训。一般安排在该科普教育基地的课程开发(即《活动指南》)基本完成、市教委相关文件颁发后参与组织进行;还可结合某些教育基地的展示活动,在现场进行培训。教育部门主要向培训对象解读《上海市中小学课程改革利用科普教育基地资源实施纲要》,并结合不同科普教育基地资源特点、科普教育基地实施纲要要求进行思路和操作性培训。

科普教育基地讲解员(科普辅导员)专业培训的主要内容有:(1) 上海市中小学课程方案的特点。课程功能——以学生发展为本;课程目标——重视学生学力培育;课程结构——分基础型、拓展型、研究型,增强学生的选择;课程实施——拓展学习时空、丰富学习经历;课程评价——注重过程与发展。(2)课程实施中利用科普教育资源的基本要求。指导思想——实践"科学发展观"和"科教兴市"战略、发挥科普教育对学生素养培养的特殊功能、落实课程改革培养创新精神和实践能力的核心理念;活动目标——科普知识、问题能力、合作探究等(分不同学段);主要任务——科普教育基地资源优化、学校课程实施途径完善、

科普教育基地与学校课程整合的机制建设。(3)课程利用科普教育基地的经验
与问题。文件指引——教育行政部门每年颁布文件作规范指引;培训支持——
两种对象的专题培训;"活动指南"——专业指导比较到位,要求有落实;接待指
导——基地对学生接待指导工作日益完善;主要问题——组织、讲解、资源、机
制等;建议——完善机制、加强宣传。

(三) 专业指导课程改革利用科普教育基地资源的校本实施

对学校的专题指导,是结合课程改革和对学校课程领导力项目检查,以及
对科技特色学校进行的专业指导。如:上海市尚文中学对周边多个科普教育基
地进行结对整合利用,在开发相应的校本课程过程中,市教委教研室给予专业
指导,已经开发了诸如昆虫博物馆、隧道科技馆等多个科普教育基地的探究学
习活动课程项目;上海海洋大学附属大团高级中学结合本校"海洋科普馆"的课
程开发,同样得到市教委教研室的专业指导。

2012 年,上海市义务教育阶段(小学)开始实施每周"快乐活动日"(半天),
这些活动指南的指导作用有比较明显的体现。目前学生进科普教育基地体验
探究的人数正在不断增加。

(四) 评估和指导科普教育基地项目实施的成果

为激励和指导各科普教育基地对中小学利用资源开展课程化学习的工作,
上海市科委科普处每年组织对科普教育基地的学生接待和活动指导情况进行
评审。教育部门的人员参与这项评审工作。在评审过程中,结合具体场馆的实
施,提出完善实践的指导性建议。教育行政部门和教学专业部门与各相关科普
教育基地建立了比较良好的互动关系,双方共同为发挥科普教育基地的课程化
利用作出了贡献。

这些贡献主要体现在四个方面:(1)率先提出科普教育场馆与中小学课程
整合的基本思想和操作实施办法,指导科普场馆和学校共同开发"博物馆课
程",开创了社会教育资源课程化开发和利用的实施模式。(2)率先成套编制了
《课程改革利用科普教育基地资源的活动指南》,为学生探究学习创设新的学习
情境,加强了学生学习过程中引发问题和实践体验,支持学生创新精神与实践
能力的培育。(3)为其他社会教育资源为学校课程开发与利用提供了一个有效
的范例,在科普教育基地课程化利用实践的基础上,市教委对其他如文化、历史

类场馆资源的开发也颁布了实施意见,形成了上海在这方面的领先特色。
(4)为校本拓展型课程与研究型课程的开发提供了可借鉴的范例,不少学校根据课程改革的要求,借鉴市教委教研室提供的范式开发情境模式的校本课程,促进学校特色的形成。

三、其他社会教育资源为课程服务的思路和机制要求

社会教育资源可以分为三种:(1)物质性资源,包括办学机构中的教育设施,本区范围内的文化馆、图书馆、博物馆、各街道及社区的文化站、科技馆(站)、社区学院分院等文化设施,区域范围内的体育馆、运动场、游泳场馆、健身房等体育设施;其他可供教育用的场地、设施等资源。(2)人才类资源,包括场馆的讲解员、导学人员、专业技术人员、相关专家、大学生或者有专长的居民及辖区单位员工志愿者等。(3)信息资源,包括有利用价值的、可推广的各单位的专业信息、管理经验、相关软件以及学习资料等,这些都是可以共享的信息资源,也都是社区教育资源共享的重要内容。

利用社会教育资源进行实践性学习,实质是借助真实情境的学习方式。在目前几种课程思想或流派中,情境中心论日益得到重视。在一定的情境下开展教学活动,让学生体验知识概念的形成与意义,较之于在普通教室的学习更有效,所以创设教学情境的教学模式,愈来愈为教学者所注重。教学情境就是以直观方式再现书本知识所表征的实际事物或者实际事物的相关背景。教学情境解决的是学生认识过程中的形象与抽象、实际与理论、感性与理性、旧知与新知、背景与知识以及问题与思维的关系和矛盾。

上海基础教育在 2006 年始就以科普教育基地资源与学校课程的整合为项目开始了这种探索,由此发展到面向多种社会教育资源的课程化开发利用,推进与学校教育整合。上海市教委于 2010 年发布了《上海市中小学课程改革利用社会教育资源实施方案(试行)》(沪教委基〔2010〕6 号文),顶层设计清晰,实践落实中涌现了一些典型经验。

学校教育和社会教育的有机衔接,走课程化之路,需要有三种"气":思想的"底气"——培养目标上的一致需要:在时代背景下"为了每一位学生的终身发展";责任的"志气"——培养方式上的修正需要:回归教育的本原"让学生健康快乐地成长";行动的"慧气"——培养途径上的互补需要:学校教育教学"知—

行"途径为主的现实,社会教育教学在真实情境下"行—知"途径的追求。这就是社会教育领域课程资源开发和利用的指导思想。

在技术思路方面,主要推进资源整合以及有效设计活动。

其一,在梳理完善中整合资源。社会教育资源极其丰富多彩,就上海而言,根据有关教育部门的梳理,被命名为"教育基地"者,涉及爱国主义教育、民族文化、公民教育、健康与生存、科普教育、艺术教育、农业生态、职业技能实训、爱心志愿者服务等九大系列(沪教委基〔2010〕6 号),总数可达数百个。

这些教育基地的资源能被有效利用的基础是它们与学校教育的衔接,与学校教育确立共同的理念作为思想与行动的指导:一是能发挥支持学生综合素质培养的功能。在内容更新、资源呈现、服务指导等方面,能对照学生核心素质发展目标主动适应,从预设性、生成性等多个方面进行改善,并作为场馆建设和基地发展的核心理念,支持中小学生素质培养。二是能支持学生拓展学习时空、丰富学习经历。为学生创设基于真实或准真实的情景、便于联系实际的学习新环境;为学生创设问题生成性、资料启发性、项目任务性等探究功能的内容,实现与课堂及学校学习条件互补;为学生提供不同于学校的学习项目,实现学习经历的多样化。

学校则要深入分析不同社会教育资源的特点,促进其为"我"所用。如:从时间维度,一般分历史回顾、现实展示和未来规划等;从形式角度,一般有静态性的文献内容和文物内容,也有动态性的模型过程模拟和虚拟电子化过程模拟等不同,要针对中小学生的学习特点,研究整合点;从内容范畴,还有自然科学、社会科学、技术和艺术等不同,需要结合不同的课程特点加以整合利用。当然,还需要深刻认识社会教育资源的潜在价值:既具有横向广域性,可实现综合利用,也具有纵向发展性,可实现深度利用。这样就体现了发展性互动机制的建设思路。

例如,浦东张江社区内的学校成为国内首家 STEM(S 科学,T 技术,E 工程,M 数学)俱乐部,实施社会教育资源跨界联姻。从最初"走近张江"科普参观活动,到"走进张江"的俱乐部多元教育资源多元渗透,项目凝聚了近 174 家高新企业向俱乐部开放,与 48 个科研单位保持教育活动合作。引进海外课程、企业课程基础上的消化改造,成为社区教育资源整合利用的一个成功经验。

其二,回应培养目标来设计教育活动。有效利用社会教育资源的另一个重要基础,就是根据不同教育基地的资源特色,精心设计活动项目。社会教育资源要同学校教育的衔接,首先需要考虑社会教育基地资源的差异,分析它们在领域、范畴上的差别。许多社会教育基地有专业、行业、综合等不同的特性,可以对应学校教育的不同学科、跨学科等拓展的需要,设计出不同的活动项目及其不同目标和过程要求。其技术路径参见对科普教育基地的利用方式。

在机制建设方面,主要包括经济上的杠杆机制,管理上的互动机制,推进中的研发机制,评价上的激励机制等。明确各级教育行政部门、有关社会教育基地、教学研究指导机构和学校等,对实施本项工作中的不同职责与任务,要做到制度明确、职责明确、任务明确、措施到位。

为了加强指导,提高利用效益,在多年实践的基础上,上海市教育委员会专门制订了利用社会教育资源实施方案。

《上海市中小学课程改革利用社会教育资源实施方案(试行)》(沪教委基〔2010〕6 号)对利用社会教育资源改善学生学习活动提出了明确要求:"各区县教育行政部门要明确专门负责人做好指导工作,推进相关工作的落实。每位学生原则上一年内至少有 4 次到社会教育基地(场馆)开展实践学习。学校和教师可根据实际情况,在符合规定要求的基础上灵活地制定不同校外资源的基本实施办法,并全面考虑学生交通安全、活动安全的预案。每所中小学要与若干个基地签约结对,建立稳定的活动关系,以利于有序开发校本课程,并在一定的学习领域(如综合实践活动)中开展活动的记录与评价工作。"

同时,对如何推进利用社会教育资源工作,《上海市中小学课程改革利用社会教育资源实施方案(试行)》(沪教委基〔2010〕6 号)又提出了相应的建议:(1)先试点,后整体。根据全市社会教育基地的资源分布特点,以及组织学生的便利性,先从"二期课改"试验研究基地学校开始实施,再整体推进。各区县和学校结合实际,组织学生到相关社会教育基地开展有指导的实践活动。(2)先重点,后一般。根据当前社会教育基地的现状特点,先在各种条件相对成熟的社会教育基地开始实施探索,再辐射到条件一般、正在完善中的社会教育基地进行实践活动。(3)先附近,后扩展。根据上海社会、交通等条件的现实,先在学校附近的社会教育基地开展课程学习和实践教学活动,再组织到其他社会教育基地进行实践活动。(4)学科教学与社会实践并进。根据社会教育基地的资源特点,分别结合学科的教学需要,以及学校开展实践活动的需要,就有关学习领域、学校特色两个方面在相关教育基地开展实际教学活动。(5)综合与专业并重。根据结合社会教育资源开展实践性学习的丰富性和学生兴趣的个性化发展,既要组织学生到综合性的基地进行活动,又要组织学生到专业特点较强的基地进行实践学习活动。

第四节 保障课程改革的教师专业培训

课程改革的最终落实在课堂,而课堂落实的关键在教师。因此,教师是课程改革的关键性因素,是课程实施的核心保障之一。为了使课程改革工作有效开展,上海市教育行政部门坚持"不培训不上岗"的原则,建立了从试验到推广的教师培训制度,对参与课程实施及有关人员组织了全员培训,通过培训确立为学生素质发展有效服务的基础。

一、关于课程改革为核心的教师专业培训工作设计

根据国家"建设一支素质优良、结构合理的中小学师资队伍"的战略目标,上海围绕《上海市基础教育教师队伍建设"十一五"规划纲要》,发挥上海市教育委员会的作用,注意整合全市各类教师培训资源,统筹规划,以课程改革的需求为导向,分层次设计教师培训体系,分别组织课程试验学校教师、课程推广全员教师,以及高端教师、农村教师、其他教育领域教师等不同群体开展培训工作,保障课程有序实施,同时促进全市中小学教师的专业发展。整个设计如图5-3所示。

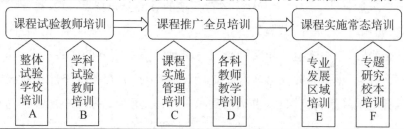

图5-3 基于课程改革的教师培训整体设计

对于上述主要培训项目,本节后面有介绍。这个整体设计蓝图的实施是在课程改革不断深入的过程中逐步完善的,在课程改革深化的进程中,上海还推出了一些具有地域特点的培训项目或领域,如下面所列举者。

(一) 名校长、名教师后备人选培养

这主要是指上海市教委于 2005 年启动的上海市普教系统名校长、名教师后备人选培训工程,通过培养基地、高级研修、课题研究、高峰论坛、教学展示、文库出版等方式,为名校长、名教师后备人选创设专业成长环境和氛围,为他们搭建展示和交流的平台,俗称"双名工程"。这个培训也是在课程改革校本深化的背景下,针对需求而实施的。到 2008 年,第一期上海市普教系统名校长、名教师后备人选培养工程基本完成,8 个名校长培养基地、23 个名教师培养基地、4 个名校长培养高级研修班、23 个名教师培养高级研修班,共培训 979 名学员。从 2008 年起开展了第二期"双名"工程,由 83 名教育专家担任基地主持人,成立 10 个校长培养基地、45 个教师培养基地,共有 108 位校长后备人选、563 位名教师后备人选进入基地学习。第二期"双名"工程用三年的时间,使更多的后备人选能够获得教育硕士学位。

(二) 农村教师培训

这主要是聚焦农村中小学教师。广大农村学校的课程改革,是上海课程改革能否取得成效的攻坚领域。该项目主要是整合全市优质教师培训资源,对农村中小学教师开展分类分层培训,其中包括若干子项目。

1. 基本功培训项目(1~5 年教龄的职初教师)

针对 1~5 年教龄的职初教师,2010 年上海市教委实施"贴近课改、贴近实践、贴近课堂"的农村职初教师教学基本功培训项目。该项目从实践性知识入手开展农村职初教师教学基本功培训。培训课程包括小学及初中的语文、数学、英语,内容涉及教师职业道德与专业思想、学科教育的基础要求、课堂教学的基本技能等。

2. 基本技能研修项目(5~10 年教龄的青年教师)

针对 5~10 年教龄的青年教师,2009 年上海市教委启动农村优秀青年教师专题研修班,采取逐级竞赛、观课评课、课件(网页)制作、团体辩论赛等项目,提高青年教师的专业水平,为有潜力的农村青年教师搭建专业成长平台,使一部分优秀青年教师脱颖而出。

3. 培训者培训项目(10 年以上教龄的骨干教师)

针对 10 年以上教龄的骨干教师,2010 年上海市教委举办农村中小学(幼儿园)校长、教师培训者研修班。整合全市特级教师优质资源,成立特级教师学科专业委员会,对有培养前途的教师进行指导研训,提升水平,建立造血机制,培养一支适应上海农村基础教育发展的高素质的校长、教师队伍。

4. 专业学科培训项目(全体教师)

基本与全市中小学教师全员培训相当,采取集中培训、校本培训和远程培训等多元模式分学科阶段性地层层推进,以帮助农村教师聚焦课堂教学,把握新课程教材,改进教学方法,提高远程学习能力,促进专业化发展。

5. 提升培训项目(薄弱学校教师)

针对远郊区薄弱学校教师,自 2008 年起,上海市教委依托教育部中学校长培训中心专家组的智力支持,实施"分步推进、重点突破、稳步提高、带动全面"的远郊区薄弱学校师资队伍质量提升项目。该项目以全体教师专业发展为主线,以高质量课堂教学为保障,以营造学校文化和教师文化为切入口,通过"专家诊断、专题报告、现场指导、远程支持、课堂教学展示、听课评课、交流座谈"的方式,提升教师素养。第一期(2008—2011 年)选择奉贤区的 9 所学校进行了试点,第二期(2009—2012 年)推广至崇明县的 6 所学校。

6. 薄弱群体培训项目(农民工子女小学教师)

针对农民工子女小学教师,2009—2010 年,上海市教委对 66 所在 2008 年纳入民办教育管理的小学的教师启动了通识培训和学科知识培训。通识培训,包括班主任工作基本要求和学生工作基本技能,教育学、心理学、教育方法基础知识和基本要求及上海市"二期课改"解读。对课程解读的培训资源在本节后面还有介绍。

(三) 关注其他教育领域的教师培训

上海基础教育的课程改革涉及各级各类学校,所以这些领域的教师培训也是课程改革保障系统的一部分。上海主要关注了如下三个群体的培训提升。

1.特殊教育教师培训

包括特殊教育专业岗位培训以及特殊教育教师和干部系列培训,前者按照弱智教育、聋教育、盲教育等分类开展,后者是面向从事感觉统合训练的专职教师、各区县教育局分管特殊教育工作的科长和专职干部、特殊教育康复指导中心负责人等对象的培训。

2.学前教育教师培训

包括:学前教育专业岗位培训,提高学前教育教师专业能力;儿童急症救助基本技能培训,提升托幼机构工作人员的安全防范意识和应对突发事件的能力;职初教师岗位技能培训,为提高入职1~5年学前教育教师的适岗能力,掌握课程改革理念和方法,提升教育教学能力。

3.科技、艺术教师专业发展培训

课程包括《发达国家科技教育资源整合利用的理论和实践》《科技与人文》《发达国家艺术教育的最新理念和实践》《学生艺术团队的组织和指导》《学校艺术教育整体实施的运作机制》《中外优秀艺术作品赏析》等,从理念、理论、信息、视野、能力等方面来提升教师的科学与艺术素养和教育素养。

应该说,这一系列培训工作的实施,对上海中小学、幼儿园课程改革的有效实施与健康发展来说是十分必要的,也取得了预期的培训效果,同时形成了相应的经验。

二、关于课程试验阶段的专业培训资源

根据上海对中小学课程改革的进程设计,首先抓的是培训课程改革研究基地学校承担试验工作的教师,要求基地学校组织好起始年级教师的安排,保证有一定数量的骨干教师和富有改革精神的青年教师参加试验工作。为贯彻先培训后上岗的原则,要求配备的教师必须经历课程改革的通识培训和专题培训,要具有准入试验的资格。这种培训在上海单独承担的两轮课程改革中都有相似的培训要求。如,上海在实施第二期课程改革时首先组织了如表5-4所示的培训计划。

表 5 - 4　上海"二期课改"试验培训计划安排要点

培训类别	参加对象	培训内容	培训组织者	培训实施人	培训形式
通识培训	区县教育行政领导及相关人员	1."二期课改"动因和改革的目标 2."二期课改"基本理念、内容与要求 3.整体试验的目的、任务与要求	市课程改革试验领导小组	市试验办	1.报告会 2.按区县组织研讨"二期课改"及整体试验的意义和任务
	区县教研人员和教育科研相关人员		市试验办	市试验办	1.报告会 2.按区县组织研讨"二期课改"及整体试验的意义和任务
	课改研究基地校长		市试验办	市试验办 区县试验办	1.报告会 2.按区县组织研讨"二期课改"及整体试验的意义和任务
	基地学校试验教师		区县试验领导小组	区县试验办 学校试验领导小组	1.报告会 2.按学校组织研讨"二期课改"及整体试验的意义和任务

（续表）

培训类别	参加对象	培训内容	培训组织者	培训实施人	培训形式
专题培训	区县教育行政领导及相关人员	1. 二期课程方案介绍 2. 整体试验的配套支持	市试验领导小组	市试验办	1. 报告会 2. 按区县组织研讨如何领导本区县试验工作的开展
	区县教研人员和教育科研相关人员	1. 二期课程方案介绍 2. 学科课程标准介绍 3. 组织教师培训的基本要求	市课改办	市课改办	1. 报告会 2. 按区县组织研讨教师培训和组织教研活动问题
	课改研究基地校长	1. 二期课程方案介绍 2. 学科课程标准介绍 3. 如何设计和组织二期课程的校本化实施	市试验办	市试验办 区县试验办	1. 报告会 2. 按学段由市试验办组织研讨课程方案的校本化实施问题 3. 按区县组织研讨试验配套措施建设问题
	基地学校参与试验工作的教师	1. 二期课程方案介绍 2. 具体学科的课程标准介绍 3. 新教材编写意图和特点介绍 4. 试验第一学期的教材分析和教学建议	市试验办	市试验办 区县试验办	1. 按区县组织课程方案报告会 2. 由市按学科组织 ① 分学科的学科课程标准解读会 ② 新教材介绍与分析会 ③ 按区县分学段组织教研活动

运用媒体渠道向试验学校提供有价值的培训资源是持续开展对试验实践者进行培训的基本条件。如"二期课改"试验工作开始时,上海电视大学、市教委教研室、部分区县教师进修学院将培训讲座拍摄成视频,形成了电子培训资料。其中通识培训有 8 讲,由课改委、市试验领导小组的领导和课程改革与研究基地学校校长主讲,每讲时间为 2 课时,具体内容是课程改革的顶层设计及其相应要求。

各学科专题通识培训有 4 讲,主讲人是课改委、市试验领导小组中的业务领导,市教委教研室学科教研员、教材主编、课程改革与研究基地学校的校长和教师。每讲时间为 2 课时,具体内容围绕学科的课程要素和具体课例而开展。

由讲座形成的电子培训材料,提供给课程改革与研究基地学校作为持续培训的资料,由学校根据试验工作的需要,随时选择相关内容组织教师观看,以推进试验工作的有效实施和深入开展。

最终,这些电子培训材料也成为全市基础教育教师专业发展培训中的一项规定内容,为课程改革的全面推广积累了教师培训的资源。

三、提高课程实施质量的教师全员评课培训资源

上海对于促进教师的专业发展工作,曾经有"课堂实践经验筛选——好经验传播——行动跟进——新经验筛选——再传播——再跟进"等基于课堂经验改进的"青浦模式";课程改革进入常态实施,课堂及其有效性再次成为关注的重点。

课堂是学校教育的主阵地,课堂教学是实施学校教育的主要形式。课堂教学效益的高低,直接影响着能否给学生提供更多选择学习和自主发展的时空,能否帮助学生减轻过重的学业负担,直接关系到课程改革的成败。课堂甚至被称为"课程改革的神经末梢"。因此,在推进课程改革的过程中,聚焦课堂教学的改革,已成为市、区县、学校的共识。而引导教师如何看待课堂,如何评价课堂教学,既是改进课堂和提高教学有效性的直接因素,也是推进教师专业发展的一个抓手。提高观课、评课水平,更是每一位教师的专业素养提升要求。

全员评课是由上海市教育委员会推动的一个教师培训项目,要求 13 万中小学幼儿园教师,在"十一五"期间(2006—2010),根据新课程的实施要求,按照课程改革理念,通过网络平台和一系列课堂评价工具开展有一定要求的观课和

评课(参见第四章第三节)研究活动。可见,这是一个面向全体教师的专业学科培训项目。针对全员培训的实际背景,上海采取了集中培训、校本培训和远程培训等多元相结合的模式,分学科阶段性进行。为此,需要相应地提供诸如"以什么标准评课""如何评课"和具体课例等内容的培训资源。

制定出观察与评价课堂教学的标准等系列要求与说明,这是教师需要掌握的评课标杆。在这次全员评课项目的实施中,由市教委教研室负责制定教龄5年以下青年教师教学基本功观摩活动以及教龄5年以上骨干教师课程改革探索实践课例分析的基本标准,并提出评课指导;由上海远程教育集团和市教委教研室合作推荐一批电子化的课例,作为评课的具体内容对象。

2006年开始的这项以评课为主要任务的全员培训,其评课基本标准是依据上海市教育委员会2004年颁发的《上海市普通中小学课程方案》精神,上海市科教党委、市教委2005年颁发的关于民族精神教育与生命教育纲要(即学科"两纲")精神,市教委教研室2004年、2005年修订和颁布的《改进中小学各学科课堂教学的几点意见》而制订的。评课基本标准主要围绕教学目标制订、教学内容处理、教学过程及学习方式的完善、教学评价及课堂实施,着眼于对"二期课改"理念的贯彻、对各学科课程标准要求的落实、课堂教学质量与效益的提高等方面。其中,对青年教师的观摩评价强调的是教学基本功;对具有5年教龄以上中小学骨干教师探索实践课展示的评价,除了在通式参考标准基础上,就不同学习领域的各学科开展课堂教学观察与评价,还需要依据《改进中小学各学科课堂教学的几点意见》,结合学科的特点具体细化。从具体评价的视角,根据新课程理念提出如下几点提示:

评价教学目标的落实要对照教师的"教学设计"。教学目标要注意"知识与技能""过程与方法""情感、态度与价值观"三个方面的有机整合;要将学科落实民族精神与生命教育两个纲要的要求有机体现;要结合具体教学内容、学生实际和不同的课型等。

评价教学内容的处理要符合学生认知规律。对教材要抓住主线、突出重点、分散难点、安排有序;对教学内容进行合适的选择调整和加工提炼;能选取学生了解的社会生活知识充实教学内容,使全体学生在有限的课堂时间内掌握最基本的学科知识与方法,智力与能力有相应的提高。

教学过程要充分注意精心设计学习问题,注意培养学生的质疑能力、问题解决能力,以及创新精神和实践能力;注意师生之间的交流和互动,体现教学民主,体现和谐的课堂氛围;能注意和信息技术整合的有机与有效,提高课堂教学效率;学习训练能注意引导学生进行探究体验与合作交流。特别要关注学生的学习方式是否有所改进与完善,综合素质有所提高。

课堂教学的评价要体现公正性和客观性,注意对全体学生学习行为关注的均衡性和覆盖面,引导学生开展反思与自评;评价用语平和、正确,切合实际;能运用评价手段激励和引导学生改进学习、增强信心、提高效益。

评课的具体内容是电子化的课例。第一期共推出了 862 节课的实录,均制作成符合结构要求的数字课例,上传到教师教育专题网络,供区域培训部门和校本培训部门组织教师培训之用,即所谓上海基础教育"十一五"期间教师培训的"862"工程。

在区域层面,较多实施的是微格化评课。如:浦东新区教育发展研究院整合了教师专业培训部、课程教学研究部以及信息技术推广部的研究人员,成立了视频案例项目开发研究小组。通过教学专家与信息技术人员的通力合作,开发了观课与评课的视频切片分析系统平台。这一平台的建立,打破了原来一节录像课一看到底的纵向评课方式,建立了优质课之间横向比较评课、观课者与示范课教师互相对比评课、定性分析与定量分析有机结合评课的新方式。

在校本层面,结合教研组建设,利用市"862"课程全员培训,按学期初计划,由教导处负责,备课组长配合,开展了集体观课、备课、说课、听课、评课活动,通过这一形式,强化了教研组工作的自主性、创新性和实效性,也加强了对教研活动模式的研究。教师通过活动的参与、配合、借鉴、反思、体会,都有了不同程度的感知和体验。而后,每位学科教师在学年中根据观课分析和评课研究,在校内进行公开教学,以教学行动汇报培训的收获,使每位教师都有自我展示教学风采的机会,鼓励教师脱颖而出。

以"862"课程为基础的全员培训,使教师对新课程实施要求有了直观的理解,也提升了自身实施新课程的能力。根据要求,每一位上海教师都需要在网络平台上发表自己的评课感想,许多教师都谈了与以往不一样的感受。

浦明师范学校附属小学丁老师在参加评课后说:"原来我们评课时教师的

发言比较散,虽然大家也你一言、我一语,但实际落实在课堂的效果并不理想。这次我们教研组活动时,运用视频案例分析系统,开展了'如何有效组织学生进行猜想与验证'的讨论。我们先观看了'正方形组成的图形'与'长椅上到底坐几人'两节课中的猜想与验证的切片集。从这两个片段中可以发现,猜想需要以教学内容为根据,而学生提出猜想后要请他们自己进行验证,这对培养学生的直觉思维会有很大的帮助。"

静安区一师附小的刘老师对网络课例音乐课《春雨》的教学过程环节的评价是:"本节课教学思路清晰,层次分明,各环节的衔接、过渡比较自然,从一开始的准备练习——律动《春天在哪里》到接下来的歌曲新授、拓展活动,都环环相扣,每一项活动的意图均明确,且具有一定新意,在每个教学环节后教师的总结和概括均起到了较好的效果。但是部分练习在设计上难度偏高,不太适合全体同学的基础,可适当降低难度。课堂教学的结构比较完整。讲与练的分配比较得当,尤其在歌曲难点乐句的学习和演唱的方法上,教师处理得较细腻,通过启发准备、感知、理解、实践、创造,学生的情感得到提升。"

基于评课的"862"全员培训,给教师、教研组、基层学校甚至整个上海的教育带来了很多意外的收获。这里,课例就是一顿丰盛的"大餐",借助网络这个快车,教师,特别是年轻教师,尽情地品尝各家的"特色菜";课例也是一本看不够的书,常读常新,教师从中受到潜移默化的影响,在备课、上课、评课、研课的过程中提升了个人的教学素质。"862"就是一条纽带,联结着教师的心,增强了教研组的凝聚力,提升了学校校本教研品质。

四、外来务工人员子女学校教师的课程实施专业培训

由于上海接纳了众多外来务工人员,随迁子女的就学质量也是上海必须关心的大事之一。上海自 2010 年始,对 2009 年纳入民办教育管理的 86 所外来务工人员子女学校教师启动了培训。全市共有 2156 名这样的教师接受了培训。培训的课程根据上海市教委要求的科目进行设计。因为这些学校的教学内容与上海的新课程一致,所以特地安排了"课程方案和课程标准解读"的培训课程。市教委教研室承担了培训课程设计和实施,具体内容分为"上海课程的设计特点"与"课程的实施要求"上下两篇;每篇再分若干专题,以"章、节"为序

编排。框架如下：

上篇　上海课程的设计特点

第一章　课程与课程改革

第一节　课程与课程流派(对课程的理解/主要课程流派/课程流派的新发展)

第二节　课程改革的一般规律(课程设计与试验阶段/课程全面推广阶段/课程常规运行阶段)

第二章　上海市中小学课程改革的基本回顾

第一节　上海市中小学的"一期课改"("一期课改"的主要进程/"一期课改"的基本特点)

第二节　上海市中小学的"二期课改"("二期课改"的主要进程/"二期课改"的基本特点)

第三章　对上海课程改革基本精神的理解

第一节　课程理念与课程目标(关于课程理念/关于课程目标)

第二节　新课程的文件体系及其特点(课程方案/课程标准)

第三节　教材建设与使用(教材建设的基本特色/教材研究与使用)

第四节　课程评价与课程管理(课程评价功能和新的评价体系/深化学校考试方法和考试内容的改革/高校招生制度的改革/小学毕业生以免试就近升入初中/课程管理与组织领导)

第五节　教师的专业发展(青年教师的教学基本功/教学展示活动的组织)

第四章　上海课程实施的资源体系

第一节　优秀课例(文字形态的教学实录/视频形态的课堂录像)

第二节　单元教学设计(基本要求/若干案例)

第三节　教学课件(基本要求/设计技术/使用要求)

下篇　课程的实施要求

第五章　校本课程的开发与利用

第一节　校本课程的开发(在现成课程中选择引进/在引进的基础上适当改编/联系学校特色自主开发)

第二节　校本教材编写与使用

教学目标的价值取向——重视学力的培养；

教材设计的理论取向——均衡发展的思想；

教材结构的组合趋向——增大学习者的选择；

教材编写的统整趋向——学科内容的综合，与技术及社会资源的整合；

教材使用的改革趋向——完善学习方式，拓展学习时空，丰富学习经历；

学业评价的增值趋向——重视过程与发展。

第六章　课堂教学环节的改进与优化

第一节　改进备课的若干建议（改进备课的主要视角/改进备课的基本要求/创新备课活动的形式）

第二节　改进上课的若干建议（重视有效导入/创设教学情境/讲究教学策略/巧用问题启发/有效利用技术）

第三节　改进作业的若干建议（对课堂作业的重新认识/新课程呼唤新的课堂作业/对建立课堂作业新体系的若干建议）

第四节　改进辅导的若干建议（对教学辅导及其改进的基本认识/改进教学辅导的若干策略方法/科学处理改进教学辅导的几个关系）

第五节　改进评价的若干建议（改进学业评价环节的着眼点与基本方向/改进学业评价的相关策略与建议/关于改进学业评价的方法案例）

第七章　课堂教学评价的改进与完善

第一节　课堂教学观察与评价的基本视角（有关课堂教学价值判断的理论流派/关注课堂中教师的基本教学素养/关注课堂中学生的学习行为/关注学科建设的评价视角）

第二节　课堂教学评价的几种基本用具（关注教师行为的评价/关注学生行为的评价/师生行为兼顾的评价）

第三节　对课堂教学观察与评价的几点建议（教学与教育的关系/预设与生成的关系/接受与探究的关系/自主与合作的关系/细节与整体的关系）

　　上海对外来务工人员子女学校的教师培训，是从实际出发按全员培训的基本要求设计和进行的，体现了"为了每一位学生终身发展"的课程理念，以及义务教育阶段均衡发展的指导思想，也提高了教师对上海课程改革的认同度。

五、组织中小学教师分层培训工作的基本经验

上海对中小学教师的培训与课程改革相整合,不是一般意义上的培训,而是站在教育内涵的层面上,将促进教师专业发展和有效实施课程改革进行有机结合,实现了多赢的局面。事实证明,这样的方式是有实效的。

(一) 健全管理体制和工作机制,保障培训工作顺利开展

2006 年上海市就成立了"上海市教师教育工作领导小组",由上海市教委主任担任组长,成员主要由市教委职能处室及相关处室、高等师范院校、远程教育集团和区县教育学院等四个方面组成。领导小组负责统筹规划上海市教师教育和相关培训工作,形成全市中小学教师教育工作的宏观管理体制和组织协调机制,有效地保证了各项培训的推进与落实。

(二) 充分整合各类资源,提高培训质量

上海市教委注重整合全市教师教育资源,构建了全市教师教育资源联盟。采取购买服务的方式,包括签订合同、自主选学、学分积累、社会评估和根据绩效进行资助等具体办法,充分调动了各类教师教育机构的积极性、主动性和创新性,高质量、高效率地开展教师培训。在资源整合过程中注重抓好培训者队伍建设,通过市级层面的培训项目,培训一批"种子"教师,建设一支培训者队伍,建立本土造血机制,使他们在推进本区县素质教育和教师培训方面发挥示范引领作用。

(三) 发挥教师进修院校在培训工作中的主力军作用

上海市教委抓住教育部开展示范性县级教师培训机构评估工作的机遇,加大了上海市各区县教师进修院校的建设力度,2006—2008 年组织开展了上海市区县教师进修院校的标准化建设,强化区县政府责任,推进机构改革创新,促进其内涵建设和功能完善,构建"小实体、多功能、大服务"的区域性教师学习与资源中心,促进教师进修院校在中小学教师的专业发展中发挥主力军作用。

(四) 校本研修成为教师水平提高的有效途径

教师队伍建设的主要任务在学校,上海将教师培训工作的重心落到基层学校,全面推进校本研修制度。在积极推进过程中,为了进一步创新教师专业发

展和带教师范生机制,鼓励更多的中小学、幼儿园关注教师专业发展,关注带教师范生,促进教师职前、职后教育的衔接与融合,建立完善的校级教师培训体系,2009 年上海市教委还启动了上海市教师专业发展学校暨师范生实习基地的创建工作,在校本研修方面有成效的中小学中遴选一批在教师专业自主发展等方面起了引领和示范作用的学校。

第五节　推进课程的信息化

推进中小学课程的信息化,是实现上海教育现代化的重要组成部分,是推进上海教育跨越式发展的重要手段,是实现上海中小学课程改革优质高位发展的一个保障与特色。

上海中小学课程教材改革从启动开始就重视现代技术的应用,尤其是在课程改革进入 21 世纪后,从"信息科技"学科改革起步,将原来的"计算机"学科转型为"信息科技"课程,同时推进所有学科和信息技术的整合。在《上海市普通中小学课程方案》中,除了在三个学段均开设"信息科技"科目外,对教材编制提出了利用信息技术的相关要求:"教材编制要充分利用信息技术,积极开发适合学生特点的电子教材,形成文字印刷教材、电子视听教材以及网络课程资源相结合的一体化教材。关注在信息技术支持下教材内容的互动性和生成性。"

在课程实施中强调:"充分利用数字化课程资源和信息化环境,构建数字化的学习平台,促进课程与信息技术的整合。利用信息技术,创新教与学的方式,改变训练手段,提高教学效益。"

在课程方案的附件中,还专门发布了《关于加强课程与信息技术整合的指导意见》的文件。该文件从"课程与信息技术整合的基本概念和意义""课程与信息技术整合的内容与要求""课程与信息技术整合的实施建议"三个方面具体阐述了内容要点。

到课程改革历经 25 年的 2013 年,上海基础教育尤其是其课程已经进入了一个"智能教育"的全新时代。上海教育信息化基础建设的总体规模空前,市和区县层面教育城域网建设达到新的高度,信息化平台资源十分丰富,基层学校也已涌现出许多亮点,如上海中学"i 平台"、卢湾第一中心小学"云手表"、七宝中学"视像中国"、长宁区校际"无边界学习"等,局面十分喜人。

一、教育信息化资源环境的建设

上海基础教育课程体系和教学的信息化是教育信息化工作的重要组成部分。在这项工作推进中,上海始终以资源环境的建设为基础。近 30 年,上海教育的信息化经历了不同的阶段:第一个阶段是个人计算机进入校园,第二个阶段是互联网出现,现在是第三个阶段,云计算应用于教学,学习变得无处不在,教育和教学在信息化的推动下正在深度转型。目前,上海已经建成全国首个主干百 G 的教育城域网,为课程体系和教育教学的信息化环境创设奠定了良好基础。这些信息化基础建设的主要任务和目标包括以下四点。

(一)完善信息化支持环境,建立信息化公共服务体系

教学资源信息化建设必须建立在信息化环境建设的基础上,经过多年的建设,上海中小学教育教学信息化环境已经基本形成,市级平台按专题和功能呈现多元互通局面,区县的教育信息中心信息化环境普遍得到优化,学校的信息化设备设施建设均基本完成,区域和校园网相联的教育管理系统也已基本建成并普遍应用。这些基础建设成果,加快了上海中小学教育教学以及管理的数字化发展步伐。

(二)数字化教学资源日益丰富,信息化教育教学活动的推力不断增强

与信息环境建设相比较,各种教育教学资源的开发和利用更得到教育领域各方的支持。上海市教委组织开展了一系列数字化教学资源的建设项目,建设了上海全市的教育资源库,包括电子化教学设计、数字课例、网络课程等在内的一大批数字化教学资源都实现了平台共享,为信息化教育教学活动的开展提供了强大支持。

(三)利用信息化技术,网络教研新模式的占比不断提升

上海根据义务教育均衡优质发展,高中教育多元特色发展的现实需要,利用课程改革促进内涵层面的改革,需要深化教研领域改革,开展教研转型探索,网络教研正在成为一种教研常态。利用网络来提高教研工作的规范性、研究

性、拓展性、连续性和灵活性，教研模式正在发生结构性变化，教研品质的提升正取得较好成效。

（四）推广教育电子政务，推进教育管理信息化和公开化

由于教育信息化的带动，教育电子政务日益得到推广。有关课程改革、教学评比、教学视导等工作，均在教育有关网站上实现信息公开。而有关网上招生录取等信息及时公示等电子教育政务的公开化进程正在加快。根据教育部对学籍管理的改革要求，上海基础教育推进电子学籍卡工作，也在市、区县、学校等层面得到实现。

这些与课程改革、教学活动有关的信息环境建设，为实现上海教育现代化、课程建设数字化等奠定了较好基础。

二、信息化课程教学资源的系统开发

到 2013 年，上海全市 1600 余所中小学中，80％以上的学校已经接入光纤。随之而来的数字化校园建设、电子书包、共享课程、交互式学习，这些逐渐走进校园的信息化教育手段正悄然改变着传统课堂教学和学习方式。而这种转变都与信息化课程教学资源的开发不无关系。对此，上海在 2012 年全国首届基础教育教学研究成果评选获得的一等奖中，有下列两项成果跟信息化有关。

（一）省市级教育资源库支持课程教材改革的创新实践

该项目由上海远程教育集团申报。专家点评：该项目变"数字鸿沟"为"数字机遇"，实现了"人人享有优质教育资源"的目标，为以教育信息化促进教育现代化发展作出了重大贡献，是一项典型的服务于基础教育均衡发展的教学创新成果。

成果概貌：现代化的课程改革需要数字化教学资源的支持，只有建立一个基于网络的、内容全面覆盖中小学的基础型、拓展型和研究型课程的网格化教育资源库，才能满足教学资源广泛性、成长性、开放性的要求。上海数字化教学资源共建共享的实践研究，突出信息化与课程整合的应用，在教育资源配置均衡化和实用性上作了探索，强有力地支持了上海的课程与教学改革，为教育跨越式发展助力。

（二）中学物理数字化实验系统的开发和应用

该项目由风华中学冯容士等领衔的团队申报。专家点评：该系统的开发与应用实现了三大创新——技术创新、方案创新和教学创新，有力地支持了物理学科的课程改革，有效弥补了传统实验仪器设备的缺陷，促进了物理实验设计方案的更新、创新，攻克了一道物理实验难题，并展现出了强劲的持续发展能力。

成果概貌：物理学是一门实验科学。实验是物理教学的组成部分，具有释疑、点拨、探究、实践等独特的育人功能。中学物理数字化实验系统(DIS)是由传感器、数据采集器和计算机组成的数字化实验系统，小型、简便、快捷，能及时反映变化的数据和图形。该系统是由上海市中小学数字化实验系统研发中心根据课程标准和教材要求，为物理教学"量身定做"、经过近10年研究开发出来的，体现了技术与课程的整合。

除上述获奖项目以外，其他未申报的信息化课程教学资源系统也不少。上海的这种探索是课程和教学自觉适应大数据时代的实践行动。

三、信息技术整合课程的实践探索

利用信息化整合课程的实践探索，在上海出现了绚丽多彩的局面。在各区县和学校，诸如"泛在学习""大数据""低结构""云计算""可视化技术""数字化校园""智慧教育""云课堂"等概念，正在进入教师和学生的教学生活中。比较有知名度的项目有以下三个。

（一）"IMMEX 思维评价技术"使学生思维过程显性化

黄浦区上海外国语大学附属大境中学推出的"IMMEX 思维评价技术"，将答题的全过程从纸上移植到电脑中，一道题目里只告知学生最基本的信息，但大量的其他信息需要学生通过操作平台自行选择。如学生可以点击运动图像来观看跳水的全过程，但运动图像中却给出了"忽略空气阻力"和"考虑空气阻力"两张图，这就要求学生自行选择。信息供给中有不少是干扰信息和无关信息，如果学生对知识点掌握不全，就会被这些信息误导；对于那些学习能力很强的学生而言，他们没有学科依赖性，因此甚至根本不需要点开太多信息，就能自行解题。每当学生点开各类信息，"IMMEX 思维评价技术"都会在后台全方位作记录，解题时间过长、点开干扰信息等，都会被纳入评价范畴。"IMMEX 思维评价技术"在国外教学过程中十分普及，上海外国语大学附属大境中学目前已经在物理、化学、生命科学、数学及地理课程上引入该技术，教师们通过进一步分析不同的学科背景及学生特点，对其进行本土化的改进后再行运用。

（二）"云课堂"让上课气氛活起来

杨浦区二师附小学生带着一台 iPad，在平常的学校"云课堂"上课。如小学《科学与技术》的探究课"走进昆虫的世界"，手拿 iPad 教师机的老师，轻轻点击 iPad，学生的 iPad 上就出现了"小练习"；学生们根据课前的预习，像玩"找你妹"之类游戏一样，在 iPad 屏幕上点出答案。如果觉得学生掌握学习内容有难度，老师会使用"电子书架""专题网站""网络搜索""校园图书馆"等功能，带着学生一起再去了解和熟悉昆虫。"真假昆虫分类"测试功能可以让学生通过测试的方法基本掌握相关知识点。从"寻找昆虫"到"教师点评"，从"扩充阅读"到环保教育，35 分钟，却容纳了传统一节半甚至更多的课时内容，学生在学习的过程中没有一个开小差、打哈欠。"云课堂"已经在杨浦区的二师附小、铁岭小学、翔殷路小学、同济附中、控江初级中学、杨浦高级中学等学校试点，涉及语文、数学、英语、地理、音乐、探究、科学与技术等课程。

（三）"点阵码教材"让课本开口说话

虹口区 2012 年开始探索"电子书包"项目，作为其重要组成部分，"点阵码教材"与电脑、电视机完美结合，将传统课本变为"E 纸"。孩子们上课只需带上一台平板电脑，开机、登录、进入 ibooks，寻找电子书中的课文，用划线工具划重点、做题……一节课就可以顺利完成。"点阵码教材"的产生使得学生的阅读范围进一步拓展。"电子书包"将每本教材中的内容及其背景知识、重点分析、拓展资料等制作成一个巨大的数据库，然后将这些数据库中的资源与教材中的每一段文字、每一幅图片相对应，如果学生用点读笔在知识点上一划，课本就可以发声，学生可以听到更丰富的内容。这项技术已在虹口区不少小学进行试点，面对多媒体电子课本、超链接校本教材以及微课程等各种类型的数字资源，学生们已开始渐渐习惯于自觉操作、自主学习的个性化过程。虹口区"电子书包"

的"破冰之旅"正迈向一个崭新的天地。

四、课程教学管理与评价信息化

教育发展和进步的历程演进表明,技术在教育本体中的地位是逐步变化的。技术从附属或辅助教育的角色,随着发展渐渐走上了教育改革的最前台,并同时也从渗透到引领课程教学管理和评价的改革。信息化对教育全领域的影响,信息化助推教育发展的转型,包括课程转型、课堂转型、管理转型、评价转型等,这种态势已经不以人们的意志为转移。尽管人们对这种转型期的态势仍存在诸多质疑、困难和问题,但相信人类的智慧能够正确处理,发挥信息技术的正能量作用。

《2014 上海基础教育信息化进程蓝皮书》显示,技术与教育的相互渗透,正呈现八大结构性特征,或者说已经初见端倪成为可预见的教育变化:教材多媒化;资源全球化;教学个性化;学习自主化;任务合作化;环境虚拟化;管理自动化;系统开放化。其中,课程管理、课程评价的信息化呈不容逆转之势。

课程教学管理的信息化首先基于系统的开放性,包括内容开放、结构开放和功能开放。通过超链接实现本地资源与远程资源无缝连接,课程内容的空间可无限扩展扩张;利用构件化技术,可以随时更新教育内容和扩充教育系统,课程结构组合更加灵活;网络平台提供全面的教育服务,能够支持按需学习,适时学习与弹性学习,课程教学管理功能的开放更符合大数据时代教师学生的教与学。

因特网已成为全球最大的信息资源库,其中蕴藏着丰富的教育资源,无论是教育者还是学习者都可方便地享用。课程教学管理信息化的具体举措,包括:利用多媒体,特别是超媒体技术,使课程内容表现变得结构化、动态化、形象化。利用人工智能技术构建的智能导师系统,能够根据学生的不同特点和需求进行教学和提供帮助。教学活动可以在很大程度上脱离物理空间时间的限制,利用虚拟化的教育环境,包括虚拟教室、虚拟实验室、虚拟校园、虚拟学社、虚拟图书馆等,尝试开展虚拟教育。通过网上合作学习,可以建立网上学习小组,共同完成小组作业。利用信息化手段来管理课程和教学,使课程和教学变得更可爱。

超文本、超媒体之类的电子教材等网络学习资源已经为自主学习提供了极其便利的条件,利用信息技术支持自主学习成为必然的发展趋势。而利用信息技术进行教学评价改革,包括利用信息技术手段进行测试与评分、学习问题诊断、学习任务分配等,同样受到教师和学生的欢迎。评价的档案袋发展趋向,有利于建立网络电子学习档案,利用电子学习档案可以推进教学评价的改革。利用信息化技术平台的优势实现面向学习过程的评价,使课程评价改革凸显了时代的特色。

上述这些改革的动向,已经在上海中小学课程教材改革中实践多年。上海已经建立了"上海市中小学(幼儿园)课程教材改革专题网""上海市中小学二期课改网络互动平台""上海教育资源网络平台"等支持课程与教学管理和评价等改革的平台资源,但提高其功能发挥的任务还有待进一步探索。

第六节　教育考试与评价改革

教育考试与评价制度对实施素质教育、推进课程改革都具有重要的导向作用,因此也成为课程改革的一项必需的配套措施。上海中小学课程教材改革方案中明确提出了"按照课程教材改革要求改革招生考试制度"的要求。

普遍认为,统一招生考试制度存在如下突出弊端:(1)统一招生考试只考识记的知识,不考动手实验和实践能力,缺乏综合性;只考语文、数学、外语等学科知识,不考德、体、美,缺少全面性;只看一次考试,不看日常的学习情况,缺乏整体性。因此,统一招生考试的办法存在着不合理性和不公正性,不利于实施素质教育。(2)统一招生考试的招生制度是一种全员统一排序的做法,这种做法就是用一把尺子评价和挑选具有不同特质的学生,这不是科学的办法。"唯分取人"在一定程度上也加重了学生的身心压力。为此建议:招生制度改革首先要解决上述问题,按照素质教育的方向要求,建立科学而多元化的评价与选拔标准。

一、考试制度的改革探索

自 1977 年恢复高考以来,上海一直致力于高校招生考试制度的改革。1985 年,在国家教委授权下,上海开始进行自主招生考试制度改革试验,高考制度改革经历了几个阶段,与课程改革的推进具有一定的同步性。

（一）以高中会考制度建设为核心的高考制度改革和探索期(1985—1992 年)

上海于 1985 年 6 月对 1984 级高一学生实行了全市统一的历史学科会考。1986 年 9 月,上海正式出台《上海实行高中会考和改革高校招生考试制度的方案》。1987 年,在 1984 级高中生相继参加政治、物理、化学、生物、历史和地理等六门学科统一会考的基础上,上海的高考科目定为语文、数学和外语三门,并按 1∶1 的比例将考生的高考和会考成绩统一计入高校录取总分。1988 年,上海又进一步调整和完善高中毕业会考制度,将学生会考成绩与其高考成绩由原来的"硬挂钩"改为"软挂钩"。全市高中学生参加政治、语文、数学、物理、化学、外语、生物、历史和地理九门学科会考,成绩全部合格者可以获得统一颁发的《上海市普通高级中学会考合格证书》,并取得报考高校的资格,高考科目调整为四门六组(即以语文、数学、外语三门为各组必考科目,而与政治、物理、化学、生物、历史和地理等其余六门选考科目中的任何一门随意组合以适应高校不同学科、专业的要求)。1991 年以后,上海对会考制度再次作了调整,规定自当年入学的高一学生开始改会考合格证书为会考证书,并将会考成绩改为优良、合格与不合格三级。同时还建立了会考统一补考制度,由市教育考试机构统一组织会考补考报名与考试工作,补考成绩只记合格与不合格两级。

（二）高校招生自主权的探索和扩大期(1993—2000 年)

从 1993 年开始,上海高校开始进入以收费制度改革为突破口、以扩大高校招生自主权为核心的高校招生考试制度改革新阶段;突破了以往单纯将高考成绩作为录取唯一依据的模式,强调全面考查学生,高等学校在招生录取中有一定的自主权;适时地推出了高中保送生和选送生制度。当年,有两项比较重大的改革措施出台:一是在建立高等学校内部自我约束和外部社会监督机制的前提下,推出了在招生计划 120％生源投档范围内不作退档检查,由学校自主录取。二是以上海工业大学为突破口,在一校范围内进行"面向社会、自主招生、择优录取"的改革尝试,探索真正意义上的高等学校招生考试自主权。1994 年以后上海高等学校招生考试制度改革进一步深化,8 所上海市高校和 2 所外地高校进入试点高校行列;1995 年试点高校数又增加至 25 所;1996 年以后更是扩展到全市所有高校。

（三）高等教育大众化背景下高校招生考试制度的整体建构期（2000—2009 年）

20 世纪末 21 世纪初，中国高等教育开始实施大扩招，在短时间内实现了全国高等教育毛入学率 15％的目标，整体进入了高等教育大众化发展阶段。而上海高等教育毛入学率则在 2003 年便达到了 50％的水平，率先进入了高等教育普及化发展阶段。2004 年上海教育工作会议后，发布《中共上海市委、上海市人民政府关于全面实施教育综合改革，率先基本实现上海教育现代化的若干意见》，提出"普通高等学校招生考试要改变高度集中的统一模式，建立可供选择的多元模式，推行综合评价、多元选择、自主招生的选拔办法"。主要举措有：给予考生多次选择机会，实施"春季考试，春季招生"；尊重高校办学主体，探索高校自主招生新模式；调整考试科目，开设"综合能力测试"；打破招生瓶颈，架构升学立交桥。

（四）实施普通高中学业水平考试制度作为课改推广配套措施（2009 年至今）

全面实施高中学业水平考试，使基础教育由"考什么，学什么"转变为基于课程标准的"学什么，考什么"。改变片面追求升学率的错误倾向，逐步转向在保证基本教育质量的基础上，追求学生的全面发展和学校的办学特色，从制度层面保证和推动基础教育改革的深入。从 2012 年开始，上海对普通高中学业水平考试制度进行调整完善，高一考地理和信息科技，高二考历史、物理、化学和生命科学，将高三语文、数学、外语、思想政治四门科目考试时间调整至高三第一学期期末，语文、数学两门科目增加附加题以供选考。同时，高考科目也将根据教育部的高考改革要求，作相应的改革探索。

二、中考制度的改革探索

完整的中考制度，应该涉及初中毕业考试、学业考试和高中招生考试等几个考试领域。根据课程标准要求，上海曾对初中修习完成的学科实施结业考试，也曾实施过毕业考和升学考分离又合并的试验探索，都是为中考改革探路。

2005 年，上海对初中升学和毕业设置了"初中毕业生学业考试"，通过学业考试来客观准确地反映学生在学科学习方面达到的水平。学业考试具有以往升学考和毕业考的两个功能，它既是衡量学生是否达到毕业标准的主要依据，也是高中阶段学校招生的主要依据之一。学业考试科目按上海市初中教育课程方案设置,学业考试由市里统一组织。

经过几年探索,学业考试制度日益完善。现行方法:原则上每门学科在初中修业完成后进行学业考试,其中初三年级相关科目的学业考试安排与要点如下。

学业考试科目设有语文、数学、外语、物理、化学、思想品德、体育、理化实验操作技能。其中,语文、数学、外语、物理、化学、体育考试成绩采用分数制,总分为 630 分;思想品德和理化实验操作技能考试成绩采用等第制。

语文、数学、外语、物理和化学(理化合卷)考试时间均为 100 分钟。语文、数学、外语满分均为 150 分,物理满分为 90 分,化学满分为 60 分。

体育满分为 30 分,计入录取总分。具体实施方案按照《上海市教育委员会关于印发〈2013 年上海市初中毕业升学体育考试工作实施方案〉的通知》(沪教委体〔2013〕7 号)执行。

思想品德考试采用开卷形式,考试时间为 70 分钟。考试成绩按"优秀、良好、合格、不合格"评定。

理化实验操作技能考试成绩按"合格、不合格"评定。

各科目学业考试由市统一命题,区县统一组织实施。各科目学业考试命题原则和要求继续按《上海市教育委员会印发〈关于 2009 年上海市初中毕业统一学业考试命题工作的意见〉的通知》(沪教委基〔2009〕15 号)执行。

根据《上海市教育委员会、上海市卫生局关于部分听力残疾初中毕业生参加本市高中阶段学校入学考试免予外语听力考试的通知》(沪教委基〔2007〕27 号),经检测认定的听力残疾考生(电子耳窝植入者经指定医疗机构认定后免予听力检测)可免予外语听力考试。

根据《上海市教育委员会关于实施上海市初中学生学业评价工作的通知》(沪教委基〔2006〕69 号)要求,继续试点外语(英语)听力与口语测试,具体方案由试点区县教育局制定并报市教委备案,经公布后组织实施。

三、中小学生学业评价的改革探索

上海对中小学生的学业评价经历了四个阶段的探索。

（一）综合素质档案袋评价

20世纪80年代末，上海中小学实施"一期课改"，通过减少必修课程，增加选修课程和活动课程，以及教学内容和教学方法的改革，促进学生生动活泼、积极主动地学习和个性健康地发展。为与课程改革相适应，进行了评价制度改革，完善了《学校家长联系册》。

从1998年起，上海开始实施"二期课改"，构建了基础型课程、拓展型课程和研究型课程的功能性课程结构，加强了课程与社会、科技、学生发展的联系，注重培养学生搜集和处理信息能力、获取新知识能力、分析和解决问题的能力以及交流合作能力。配合"二期课改"推进，1999年，上海编制了《上海市学生评价手册》，2004年根据《中共中央国务院关于进一步加强和改进未成年人思想道德建设的若干意见》和《教育部关于积极推进中小学评价和考试制度改革的通知》等文件以及上海课程改革精神，又进一步修订为《上海市中小学生成长记录册》。这项评价改革从政治观念、道德品质、知识与能力、身心发展等学生综合素质的要求出发，根据不同学段学生的特点有针对性地提出了各学段具体的培养目标，采取在教师指导下学生自评与互评相结合，教师评定与家长、社会参与评定相结合以及学生素质发展状况纵向比较的评价方式，形成对学生综合素质的全面评价。2006年开始进行中小学生综合素质评价试点，完成中小学生综合素质评价指标体系研究和配套数字化平台研制，制订了《中小学生综合素质评价方案》《初中学生学业水平评价办法》，编制了《综合素质评价百题问答》，并在全市57所学校开展试点。

（二）中小学生学业质量评价、分析、反馈与指导系统的研究与实践

这是教育部基础教育司确立的研究项目。项目组从2003年开始对内涵发展中难度最大也是相对薄弱的评价环节展开了研究与实践。在充分学习借鉴国外研究与实践的基础上，2004年从上海市浦东新区和辽宁省大连市开始起步，从学业质量标准制定、测试工具开发、抽样测试数据分析及结果报告、工作改进等方面建立起完整的学业质量评价系统。该评价系统在上海及全国多个省市进行了连续多年的测试实践，取得了大量的实证数据，构建了有中国特色的义务教育阶段学业质量测试系统，填补了我国基础教育学业评价领域的空

白,在国际上也产生了一定的影响。

专家认为,该系统建设弥补了我国没有专业的和全国规模的学业质量评价的空白,对国家基础教育能力建设发挥了重要作用。项目的研究与实施有利于整体上科学把握学业质量的水平,有利于深入分析影响学业质量的关键因素,有利于各级教学研究部门了解学生学习中的优势和不足,从而有针对性地展开教育教学研究和培训,以改进教学和提高质量。

（三）国际学生评价项目

国际学生评价项目(Programme for International Student Assessment,简称 PISA),是一项在全球范围尤其是在经济合作与发展组织(OECD)成员内进行的学业测试。于 1997 年启动,由 OECD 负责组织各国教育专家讨论、设计,历时 3 年,于 2000 年首次在 32 个国家和地区进行测试。PISA 以纸笔测验方式衡量 15 岁学生的阅读能力、数学能力和科学能力。2003 年又增加了解决问题能力的评估,以了解完成义务教育的学生(15 周岁)是否具备了未来生活所需的知识与技能,并为终身学习奠定良好基础。PISA 是一项定期、动态的监控方案,每三年进行一次,每次测评的重点领域不同,2000 年为阅读,2003 年为数学,2006 年为科学,2009 年的重点又回到阅读,进入新的一轮测试。除重点领域外,其他领域的能力也同时测试(见表 5-5)。2006 年,上海在教育部支持下申报参加 PISA 测试。2009 年,上海首次被准予正式参加测试,2010 年宣布的测试结果令世界惊讶,上海学生在阅读、数学和科学三个方面的测试成绩均名列第一。

表 5-5　PISA 的评价周期和领域(加粗者为主要测试领域)

周期	周期一			周期二		
测评年份	2000	2003	2006	2009	2012	2015
测评领域	**阅读** 数学 科学	阅读 **数学** 科学 问题解决	阅读 数学 **科学**	**阅读** 数学 科学	阅读 **数学** 科学	阅读 数学 **科学**
学生自我评价	学习途径 阅读的投入	学习途径 对待数学的态度	学习途径 对待科学的态度			

2013 年 12 月 3 日,OECD 向全球统一发布了 2012 年 PISA 测试结果,上

海学生表现优异,以数学 613 分、阅读 570 分、科学 580 分,在所有 65 个国家和地区中位居第一,86.8%的学生达到或超过 OECD 平均成绩,接下来是新加坡、中国香港、中国台北、韩国、中国澳门、日本。

(四)《上海市中小学生学业质量绿色指标(试行)》的实施

2011 年,为贯彻落实国家和上海市中长期教育改革和发展规划纲要等文件精神,推进实施国家教育体制改革试点项目《改革义务教育教学质量综合评价办法》,进一步提升上海义务教育教学质量,上海市教育委员会决定实施《上海市中小学生学业质量绿色指标(试行)》。

绿色指标的主要内容有五个方面:(1)指标内容。包括学生学业水平指数、学生学习动力指数、学生学业负担指数、师生关系指数、教师教学方式指数、校长课程领导力指数、学生社会经济背景对学业成绩的影响指数、学生品德行为指数、身心健康指数以及上述各项指标的跨年度进步指数共十个方面。这些指标在以后使用过程中不断发展和完善。(2)测试对象。义务教育阶段中小学生(含非上海市户籍学生)以抽样的方式确定参测学生名单。参测对象为四年级和九年级学生。(3)测评手段。有学业测试(小学生测试语文、数学,初中生测试语文、数学、外语、科学),问卷调查(学生、教师、校长),学生体质健康监测等。(4)考务要求。根据每年的《上海市中小学生学业质量绿色指标测试实施手册》要求,开展好各项考务工作。(5)结果呈现。学业测试和问卷调查结果将以上海市中小学生学业质量总体分析报告和各区县中小学生学业质量分析报告形式呈现。

第六章

课程改革的精彩华章
—— 课程实施的教育效果

课程改革是滴水穿石的工程。25 年的探索历程,同时也是实践积累的历程。上海在长达 25 年的探索实践基础上,书写了一篇篇精彩华章,迎来了春华秋实的收获季节。在课程改革的推力下,上海积累了课程实施的经验,学校、教师有了长足进步,而学生素质的全面发展更是其中一道最亮丽的风景线。

第一节　取得课程试验与推广的经验

在上海的中小学课程教材改革实施推进过程中,始终将学生素质的全面发展和终身发展作为追求目标,注意规范管理,注重原则,同时又注意尊重实际,不断创新,取得了预期的改革成效,也积累了相应的实践经验。

一、顺畅的行政渠道是前提保障

上海课程改革始终坚持以理念为先导,营造各种顺畅的行政渠道,在各种渠道的保障下运行。基于理念领先的具体实施措施,主要有"注重政策先行、形成部门合力、做实系统培训、重视社会宣传"四个方面。

(一) 关于政策先行的经验

根据上海中小学课程教材改革委员会和其后的上海市中小学(幼儿园)课程改革委员会部署的课程改革工作规划,上海在推进课程改革的过程中,针对阶段要求,颁布了一系列政策,注重以政策来引领课程改革,使整个改革进程在有法可依的状态下进行。这些政策文件大致有以下三类。

1. 有关课程"本体"的文件

这类文件直接规定课程的方向和要求。包括:1989 年 4 月的《上海中小学课程改革方案》及其后陆续出台的上海《九年制义务教育课程标准》和《高级中学课程标准》,2002 年 9 月的新一轮《上海市普通中小学课程方案》《上海市中小学各学习领域课程纲要》《上海市中小学拓展型、研究型课程指南》《上海市中小学基础型课程各学科课程标准》(均为"征求意见稿"),到 2004 年 9 月出台的上述文件的"试行稿"。

2. 有关课程实施与时俱进的指令性文件

这类文件主要有:2005 年颁布的《上海市学生民族精神教育指导纲要(试行)》《上海市中小学生生命教育指导纲要(试行)》;2008 年颁布的《上海市普通中小学校教学装备标准(征求意见稿)》,2011 年根据新的课程改革要求颁布的《上海市义务教育阶段学校办学基本标准》,每学年由上海市教育委员会(包括原上海市教育局)颁布的《上海市中小学课程计划》等。

3. 有关课程实施的指导性文件

这类文件主要有：2003 年颁发的《上海中小学、幼儿园课程教材改革第二期工程试验工作实施方案》，自 2006 年开始每年颁发的《上海市中小学利用科普教育基地资源开展课程活动的通知》，2007 年颁发的《关于深化中小学课程改革加强教学工作的若干意见》，2011 年颁发的《上海市小学实施"快乐活动日"指导意见(试行)》《上海市中小学生学业质量绿色指标(试行)》等。

（二）关于部门合力的经验

这是有关课程改革的组织体制与机制建设。如在第一轮课程改革期间，当时就从组织、部门合作和例会制度等方面建立了一套机制：上海中小学课程教材改革委员会一般每年开一两次课改委全体委员会议，新闻单位的记者会议。一般每周五晚上召开主任、总编审会议，研究问题和作出决策。一般每年开几次编写组主编会议，教材审查组会议，出版会议，进行编写、审查、研究的工作。一个月开一次试点校校长会，一个学期校长集训一次。每年召开一次部分高校的招办主任会议，沟通课程改革与高校招生考试改革之间的关系，搞好配套。

"二期课改"在"一期课改"的体制机制基础上，还组建了有市教委各相关处室参加的课程改革运作网络，即"五大办公室"：课程教材改革办公室；课程教材改革审查办公室；课程改革推广办公室；师资培训办公室；课程改革宣传办公室。另外成立课程改革专家咨询委员会、课程改革评价委员会和信息化推进领导小组等。这样，有教育行政各部门组成运作的合力，有各路专家团队组成指导的合力，在系统组织与有序管理的基础上，课程改革得以顺利进行。

（三）关于系统培训的经验

培训的系统化体现在覆盖不同的层面(教育局、教师进修学院，校长、教研员、教师，区域、校本等)，不同的阶段(试验、推广)，不同的形式(集中、分散，现场、网络等)，不同的内容(课程、学科，教学环节、教师发展等)。这样组成一个互为联系的系统培训，保障课程的规范实施。其中，有关不同层面的培训有如下特点。

对教育局和教师进修学院的相关领导的培训，注重的是对课程改革的理念、课程方案、区域层面的课程领导、区域课程的开发等。一般采用举办专题报告会、工作汇报交流会、问题讨论会等形式。培训一般由课改委组织。

对校长的培训注重提高校长对不同课程价值的认识和提升课程校本化实施方案的能力。培训内容围绕课程校本化实施的要求。采用举办短期培训班、专题研讨会、现场交流、经验传播等形式。培训一般由区县课改试验办组织。

对区县教研员的培训注重提高对相关课程全面正确的认识,提升组织教研活动、指导课程实施的能力。培训分别围绕课程方案和课程标准的学习研讨和组织教研活动来展开。采用组织培训班和观摩展示交流等形式。

对教师的培训注重对相关学科课程的理解,如何选择和组织课程资源和组织教学。培训分别围绕课程方案和学科课程标准的学习、课程资源选取和开发的技术、教学组织和评价等内容展开。一般由区县教研员通过组织定期教研活动和暑期的集中培训等形式来进行。

每年寒暑假举办教师的集中培训。平常则结合教学教研活动,指导教师进行备课。教师培训往往采取的是市、区县分级集中培训,以及基于问题的校本培训或校本研训。

上海课程改革的培训工作,还总结了四个原则:(1)"先培训、后上岗,不培训、不上岗"——课程改革要在理解基础上开展;(2)分级培训,逐级负责,重心下移——课程改革的关键在学校、在课堂;(3)注重试验培训,积累培训资源,服务推广共享——注重课程改革的全员性;(4)丰富培训方式,拓宽培训时空,方便培训对象——注重培训的信息化。

（四）关于社会宣传的经验

上海中小学的课程改革始终重视发挥各种社会媒体的宣传作用,主要方式有:不定期面向媒体召开课程改革信息发布会;按照专题在媒体集中宣传课程改革的特色和成果;请媒体参与不同层次但有影响的研讨展示活动等。

面向媒体的课程信息发布会,"一期课改"时一般是每学年组织一次;"二期课改"时则根据课程改革中的重要事件出台而不定期召开信息发布会。如:1998年启动"二期课改",2002年开始"二期课改"试验工作,2004年课程标准修订完成,由上海市教育委员会颁布"试行版",2005年出台《上海市学生民族精神教育指导纲要(试行)》和《上海市中小学生生命教育指导纲要(试行)》,2007年推出小学"学习准备期",2010 年宣布上海参加的 2009 年 PISA 测试结果等,就这些重要事件,都召开了专题信息发布会。

按专题借媒体的集中版面宣传,往往是针对课程改革中需要重点说明的关键问题,以及经梳理归纳的课程改革专题成果等。这些专题宣传的内容,对社会和家长正确认识并参与上海中小学的课程改革是一个很好的引导。

邀请媒体参加的各层次并有影响的研讨展示活动,是更为经常化的形式。在区县和学校的层面上,由于有课程改革方面大量鲜活的实践经验和生动的成功案例,媒体宣传不仅是课程改革的宣传需要,对于媒体也具有相当的吸引力,故随时能在各种平面和流媒体上得以呈现。

二、科学的过程设计是基本保证

课程改革是一项系统工程。从过程上看通常由现状调研与比较研究,研制方案与编制相关文本和教材,组织试验与配套建设,课程标准、教材的修订和完善,组织推广、常规化运行等环节组成(如图 6-1),其中后三个阶段都是课程实施。从组织试验到课程推广都是重要关键的环节,都需要科学系统设计,这样才能保障课程实施过程的有效实践。

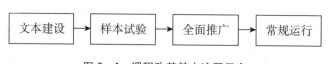

图 6-1 课程改革基本流程示意

上海中小学课程改革 25 年的实践过程有如下设计特点。

(一)"一期课改"和"二期课改"的连续性设计

上海经历的课程改革,从时间上看,正是社会转型和时代快速发展的时期,教育内外的变化速度前所未有地快。在推进课程改革时,根据这些转型变化背景的需要,驱动课程改革连续发展和相应的持续创新(见表 6-1a 至表 6-1c)。

表 6-1a 上海中小学课程教材改革的连续性(1)

年份	1988	1989	1990	1991	1992	1993	1994	1995	1996
第一期	课程方案研制				开始课程试验	高中完成	小初完成		试验工
		课程标准研制				小学推广	高中推广		作总结

（续表）

年份	1988	1989	1990	1991	1992	1993	1994	1995	1996
第二期							对第一期方案作调整 为第二期作准备		
社会背景			6 天工作日/周 全国基础教育课程改革（第 7 次）开始					5.5 天 工作日/周	始 5 天 工作日/周

表 6‑1b 上海中小学课程教材改革的连续性(2)

年份	1997	1998	1999	2000	2001	2002	2003	2004	2005
第一期	初中推广						有新课程全程 试验毕业生	全面总结 召开"庆功会"	
第二期	面向 21 世纪中小学课程改革 的课题研究和"行动纲领"研究 课程方案、课程标准研制						开始课程试验/课程标准修订 高中试验完成		
社会背景	提出创新精神、实践能力培养					"十五"期间/信息化快速发展			

表 6‑1c 上海中小学课程教材改革的连续性(3)

年份	2006 2007	2008 2009	2010 2011 2012 2013	2014
第二期	初幼完成/ 小学完成 高中推广/ 初中推广	基地学校 课程领导 项目研究 小学推广	实施"提升课程领导力三年行动计划"项目 对课程标准（教材）评价、修订	有新课程 全程试验 毕业生
社会背景	"十一五"期间/实施可持续发展/建和谐社会		"十二五"期间/生态文明建设	

可见，课程改革是基于教育内外的驱动，必然是一个连续的过程。

（二）课程试验到推广的一体化设计

课程试验工作不仅是对课程方案及相关文本的科学性、可行性、实效性的验证，更是一个充满探索、创造和建设的改革实践过程，是培养新课程实施队伍、积累实施和管理经验、建设实施配套措施的过程。课程改革的试验和推广是一个全过程，分学段开展试验和推广需要一体化设计，如第二期中小学课程改革的前期过程（见表 6‑2）。

表6-2　第二期中小学课程改革从试验到推广的学科衔接情况

年份	1999	2000	2001	2002	2003	2004	2005	2006	2007
单科试验	外语/信息科技	科学/自然/劳动技术/美术等	地理/语文/体育与健身等	其他学科					
单科推广		外语/信息科技	科学/自然等4科	地理等学科	试验推广并轨				
整体试验				小学试验_____ 初中试验_____ 高中实验_____					
整体推广								高中推广 初中推广	小学推广

　　这是根据课程改革要"以人为本"理念出发,采取"试验一门、总结一门,成熟一门、推出一门"的原则,使课程实施过程有一个健康发展的质量保证。

（三）课程组织实施的系统设计

　　以课程改革的试验工作为例,无论第一期还是第二期,从实际操作看,课程试验工作的承担主体是分层次的。其中市级层面和区县级层面的承担主体由教育行政部门安排,而学校层面的承担主体是本着自愿的原则,先由学校主动提出,再由上级教育行政部门批准。上海在开展课程整体试验时,对试验承担主体的确定就是按这个方式进行的(见图6-2)。

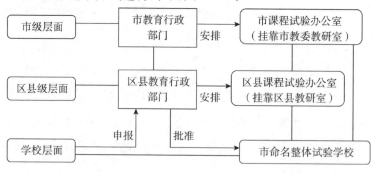

图6-2　上海市中小学幼儿园课程整体试验承担主体确立方式示意

另外,在处理课程改革领导层(市、区县)与执行层(学校)的关系方面,允许在课程实施中,以课程方案和课程标准为原则,根据校本实际进行必然的灵活处理。提倡课程实施接学校地气,行动落实中原则性与灵活性相结合。

三、内外的专业支持是必要条件

上海中小学课程教材改革是理论与实践结合的探索,是基于教育科研对理念的引领,是与教学研究融为一体的行动研究,是在开放氛围中有诸多社会专业力量指导的特殊项目。就课程改革的成功而言,这些来自各方的支持是重要因素。

(一)　关于课程设计的科研支持

课程方案、课程标准和新教材编写,都离不开教育科研的支撑。

其一,课程方案的研制,基于对课程理论遗产的系统研究(参见第一、二章)。

其二,课程目标的确立,是对教育理论界关于学力模型的系统考察,从"二元观"走向"三维观"。上海中小学课程教材改革委员会一方面与华东师范大学组成课题组进行"面向 21 世纪中小学课程方案"专题研究,另一方面联合部分学校开展为期两年的课题探索。前者的探索,最终提出了支持学生终身发展的新综合学力模型,为第二期课程改革提供了理论依据(见图 6-3)。而后者的探索,根据对优秀学生的跟踪研究,以及对社会著名人士的问卷调研,综合得出学生素养中最有价值、能影响终身的因素是兴趣和习惯。

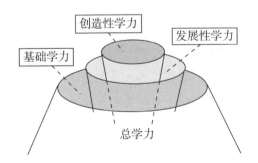

图 6-3　课程目标的综合学力模型

其三,在学科课程改革领域中,各学科都组织了项目组,成员包括高校、中小学的专业教师,从学科的教育功能、发展趋向、培养目标、知识体系、实施途径等多方面开展综合研究,最后形成各学科教育改革行动纲领,为各学科课程标准的研制奠定了教育理论的基础。

（二）关于课程实施的教研支持

课程实施的教研支持主要通过教学视导、课改调研、展示研讨、学科基地建设与指导等提供。

教学视导是各级教研机构对基层学校的课程实施进行的团队指导,主要形式是,市教委教研室每年分别先后集中前往中心城区和郊区县进行为期一周的连续视导,除了关注区域层面的课程实施情况,特别下沉到学校和课堂,对课程实施的"神经末梢"开展考察,总结经验、发现问题、分析原因,再提出改进的建议或意见。

在课改调研方面,主要关注了郊区县相对薄弱的学校,深入这些学校的课堂和学科教研活动,就学校的课程校本化实施和教学环节的规范落实方面,进行实地实情的考察指导,并当面开展互动,了解学校对课程实施的困难,提供针对性的资源服务。

在展示研讨方面,是分学段进行的。如小学针对"学习准备期"实施的展示与指导活动;初中语文、数学、英语三门学科和综合活动课程借网络互动平台开展展示与指导等;高中针对有效教学开展展示研讨,如如何贯彻"六项教学工作意见",提高课程执行力现场展示研讨等;初中与小学还举办多届有效教学理论与实践研讨会,其间还有来自江西、陕西、甘肃、河南、云南、黑龙江、四川、广东、江苏、贵州等地的学校领导和教师参加,形式包括观课交流展示和大组论坛等。

在学科基地建设与指导方面,由市、区县的教研部门和学校优势学科共同组成研究联合体,作用于学科课程实施的所有要素,就学科的核心素养、学科的内容重组、学科的教学范式、学科的教学资源、学业评价等,积累有效的实践经验,并通过数字化转化实现全市或区域的网络共享,使点上的资源辐射面上的学校和教师,为形成"学科高地"奠定基础。

（三）关于课程推进的社会专业力量支持

这个渠道主要是为中小学幼儿园的课程实施提供丰富的课程资源。涉及的基本课程资源包括教材建设、拓展型课程实施资源、社会教育基地资源等。

在教材编写和审查方面，有相当比例的大学教授、学科专家以及出版社资深编辑参与，和有丰富教学经验的中小学教师一起，组成"三结合"编写队伍。正是依靠这样一支队伍，才保质、保量、按时地完成了课程改革方案的设计、课程标准的制订以及 600 余册教材、教参和配套训练册、实验册的编写任务。此外，在上海市新闻出版局的支持下，还有一批力量很强的出版、发行单位承担了全部新教材的编辑、出版和发行任务。

在拓展型课程实施资源开发方面，是在上海市科学技术委员会和上海市科协的支持下开展相关课程开发工作。2002 年，国务院办公厅批复了中国科协关于实施《全民科学素质行动计划》（简称"2049 计划"），为了加大这个计划的推进力度，2006 年国务院又颁发了《全民科学素质行动计划纲要（2006—2010—2020年）》（简称《科学素质纲要》）。提高青少年的科学素质是这些文件中的重要内容。上海市科协提出的项目主旨是：形成青少年科学教育新格局，使青少年学生崇尚科学精神，理解科学事业，关注科学研究过程，学习科学的思维方法，提高技术应用与动手实践能力，提高创新意识和创新能力。为此，推动科技界与教育界大联手，整合社会资源，构筑一个社会化平台。"2049"上海推广项目包括下列主要内容与目标：(1)创建青少年科技信息资源库，为青少年科学素质教育提供新颖的教学载体；(2)组建青少年科学教育专家团与志愿者队伍，探索科协实施青少年科学教育可持续发展的长效运作机制；(3)创建新型社会化科技实践的活动基地，进一步整合和拓展青少年科学教育的社会化资源；(4)形成青少年科学素质的测量基准与英才培育机制，最终建立青少年科学素质培育工程的监测系统。上海市科协各科技学会的专家们均参与了相关课程的开发，被列入中小学拓展型课程系列，为课程改革创造了丰富学生学习经历的资源。

在社会教育资源的开发利用方面，上海中小学课程得到更广泛资源的支持。关于具体的课程资源的开发利用情况，已经在第五章相关内容中作了介绍。这些资源主要是为实施探究型课程、研究型课程创造了新的渠道，为学生提供了与学校不一样的学习时空和学习经历，营造了上海中小学课程改革良好的外部环境和资源支持。上海市教育学会的有关学科教学专业委员会也有专业人士参与了这项资源课程化的开发工作。

从课程改革和实施的视角,将这些社会支撑与其他支持力量组合起来,形成一个课程实施的资源体系,这是上海课程改革的成功经验之一。

第二节　提升了学校课程领导力

历经 25 年课程改革的洗礼,上海中小学幼儿园的基层领导班子对课程都有了新的认识,课程改革呼唤学校课程意识的觉知,在试行国家课程、地方课程和学校课程三级管理的课程政策要求下,学校不只是课程的执行者,而且要真正成为课程改革的主人。学校课程领导力首先是校长课程领导力。校长课程领导力是校长专业发展的重要标志,是学校内涵发展的核心竞争力和"软实力"。提升校长课程领导力既是提高学校教育教学质量的重要保证,更是课程改革最终的实效检验。上海将提升以校长为核心的学校领导班子课程领导力作为全市行动研究项目来抓,使其成为课程改革实践系统的一个组成部分。该项目获得了全国基础教育教学研究成果奖。

一、提升学校课程领导力初见成效

学校课程领导力项目是在两个层面的调研基础上于 2007 年召开课程改革研究基地校长会议时提出的。由于社会反映学生学习负担过重,上海市教委教研室组织力量对课程标准进行比较研究,对照教育部颁布的课程标准和西方的一些发达国家课程标准,以找出存在的教学内容标准问题,同时组织对学校执行课程标准的实际情况进行调研。最后的结论是,上海课程标准的总体难度并不比教育部的标准和一些发达国家的标准高,但学校在执行课程标准中存在较大的实际偏差。由此,如何提升校长课程领导力的问题就成为减负增效的重要抓手。

从 2010 年开始,上海实施提升中小学(幼儿园)课程领导力三年行动计划项目。主要的参与学校是课程改革研究基地学校,也吸收部分非基地学校。项目的内容分基地学校必选项目(学校课程计划研制)和所有学校可选择研究的子项目。可选的子项目由学校申报,经专家评审后确立。

提升学校课程领导力的主要任务有三个方面：(1)准确理解课程方案,提升学校课程规划的能力。学校要透彻理解课程方案,严格执行课程政策,有效落实课程目标。根据本校实际和培养目标,加强课程整体规划,优化课程结构,使学校课程更好地满足学生多样化发展的需求。(2)统筹利用课程资源,提升创造性落实课程方案的能力。学校要广泛利用校内外相关资源,创造性地落实课程方案;要加强教学管理,运用现代教育技术,灵活采用有效的教学方法和手段,全面提高教育教学质量。(3)有效进行课程评价,提升课程更新与评估的能力。学校要制定课程的综合评价方案,科学评价教师教学、学生学习、校本课程。利用评价结果调整和改进学校课程计划、课程实施、课外活动安排,促进学生全面发展。

具体开展的重要工作有六项:(1)学校课程计划的研制与校本化实施。学校要根据实际情况和办学特色,以内涵发展为目的,制定学校课程计划,优化学校课程结构,设计适合学生发展的课程体系,增强学校课程的适应性和创造性。(2)大力推进特色学科建设与特色活动开展。学校要在充分挖掘自身优势的基础上,抓好学科队伍建设,抓实学科教研活动,严格学科教学常规管理,关注学生的身心发展,开展特色学科和特色活动的建设,提升学校综合实力。(3)完善课程资源建设与共享机制。学校要建立社会教育资源与学校课程资源的整合机制,开发网络学习资源和社会教育资源。变革教学的方式,注重学习情景的创设,增强学生学习实践性、体验性、互动性和社会责任感。(4)加强学校课程领导团队建设。课程实施是团队行为,校长和教师要敏锐地捕捉课程实施中的问题,通过加强教研组、备课组建设和活动,引发教师共同反思和研究,通过制订规划,实现个人与团队共同成长,不断提升能力。(5)建立和完善科学有效的教育评价体系。区县教育行政部门和学校要树立全面、正确的教育质量观,建立注重学生内在需求、学习兴趣、身心健康状况、社会责任感以及师生关系和社会满意度等方面的评价体系。(6)建立健全提升学校课程领导力的专业支持体系。建立健全以科研为引领、以教研为主力、以督导为保障的专业支持体系。充分发挥各级教研功能,使教研室成为课程教学的研究机构,专业指导的服务机构,评价改进的指导机构。

为此,总项目设计了中小学9个子项目、幼儿园6个子项目范畴内容供学校选择。全市有 51 所学校(幼儿园)和黄浦区整体投入了项目的研究,4 个学段有 50 余位专家参加了项目指导和学校的结题评估。实际进展十分活跃。2010年开始组织了 7 场全市性展示交流活动,大境中学、晋元高中、洛川学校、南西幼儿园、芷江中路幼儿园、黄浦区等具体承办了有关展示活动。《文汇报》教育专刊连续 5 天 5 个版面宣传项目的研究成果,包括概览篇、幼儿园篇、小学篇、初中篇、高中篇,对推动全市课改具有积极促进作用,也引起了全国各省市同行的关注。

提升中小学(幼儿园)课程领导力三年行动计划项目取得了众多成果。一是形成了一批凸显实践价值引领的物化研究成果,结集出版了提升课程领导力行动研究方面的丛书;二是培养了一批锐意改革、具有课程意识和课程领导能力的校长和教师,对上海课改将持续推进发挥长期效应;三是探索出以先进教育理念"导入"、以具体的课程实践"切入",从而提升内涵的创造性开拓之路;四是摸索出整合教育行政、教育研究人员和教育实践人员多方力量,形成了课程研究共同体的运行机制。

二、学校课程方案和课程计划研制水平不断提高

在提升学校课程领导力项目的总领下,上海的中小学重新认识了课程校本化实施的意义。学校开始重视课程实施的"总蓝图"研制,在对课程改革背景要求和学校实际基础进行分析的前提下,深入思考"国家课程校本化实施""校本特色课程的系统建设""学校课程体系完善的机制建设"等大问题,编制校本化的"学校课程方案"和各学年"学校课程计划"。其中课程方案是基础,是针对一个时期的学校课程建设的规划,而课程计划是执行依据,是针对某个具体学年的课程方案的落实。两者在结构要素上是相通的,故以课程计划为例予以归纳。

科学的学校课程计划的研制,必须基于政策、基于学校、基于研究、基于对话,着眼于学校长足的发展。学校课程计划主要包括学校背景分析、学校课程目标、课程设置与课时安排以及课程实施、评价与管理等。

学校背景分析是学校研制课程计划的基础与起点。只有将课程计划的研制建立在科学分析本校经验优势、传统特色、面临问题和存在困难的基础上,课程计划才可能具有针对性和有效性。

学校课程目标可以从学校课程建设目标、学生培养目标和教师专业成长目标三方面予以考虑。其中,学校课程建设目标建议主要从三类课程建设的角度阐述,或者从本校的薄弱或特色课程进行阐述;学生培养目标可以是课程方案目标的细化过程,比如分年级目标的具体化,也可以着重阐述学校的特色目标;教师专业成长目标建议主要从教师课程能力发展的角度进行描述。

课程设置与课时安排是实现课程目标的主要载体,具体包括课程内容、时间、人员上的统筹安排。一般从三类课程设置与课时安排、学校一日(或一周)活动安排、学校一学期(或一学年)活动安排、学校专题活动安排等方面进行思考与设计。课程设置与课时安排要遵循课程方案的要求,要开齐课程门类,保证各类课程的课时,周课时总量一般不得突破课程方案的规定。尤其要保证音乐、体育与健身、美术、自然、劳动技术、艺术等课程的课时。学校如确有特殊要求,可结合实际适当调整课时,但要有度的限制。如果学校对某些学科增加了课时,那么就要对这些课时用于什么内容的教学以及具体要求有明确说明。

课程实施、评价与管理是保证学校各项目标实现的途径与方法。对不同类型的课程,实施与管理的要求要有不同的侧重点。如对于基础型课程,可着重关注教学各环节要求的落实、教研组建设、师资队伍建设、管理措施的落实等。对于每一项工作都要有具体的操作措施和实施载体,要可操作。课程实施还要与学校的办学特色相呼应,包括特色学科的课时安排和三类课程的结构呼应等。学校还应该充分考虑各管理部门、各学科和各项工作的系统运作与协调。

在引导学校正确研制课程计划的工作中,上海市教委教研室先行组织 20 所课程改革研究基地学校和 19 所非基地学校进行系统探索,为全市中小学的学校课程计划研制提供了借鉴和样本(见表 6-3)。

表6-3 首批参与上海中小学课程计划研制的学校

区县	小学	初中	高中	九年一贯	十二年一贯	总计
黄浦	上海实验小学	尚文中学	大同中学 大境中学			4
静安	一师附小	静教院附校	民立中学 育才中学	静教院附校		4

（续表）

区县	小学	初中	高中	九年一贯	十二年一贯	总计
徐汇	园南小学	市四中学	徐汇中学 市二中学			4
杨浦	打虎山小学 控二小学	上音杨浦				3
普陀	洵阳小学	长风中学	曹杨二中			1
长宁	愚园一小					3
闸北	闸北实小					1
虹口			海南中学			1
卢湾			卢湾高中			1
浦东	浦东实小	清流中学	陆行中学			3
嘉定	普通小学 徐行小学	桃李园实验				3
奉贤	奉贤实小	育秀实验				2
闵行		闵行四中	闵行中学			2
青浦		青浦实验	青浦一中			2
金山			朱泾中学			1
宝山					同洲模范学校	1
松江			松江二中			1
崇明	崇明实小					1
总计	13(8+5)	11(5+6)	14(6+8)	1	1	39 (20+19)

　　上述 39 所学校在经过一年多的探索后,出版了相应的成果。在学校的课程计划(课程方案)编订出来以后,为学校的课程实施提供了总的操作蓝图,使"国家课程校本化实施""校本特色课程的系统建设""学校课程体系完善的机制建设"等学校教育的内涵有了最基本的保障。但是,学校的课程实施更重要的是如何使课程计划付诸实践。所以,必须考察学校课程计划(课程实施蓝图)在学校全员中的"知晓度""认同度""实践参与度",以及实践后的"成效度",以这四个"度"来引导学校按照课程计划来科学规范地实施课程体系,落实课程改革

的理念与目标。

三、课程改革成为学校特色建设的新生长点

学校的课程特色是学校特色最本质的组成部分，校本化的课程特色使学校特色的形成和发展有了更加坚实的内涵基础。其中，学校课程领导力项目的实施，促使学校特色建设得到进一步的助推，成为学校发展的正能量。

普陀区武宁路小学早在 2000 年提出"营造民主和谐的学习氛围，引导学生主动有效学习"的课题研究，随后实施了"开架式教育"的实践研究，形成了从"开架式教育"到"菜单式"活动，从教学"八开放"到活动"四民主"的办学特色。"开架式教育"是倡导学生在教师指导下自主参与、自主选择、自主探究、自主评价的民主式及开放式教育。2005 年，又开展"丰富学生经历，提升学生生活质量"研究，针对学生学业负担太重，缺乏可支配的时间做自己想做的事情，在实际中常会碰到丰富生活与时间缺乏的矛盾。这次在参加课程领导力项目中，研究聚焦在"小学生在校可支配时间的开发与利用"，立足对学生生命的敬畏和尊重，并独辟蹊径从学生个体生命发展的关键变量——"时间"着手，集中解决"时间不够用"与"时间不会用"问题，期望以"时间"为突破口推动课程资源的开发、利用与整合，同时解决丰富生活与时间缺乏的矛盾，实现"解放学生的时间，还学生幸福的童年"，从而使学校办学思想在解决实际问题中得以深化与发展。最终，对课内可支配时间的开发与利用——从提高课堂效率中"让"时间，转变教学观念，提高教师时间管理意识，推行教师候课制度，课前做足准备，提前 2分钟在教室外等候，与学生同步做好课前准备，引导教师关注差异，从分层教学中为学生"讨回"可支配时间。对课外可支配时间的开发与利用——在优化管理与活动课程中"用"时间，规范管理，提供活动建议，对学生在校活动、闲暇等可支配时间进行了梳理，根据学生年龄特点，设计了适用于不同时间段开展的活动，如快乐晨锻、快乐课间、快乐午间、快乐星期五等，为学生"创造"灵活支配的时间。学校"开放式教育"特色进一步得以彰显。

上海市尚文中学是从 20 世纪 80 年代开始逐步形成重视"第二课堂"的办学特色，早期注重礼仪学校有限条件开展丰富的课外兴趣活动，并列入学校的课程计划；与课程改革同步，又先后开展更丰富的选修课程、活动课程、拓展型

课程、探究型课程的系统开发和实践。这次,尚文中学以上海市教委提出的提升中小学(幼儿园)课程领导力三年行动计划为契机,开展了以"社会教育基地资源有效利用的研究"为项目主题的行动研究,以此作为完善学校课程建设的突破口。通过有效利用社会资源的项目研究加强了校本课程的建设,丰富了学校的课程资源;引导教师改革了课程实施形态,设计和开发了与教育基地有关的课程;满足学生需求和促进学生发展,丰富学生学习经历和学习方式;实践"二期课改"提出的"拓展学习时空,完善学习方式"的课程理念,全面落实课程培养目标,提升学校课程领导力。项目研究结果,尚文中学的学生拓展了学习时空,丰富了学习经历;体现了学校文化在传承中的持续发展;着眼于课程文化的改革,符合尚文中学的学情;利用教育基地的资源来架构学校课程,让学生在真实的情景中建构概念,实现了认知转型。学校不仅拓宽了课外教学资源,还注意从学生基于情境建构知识概念的认知规律出发,打通了课内和课外、校内和校外的教育渠道(见表6-4),使学校的传统特色有了新的生长点,得到了新的发展。

表6-4 尚文中学社会教育基地实践活动安排

社会教育基地			涉及的学科
必选	六年级	上海科技馆、上海民防教育科普馆、上海城市规划馆、梦清园—苏州河展示中心	科学 地理 化学 生命科学 数学 历史 物理 社会 思想品德 艺术 探究/拓展
	七年级	上海科技馆、鲁迅纪念馆、江南造船博物馆、上海博物馆	
	八年级	上海科技馆、上海公安博物馆、上海昆虫博物馆、中共一大会址	
自选		上海档案馆、淞沪抗战纪念馆、孙中山故居、三山会馆、上海龙华烈士陵园、上海书城、绍兴鲁迅纪念馆、复旦大学校史馆、豫园、上海铁路博物馆、上海隧道科技馆、上海禁毒馆、上海科技探索馆、东方绿洲、上海植物园、上海美术馆	

上述两个案例是很普通的实证,代表义务教育阶段不同办学特色的学校在提升中小学(幼儿园)课程领导力行动计划研究项目的推动下,使学校不同领域、不同层次的原有特色获得了新的动力,做强特色,有了新的机遇。

　　由于上海对高中学段的发展定位是"多样化、特色化",所以高中学段在特色建设方面具有更加活跃的因素。上海许多区县都对高中学校的特色发展进行政策推动,如浦东新区从教育行政层面鼓励学校形成和发展特色,为学校创造了许多外部条件,如与高校挂钩成为附属学校、组织专业力量对学校特色发展规划进行指导、评审,命名一批特色高中等。例如,浦东新区经过多年的建设经营,2013 年涌现首批特色高中 10 所(见表 6-5)。

表 6-5　浦东新区首批特色高中名单

高中学校	示范层次	特色定位
上海市建平中学	市实验示范	科技特色、实验做强
上海市进才中学	市实验示范	科艺特色、人文固本
上海市川沙中学	市实验示范	体育见长、创新发展
上海外国语大学附属浦东学校	市实验示范	外语特色、国际视野
华东师范大学附属东昌中学	区实验示范	金融素养、特色发展
华东师范大学附属周浦高中	区实验示范	生活教育、现代人格
上海海洋大学附属大团高中	区实验示范	海洋文化、科普示范
上海交通大学附中浦东实验中学	区实验示范	科技特色、技术见长
上海海事大学附属北蔡高中	区实验示范	航海文化、德育渗透
上海市香山中学	区实验示范	立美教育、美术特色

　　上述高中都是注重特色发展,并在课程改革、创新实验室建设等方面拥有比较明显的成果。

四、助推学校文化的建设和提升

　　上海的课程改革对学校文化的建设也是一个推进。学校文化是一所学校最为本质的特性,但同时也是无所不在的氛围与环境。学校文化具有圈层结构,由外及里依次为物态与制度文化(物化的环境和制度)、课程文化(影响学生在学校的全部生活)、观念文化(或称价值观文化,是文化的核心)。课程文化是学校文化的一个重要因素,是办学思想即观念文化的动态载体,也是发挥学校物态与制度文化作用的主要渠道。

　　学校文化的建设和提升,一般都需要历史的积淀,或具有历史的基础。通常情况下,可以是从顶层教育层面渗透到课程和教学的层面,使学校的文化更加接地气,也可以是从某些特色项目中得到收获和启示,发展为成熟的办学思想,形成一种学校文化,使特色得到升华。

上海市育才中学是一所有百余年办学历史的名校。中华人民共和国成立后,在老校长段力佩的领导下,曾经进行了从办学目标、课程结构到德育渠道的全面改革探索,形成了一种生气勃勃的"改革文化",在全国都有很大影响。尤其在 20 世纪 80 年代段力佩提出的"自治自理、自学自创、自觉体锻"的"三自"培养目标,对课程设置和结构曾进行系列的改革。学校在创建上海市实验性示范性高级中学时,又根据当代高中学生的新特点和时代发展的新要求,在科学论证的基础上,开展了全面实施"育才中学'三自教育'传承与发展"的教育实验,探索建立一套包括目标引导、活动设计、实施策略和评估指标的操作系统,促进全体学生全面而有个性的健康发展,以传承学校文化传统,整体提升学校办学质量。近年,学校又借课程领导力项目的探索时机,推出了"课程改革背景下学科课程标准的细化研究"这一基础型课程校本化实施项目,试行以学程为特点的课程组织方式。学程设计以个性课表的方式呈现,几乎人手一份不同的课表,极大地体现了学生发展的个性化特征。根据学生的认知规律和学科内在的知识结构,对学生的学习时空、学习内容、学习方式、学习评价进行调整,每一学期分成三个学习阶段,每一阶段为一个学程。语文、数学、外语、体育四门学科每个学程都开设,学习 18 个学程,物理、化学学科在高一、高二的每个学程都开设,学习 12 个学程。学校还将学科课程划分为内容相对独立且具有内在逻辑关系的相应部分,组成为一个模块。每个学程学生要自主选择相应学科模块,实行跨年级走班教学。这一探索项目是对"三自"传统在课程改革的落实中找到了又一条新的实践途径,不仅让学生增加了对基础型课程的选择性,体现"有教无类、因材施教"理念,有利于提高学习效率,而且对培养学生学习的主动性、自主管理的条理性和社会责任的担当性,都是一种支持和保障,同时对学校长期形成的"改革文化"寻找到了教学内涵层面的新发展之路。

上海市闸北八中的成功教育从改变"薄弱初中"和"差生"开始,以激励全体师生追求并获得成功为价值为定向,以培养师生成功心理为突破口,以开发师生主体潜能为着力点,变外压式、训诫式班级管理为主体参与式班级管理,变传统经验型教师管理为科学型教师管理,变教师为中心的应试教学模式为强调因材施教和主体参与、开发学生潜能的成功教学模式,借以激励和引导师生把追求成功的过程与道德养成、知识内化、潜能开发的过程结合起来,通过不断获得成功体验而形成源源不绝的内动力,使他们各自都在原有基础上获得多方面成功,并培养有利于终身发展的自我增值能力。学校在投入"提升课程领导力行动研究"项目的前后,将目光聚焦到课堂教学,注重基础型课程的有效实施,总结了以往在课堂教学有效性探索中的经验,提出"成功教育"三阶段:"帮助成功"——"尝试成功"——"自主成功";帮助成功四字策略:"低、小、多、快"。为进一步辐射成功因子,对优秀教师进行"以教导学"课例实录分析,归纳出有效经验,研究开发"电子平台"来传播经验,让课堂成功变成可复制可操作的跟进行动,放大了"成功教育"的实践意义,将学校教育的"成功文化"整合到课堂的教学过程,体现其对"成功教学""成功课堂"实现的价值。这种经验得到区内外的认可,将学校的"成功文化"通过托管其他薄弱学校得到辐射。

上海市一师附小为中国著名教育家陈鹤琴先生于 20 世纪 40 年代创办,曾经先后进行过许多改革实验课题:40 年代的实验"活教育",50—60 年代的"让儿童聪明才智得到充分发展",80 年代起开始"愉快教育"的实验。"愉快教育"创始人倪谷音校长和同仁一起制订愉快教育的具体目标,进行教育整体改革,全面提高学生素质,致力于实现教育理想、教育科研、教育质量的同步发展,使学校逐步形成并积淀了"愉快教育"办学文化。愉快教育是教育者正确运用适应儿童年龄特点的教育方法和教育手段,创设生动、活泼、和谐的教育氛围,激发学生的情趣,唤起学生的自主性、能动性和创造性,使他们以最佳的精神状态自觉参与各种教育活动,从而在德、智、体、美、劳诸方面得到全面、主动、充分、和谐发展的教育。可见,愉快教育不仅是一种教育方法,而且是一种教育思想。上海市一师附小以愉快教育的思想构建办学模式,同时成为学校的一张文化品牌。在提升中小学(幼儿园)课程领导力行动计划项目的探索中,学校通过"以人为本打造教研精品团队的实践研究"课题,针对青年教师队伍不断扩容的现实,注重以校本教研为渠道,在团队互动的形态下,共同感悟"愉快教育"的文化真谛,使得以"愉快教育"为特征的学校文化得以传承发扬。

上海市香山中学是一所十分普通的高中,在创建"特色高中"的过程中,以美术特色教学为突破口,全面开展立美教育,从各个方面着力打造这一品牌,并采取五措并举,提升特色的价值:一是以美术教学为抓手,培育学生艺术兴趣。学校将美术特色教学纳入学校教学计划,分年级、分阶段编制学校美术课程教学实施纲要,实行流动分层教学,发挥美术教师各自专长,分类指导,在区域发挥优质美术教学改革的辐射力和引领作用。二是以特色课程为载体,拓展学生艺术视野。学校以立美课程为载体,建设艺术特色的课程体系,内容涉及艺术、科学、生活,包括美术校本教材《大师起步》系列,围绕"以美立校 立美育人"宗旨的校本课程,渗透美育,满足学生美术美育的需求。三是以"五美教师"为抓手,打造优秀教师队伍。学校出台"五美工程",从实际出发,通过开展读书活动、举办专家讲座、组织考察活动、举办才艺比赛、撰写立美课例、编写立美教程、举行立美论坛等渠道,不断增强教师专业素养。四是以艺术创意实验室为平台,激发学生艺术创新灵感。学校建艺术创意实验室,分学生作品展示区、艺术创意操作区、高压电窑烧制区,并开设浮雕、瓷版画、陶艺制作、造型艺术等课程。支持学生实践体验、大胆创造、自信表达、快乐分享,不断提高创新能力。五是以"香山校园艺术节"为舞台,提升学生艺术综合素养。学校设立校园艺术节,展示书法、文学、绘画、歌唱、舞蹈、小品、漫画等学生作品,展现艺术特长,并起到以点带面的良好效用,使美育课程活动和师生艺术风貌形成学校特色的文化氛围,提升学生艺术素养,发展学校立美教育特色文化。

第三节 教师课程实施的创造力得到加强

在课程改革的行动投入中,上海中小学教师的专业发展有了充分体现。教师对课程理念的理解、课程开发的能力、课程实施的品质,以及教育科研的参与等,都展现出对新课程执行力的明显提高。

一、新课程实施能力明显提高

上海中小学教师的课程意识和课程能力是借助课程改革获得提升的。借助提升中小学(幼儿园)课程领导力三年行动计划项目的实施,有许多学校将视角转向教师队伍的打造和教师的专业发展。表6-6展示的就是51个市级自选项目中属于关于教研团队建设研究领域的,占比很大。

表6-6 上海市提升课程领导力自选项目关于教研团队建设研究部分

研究项目	区县	学校
基于专业发展的"中高团队"合作研究	杨浦区	打虎山路第一小学
基于校本教研构建学科教学特色的策略研究	浦东新区	昌邑小学
以"前移后续"校本研修方式促进教师团队发展的实践研究	闵行区	实验小学
基于学校特色课程开发实施的伙伴式团队建设	普陀区	朝春中心小学
以人为本打造教研精品团队的实践研究	静安区	一师附小
教师教研专业团队建设的运行机制实践研究	长宁区	娄山中学
自育型备课组建设的实践与研究	闵行区	第四中学
教师专业团队建设的运行机制研究	闸北区	市北中学
青年教师教学基本功快速达标的实践研究	卢湾区	比乐中学

从表6-6可见,这些项目大多是围绕课程实施展开的,体现学校对基础型课程的校本化实施问题十分重视。事实上,国家课程校本化实施确实是考验学校有效落实课程体系的基础,在实施中的课堂教学和教学环节的优化,都是课程实施领域的大问题,值得教师团队去探索。但课程改革研究基地学校和其他不少学校也关注了校本课程开发问题,以此从根本上提升教师的课程意识和能力。这在编订学校课程方案和课程计划中有充分体现。教师的课程执行力和专业发展体现在课程开发上,这对教师而言是前所未有的考验。在学校课程领导力项目的引领下,许多学校实现了这个愿望。如浦东新区在全区发动了"校本特色课程评选"活动,激化基层学校的教师参与到课程建设的领域,也取得了比较理想的结果。如上海海洋大学附属大团高中,在研制学校课程体系中,对拓展型课程进行整体设计时就动员各学科教师参与课程开发,提出了如下相应的设计建议。

建设海洋专题校本系列课程,配以教材,每册8课时,其中有全校学生限定选修的海洋文化概述内容,另有其他若干话题模块,供学生选修其中一门,即对学生有"1+1"的修习规定,修满为1个学分。初步确定开发以下12个话题,并组织力量编写 12 册校本特色教材。

《生命摇篮——海洋文化概述》(综合限选话题),设计探究地域特色、时代变迁、交流影响等海洋文化静态与动态规律特征的学习活动;

《海天气度——海洋文学诵读》(语文自选话题),设计针对描述海洋的各种文体的文学作品诵读活动,也可包含写作交流展示等活动;

《涉海法规——海事案件解析》(政治自选话题),设计针对若干著名的海事处理(海运、海洋污染)的法律案件的法规教育或模拟法庭辩论活动;

《海域风云——历史海战分析》(历史自选话题),设计针对历史上比较著名的海战案例,进行关于缘起、过程、因素、后果等分析活动;

《生存竞争——海洋生物奇观》(生物自选话题),设计有关海洋生物群落组成与变迁的若干事实引发对生物形态与环境关系的探讨活动;

《海底世界——海洋地貌探奇》(地理自选话题),设计从大陆架、大陆坡到海岭、海沟等不同地貌景观特征及其成因分析等学习活动;

《大海航行——海气动力问答》(物理自选话题),设计有关航海船舶制造的结构要求以及航运路线选择的流体动力学依据等相关探究活动;

《面向未来——海水资源开发》(化学自选话题),设计针对陆地矿产资源的枯竭而开发海洋尤其是海水化学资源的方式、原理等探究活动;

《蓝色风韵——海洋艺术鉴赏》(艺术自选话题),设计对歌曲、绘画、戏剧、建筑、舞蹈等多种艺术作品的鉴赏活动;

《水上竞技——走近海洋体育》(体育自选话题),设计关于利用海洋等水体环境开展体育竞技或健身活动的观赏或实践活动;

《大海咆哮——海洋灾害预防》(地理自选话题),设计对台风、飓风、海啸、赤潮等多种海洋灾害的成因探讨和预防措施的学习活动;

《冰雪昼夜——极地海洋考察》(地理自选话题),设计有关南极洲和北冰洋冰盖特征及其变化的情报收集与介绍活动,也可组织到极地研究所等科普基地的实地考察活动。

以上话题式课程按照成熟一门开发一门的思路进行建设。

大团高中课程开发的思路是众多学校落实课程改革要求的一个缩影。2012 年和 2013 年,上海市教委基教处和教研室等部门共同举办了两期校本课程展,分别为中学专场和小学专场,都是为期一周,包括安排了市级报告、区县学校交流论坛,以及各种校本课程成果的展示。许多教师都到场参加了论坛,也有许多有课程开发成果展示的教师到会作介绍。

不可否认,在这种展示交流研讨活动的带动下,更多的学校教师对课程开发产生了兴趣和热情,对课程改革的深入也是重要的保障。而广大教师在校本课程开发中,课程意识和能力的提升成为专业发展的一个新领域。

二、学科育人要求和教师立德树人意识及能力增强

教师的天职是教书育人。教书育人是指教师关心爱护学生,在传授专业知识的同时,以自身的道德行为和魅力,言传身教,引导学生主动寻找生命的意义,实现人生应有的价值追求,塑造自身完美的人格。上海在研制课程方案、课程标准和推进课程改革中,提出许多举措来激发和提高教师育人的意识和能力。上海在"一期课改"中提出了教师要培养学生"全面素质"的要求,在"二期课改"中对教师更提出了要落实三维课程目标。随后,上海在落实新的课程目标的具体抓手上,提出"两纲"(即《上海市学生民族精神教育指导纲要(试行)》和《上海市中小学生生命教育指导纲要》)与学科课程的整合。2010 年开始,结合课程标准进行修订之际,市教委教研室启动"学科育人价值"的项目研究,对中小学的 20 门学科(语文、数学、英语、品德与社会、思想品德与思想政治、社会、历史、地理、自然、初中科学、高中科学、物理、化学、生命科学、劳动技术、信息科技、体育与健身、音乐、美术、艺术、科学与技术)和拓展型课程、研究型课程都提出具体的研究要求,对增强教师的"立德树人"意识和实践指出了新的方向。

学者叶澜从内涵和外延两方面对"学科育人价值"作了描述性定义:"任何一门学科的教学,都要认真分析本学科对于学生而言独特的发展价值,它除了指该学科领域涉及的知识对学生的发展价值外,还应该包括服务于学生丰富对所处的变化着的世界的认识;为他们在这个世界中形成、实现自己的意愿,提供不同的路径和独特的视角;学习该学科发现问题的方法和思维的策略、特有的运算符号和逻辑;提供一种唯有在这个学科的学习中才可能获得的经历和体验;提升独特的学力——美的发现、欣赏和表现能力。"

落实学科育人要求的行为主体首先是教师。为此,教师要提升"立德树人"的自觉性和实践能力,要明确培养学生素质的全面发展是各学科教师教学的核心任务。教师首先要有育人意识,明确学科教学与育人是不可分割的统一体,不仅要在课堂教学中育人,还要贯穿在教学环节的全过程。教师其次要有身教言教的示范,教学行为示范要关注细节。教师在教学中严谨的治学态度和敬业精神,在学校生活中体现的人生准则和处事规范,都应该成为学生的示范和榜样。

学科育人价值研究项目于 2012 年结题,2013 年出版了研究成果集《学科育人价值研究文丛》(23 册),为广大学科教师和拓展型、研究型课程的教师提供了落实"立德树人"教学职责的理论依据、行为准则、学习案例,推动学科教育走向新的道路,激发广大教师主动投入"立德树人"的教学研究实践,积累了丰富而相应的生动案例。

上海建立了提升教师"立德树人"意识和能力的如下三个机制。

一是建设一批"上海市中小学骨干教师德育实训基地",每个基地招收教师约 30 名。第一批有 10 个(如表 6-7 所示),第二批有所增加。

表6-7 上海市中小学骨干教师德育实训基地(第一批,命名时情况)

编号	实训基地名称	领衔单位
1	上海市理科德育研究实训基地	华东师大二附中
2	上海市班主任工作研究实训基地	普陀区教育学院
3	上海市德育管理与少先队工作研究实训基地	徐汇区向阳小学
4	上海市德育课程研究开发实训基地	静安区教育学院
5	上海市学科德育研究实训基地	上海市市北中学
6	上海市思想政治课研究实训基地	浦东教育发展研究院
7	上海市中小学德育骨干教师实训基地	青浦区华锐小学
8	上海市生命科学学科德育研究实训基地	上海交大附属中学
9	上海市中小学教师艺术人文素养培养实训基地	卢湾区教育学院
10	上海市历史学科德育与资源开发研究实训基地	虹口区海南中学

二是定期组织学科育人的成果展示和经验交流,通过实践展示、专家点评、交流互动等,引导教师不断提高"立德树人"能力。如嘉定区教育局对学科育人

工作,坚持每年9月开展"弘扬和培育民族精神活动月"活动,作为提升教师学科育人意识的抓手。教师进修学院、教育局德育科、德育实训基地和学校四位一体,联合举办。这种学科育人的展示,积累了一批有借鉴作用的案例,让教师感到学科德育的可操作性。上海市教卫党委、上海市教委同样十分重视中小学各学科教师在"立德树人"方面的实践探索。如在"德润课堂——2012年上海市学科德育论坛暨中小学骨干教师德育实训基地展示活动"上,上海市语文学科德育实训基地主持人于漪指出,"育分唯上"的应试教育、以考试为主的量化管理剥离和消解着学科教学的育人价值,呼唤要尽快加强学科德育工作,回归教书育人天经地义的历史使命。

三是建立对教师学科育人实践成果的奖励机制。如2012年曾组织"浸润与成长"育人案例的征集评选,有49个上海市中小学骨干教师德育实训基地展示的案例获奖,其中获得一等奖的教师有12位。

在这三个机制的支撑下,上海中小学的学科育人功能发展有了良好的基础,广大学科教师的"立德树人"意识和能力有了明显提升,课堂的教育性有了更好体现。

三、基于实践反思的专业研究水平有较大提升

上海在促进教师专业研究能力的提升方面,按不同层面搭建了不同的平台,教师在这些平台上的发展成效十分明显。上海的教育科研系统实施一年一度的教科研立项和成果评选,一些高端教师在其中寻找到了专业研究的机遇,研究的过程比较规范,研究的成果令人满意,研究的素质得到明显提高。上海的教研系统针对教师队伍发展搭建有"四项评选"平台:中青年教师的教学评选(每年举办);青年教师的教育教学研究课题立项和成果评选(一年一次);教研员的论文评选(两年一届);教研员的专业能力评选(包含研究与指导,两年一届)。上海的人事系统在助推教师的专业发展中,出台了名教师、名校长培养的"双名工程",随着课程改革的进程,已经进行了三届。上海中小学幼儿园教师在这些平台上,参与课题研究、撰写论文报告、发表研究成果等,取得长足进步。在特级教师评选等领域,教师提交的材料中,科研的素养呈现和质量提升有比较明显的体现。

在深化和推进课程改革的过程中,存在诸多需要解决的实践问题。这些问题对教师来说,如何立项开展研究并予以解决,这是需要讨论的。在"以人为本"理念的课程改革背景下,无论是教学研究还是教育科研,必须以问题的解决为目标。基于这样的思考,教师的研究选择以项目为载体是可取的。教师对项目研究的能力培养也必然是专业发展更有实践价值的追求。项目研究与一般的课题研究最不同的是,针对现实中的真问题开展实践研究,以问题的解决为目标,而不只是以一个课题研究报告为终点。项目研究的基本环节和一般流程如图 6-4 所示。

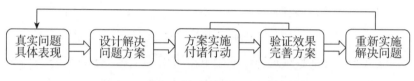

图 6-4 项目研究的基本环节和一般流程

可见,由教师直接参与的这种项目研究,不仅优化了课程改革的实施过程,提升了学校课程实施的质量,更考验了一大批教师的研究行为。这种项目研究有创新、重现实、讲品质、接地气。如这种项目研究长期坚持,对实现课程改革的目标无疑是一种现实需要。除了市教委等建立了这种机制以外,许多区县也坚持运用这种机制提升教师素质。如浦东新区还成立了"教育内涵发展项目办公室",坚持了数年,成效已经比较明显。专家对浦东新区的做法归纳了四点特征。

其一,主旨凸显教育本真。项目的定位是面向课程改革的主流价值或核心理念,即聚焦学生素质,落在支持学生的终身发展,以及与社会相融的发展上,这是回归教育"真谛"。上海基础教育的理念提出"为了每一位学生的终身发展"和"让每一位学生健康而快乐地成长"。而一个现实却是由于"应试"的影响,学生的学习负担仍然过重,课堂教学的有效性仍然不够理想。项目能站在内涵层面,服务学生的长远发展和区域教学实现减负增效,着眼学业评价绿色指标的引导,回应区域教育均衡、优质要求,高中教育的多元、特色要求,促进学校课程实施回归教育的本真。尽管这些问题不可能光靠一个项目就能解决,但浦东新区几年的坚持,使这些问题改观有了较为扎实的基础。

其二,立项针对真实问题。项目的动因是基于新课程实施的实际任务和区校层面的真实问题,直面课程改革的实施层面,关注课程"落地"的成败。目前课程改革和教育发展的一个大问题就是区内差异,课程实施中大批学校需要专业引领、指导、服务,更有对优质资源的需求。在这种情况下,区县教研部门需要发挥指导功能的责任,借教育内涵项目研究的平台,支持学校开展系列研究,以针对性资源,履行指导、服务职能,回应区域需求。另外,基层学校面临课程实施和课堂转型等新课题,区县教研部门针对推进国家课程校本化和校本课程开发实施等现实需求,确立研究项目,回应了学校需求,接了学校地气。

其三,实施注重过程规范。项目内涵本身的推进,都非常重视研究过程和质量。区域发动项目研究,在组织有关专家进行立项评审的基础上,对项目实施可组织中期检查与指导,与项目学校一起研究如何完善实践过程,并指导项目实施主体发挥自我管理的机能;在方法上,要充分发挥项目研究的优势,即针对实际问题,设计解决方案,随即行动跟进验证,再对成效进行总结反思,以完善实施方案,逼近项目的目标。这种"实践—研究—实践"多次循环的行动方式,可以使项目的质量有保障,项目推进的技术含量较高,品质得到相应提升。

其四,结题重视实证成果。项目成果都需要基于十分丰满的实证材料,才能反映在研究和项目实施过程中,项目学校十分重视实践案例收集分析,重视档案积累、资料梳理,重视将案例档案的价值及时开发,将经验与不足(甚至教训)作为项目改进的可用资源,这样就使得成果基于实证的支撑,可信度明显提高。

应该说,上海组织项目研究对教师专业发展的助推成效同样得到了佐证,在由学校教师作为主体取得的基础教育教学改革成果奖评选中,上海申报的项目数量多、质量高,得到了全国评委的广泛认同,并取得了丰硕的成果。

因此,上海促进教师专业研究能力提升的重要手段,是动员广大教师针对本校实际,参加不同层面的项目研究,这不仅可以解决课程实施的实际问题,提高课程的实施水平,更可以提升教师的综合素养。

第四节　中小学学生茁壮成长

考察学生的发展,在要素方面必须对照课程方案中的培养目标,在价值判断方面必须基于实证与数据。

根据上海市普通中小学课程方案,学生的成长需要从多方面进行考量。针对素质结构,需要从品德修养、学业水平、身心素质、审美能力等方面综合评估,体现课程的培养价值。这些评价要素最后结合到"绿色指标"中,其中直接因素有五个:学业水平指数、学生学习动力指数、学生学业负担指数、学生品德行为指数和身心健康指数。如果根据教育部对学生素质教育"德、智、体、美"要求进一步归纳,则可以从四个方面来考察学生的成长情况:(1)品德修养,主要包括法规意识、道德行为、社会责任等;(2)学业水平,主要包括阅读素养(阅读理解水平、阅读应用水平、阅读迁移能力)、数学素养(数学理解水平、数学应用水平、数学迁移能力)、科学素养(科学理解水平、科学应用水平、科学迁移能力)、技能素养(基本动手能力、实验设计能力、信息技术素养)等;(3)身心素质,主要包括身体形态与生理机能、身体素质与运动能力、心理发育与适应能力等;(4)审美能力,主要包括审美的情感体验、感知理解、实践创造等。但根据实证数据的来源,从以下三个方面对上海中小学生的素质发展和成长情况进行分析,可能更说明问题。

一、学业水平实现高位均衡发展

对学业水平高低最有说服力的是经济合作与发展组织(OECD)推动的"国际学生评价项目"(PISA)。上海从 2006 年提出申请参加该项目,正式参加了 2009 年和 2012 年的两届测试。这两届对学业水平测试的结果表明,上海的学生学业呈现了"高位""均衡"两个显著特点。

2009 年上海第一次参加 PISA,当年有 151 所学校的 5115 名学生参加,结果阅读(556 分,主要测试领域)、数学(600 分)和科学(575 分)的成绩均列首位。

2012 年的 PISA 测试于 4 月 13 日进行,上海有 155 所学校的 6374 名学生代表全市各类中学约 9 万名 15 岁在校生参加测试。上海学生在数学、阅读、科学三个领域的平均成绩分别为 613 分、570 分和 580 分,在全部参与评测的 65 个国家和地区中位居榜首。继 2009 年之后,蝉联全球第一。

从平均成绩看,上海学生三个测试领域均比其他国家或地区高出许多,2012 年比 2009 年又有提高。

2012 年的测试,上海在数学、阅读和科学三个领域均达到 5、6 级的高水平

学生的比例为19.6％,是所有参加国家或地区中最高的,OECD平均为4.4％;
至少在一个领域是高水平学生的比例为56.0％,而OECD平均为16.2％。而在
PISA 2009中,上海在三个领域均为高水平学生的比例为14.6％,OECD平均
为4.1％。

2012年的PISA还考察了学生的财经素养,内容维度包括货币与交易、规
划与理财、风险与回报、金融环境;过程维度包括识别财经信息、分析财经背景
中的信息、评估财经问题、应用财经知识和理解力;背景维度包括教育与工作、
居家与家庭、个人生活、社会生活。学员测试有40道题目,都是全新的领域。
测试结果见表6-8。

表6-8 2012年PISA部分国家和地区三个领域的平均成绩

	PISA2012 平均成绩	低水平学生比例（1级及以下）	高水平学生比例（5级及以上）	性别差异（男生—女生）
	分数值	％	％	分数差值
OECD平均值	500	15.3	9.7	1
中国上海	603	1.6	42.6	—1
比利时弗拉芒语区	541	8.7	19.7	11
爱沙尼亚	529	5.3	11.3	—3
澳大利亚	526	10.4	15.9	—3
新西兰	520	16.1	19.3	3
捷克	513	10.1	9.9	6
波兰	510	9.8	7.2	3
拉脱维亚	501	9.7	4.6	—11
美国	492	17.8	9.4	1
俄罗斯	486	16.7	4.3	1
法国	486	19.4	8.1	—6
斯洛文尼亚	485	17.6	5.8	—8
西班牙	484	16.5	3.8	6
克罗地亚	480	16.5	3.8	5
以色列	476	23.0	8.5	—6
斯洛伐克	470	22.8	5.7	—3
意大利	466	21.7	2.1	8
哥伦比亚	379	56.5	0.7	0

注:表中国家和地区按PISA2012财经素养平均成绩从高到低排列。

资料来源:OECD,PISA 2012 Database, Tables VI.2.1, VI.2.2, VI.3.2.

由表 6 - 8 可见,就平均成绩而言,上海学生在上述素养领域的测试中,成绩远远领先于 OECD 组织的其他国家和地区。

在学生素养发展的均衡程度方面,上海学生各项素养领域整体呈现均衡性也比较突出。同时,值得注意的是,此次测试,上海女生的阅读成绩比男生高 24 分,性别差异小于 OECD 平均值(38 分)。2009 年测试中,这一差异在 40 分,这也显示上海学生在阅读素养方面,男女差异明显缩小。在科学素养上,上海的男女生成绩没有显著差异。

在学生问题解决能力的评价方面,由 PISA 结果反映出来的学生解决问题能力大概有四个方面——探究和理解、表达和构思、计划和执行、监控和反思,其中最看重的是计划和执行,评价比例达 35%～45%。上海学生在这方面的表现有一定进步。

据此,借助 PISA 的评价信息可以这样认为,上海学生的学业素养比较理想,尤其是平均水平高,且群体内部差异小。这个评价与课程改革带来的变化是相关的,是上海对课程改革方向的坚持。

二、创新精神和实践能力有较大提高

对于学生的创新和实践方面的能力,在课程结构中主要有研究型课程的支持,在课堂教学中有研究性学习可以体验,而在成果展示方面,有一年一度的"科技创新大赛"这个平台来体现。"科技创新大赛"是一个世界性的学生创新实践成果的展示大平台,20 世纪末 21 世纪初引入中国,到 2014 年已经举办了 29 届,可以说是与上海"二期课改"同步进行,为落实课程改革理念和研究型课程实施提供了一个成效检验的舞台。

国际评委对科技创新项目的关注有三个考量点:学生是在什么情况下寻找到课题的? 课题本身对社会的价值? 通过研究学生的素质是否提高? 这些都是在直接与学生交流中考察的。上海是可以单独组团参加在美国这个平台展示的地区之一,每年参赛学生都有大奖获得。而在上海的赛事组织,还拓展为中小学师生都有评选项目的大平台,成为上海学生创新精神和实践能力培养的一个检阅台;学校和区县则将其作为一种孵化学校和师生创新与实践素养的催化剂。学生在此平台上硕果累累。如 2013 年第 28 届学生创新板块的获奖项目达 1453 项,其中一等奖为 280 项,领域包括动物学、植物学、微生物学、环境科学、地球与空间、工程学、物理、数学、化学、医学与健康、计算机、社会科学、生物化学等。上海学生在参加全国和赴国际的展示中,均获得了丰硕的成果。

第 29 届科技创新大赛共有 17 个区县的 30 多万师生积极参与。经区县初赛,共收到 2753 份申报材料,其中青少年科技创新成果 2080 件、科技辅导员科教创新成果 44 件、少年儿童科学幻想画 451 幅、青少年科技实践活动 118 项、科技辅导员科技教育方案 60 个。经专家网上初评,最终有 699 项青少年科技创新成果、46 项科技辅导员科技教育方案入围终评,评出 15 项科技辅导员科教创新成果、63 项青少年科技实践活动和 64 幅少年儿童科学幻想绘画参与展示。同时,本届大赛还充分利用了微信平台,让更多的人了解并参与了这场展示青少年科技创新成果的盛会。

上海还有许多在社会力量支持下鼓励中小学生创新精神和实践能力培养的平台机制。如"美境行动",是一个境内外学生都设立的项目,要求学生关注身边的环境问题,通过"既动脑又动手"方式设计解决该问题的方案,并付诸行动,故分方案设计和方案实施两个环节,上海每年参与学生有数万,已经坚持了16 年,同样成为了中小学生乐于参加的一个创意活动,对研究型课程的实施和检验也是一个推力。"美境行动"与课程改革相伴,学生素质提高获利诸多。在不少学校的网站上,就有对获奖学生成果意义的介绍,如:

"美境行动"是一项旨在提高中小学生的环保意识的环保活动,她通过鼓励中小学生自己设计环保小方案并予以实施,来激发中小学生自己动手动脑,解决身边的环境问题。南洋中学高一(4)班黄雨润、张晓刚同学设计的"创建校园午餐文化,减少午餐资源浪费"项目获得第十四届上海市中小学"美境行动"方案设计(高中组)一等奖。他们将在下学期实施这个方案,期望获得学校各方面和同学的支持,共同创建校园美景。

上海市环境学校学生设计的"厨房 SBR 生物反应器的设计"项目荣获第十二届上海市中小学生"美境行动"方案实施一等奖。此项目将有效解决未来家庭厨房污水的处理问题,能最大程度上降低城市污水处理厂的处理压力,从每家每户自身做起,大大改善生活污水对环境潜在的危害,不断提高广大市民的环境保护意识。李丹、杨晓晨、杨晓庆三名同学是一等奖的共同获得者。

三、素质全面发展有较明显体现

课程育人新机制下的上海学生,在学业质量和创新精神等得到培养的同时,其他素质的培育同样获得了丰富的实践经历,综合素养得到比较明显的提高。这可以从下面几个方面进行认识。

(一) 育德平台提升学生道德品行

上海结合课程改革建构的"三线一面"德育体系日趋成熟,创设了多元的育德渠道,努力营造良好环境为学生健康成长服务,使学生的道德品行有明显的提高。育德的主要阵地在学校,成果也在学校。

学校注意利用校本课程的开发机遇,充分挖掘学校育德资源,构建课程化的德育活动,将育德融合于所有的学校生活、家庭生活、社区生活,借课程要素的规范要求设计学生生活,让学生在浸润、体验、感悟中提高思想道德,养成自觉的品德行为。对此,不同学校都有自己的操作特色和学生的实践成果。

应该看到,上海从"两纲"教育入课程课堂到建立"绿色评价"指标的引领,学生在学校教师的关怀下,健康快乐成长的环境越来越好,其中义务教育阶段的情况更为理想些。包括各种社会活动中的学生志愿者、在环境保护和可持续发展活动中展现生态文明素养等方面,上海学生都积极参与,实践中的德行提高在许多媒体中有许多及时的报道。

(二) "阳光体育"造就阳光学生

上海是在全国较早实施"阳光体育"举措以及中小学生"每天体育一小时"计划的城市。上海在贯彻落实"一切为了学生"的可持续发展理念中,注意与课程改革、提升校长课程领导力项目相结合,切实加强学校体育工作,激发学生体育活动的兴趣,培养学生的锻炼习惯,锤炼学生勇敢顽强、坚韧不拔的意志品质,促进学生在身体、心理和社会适应能力等方面健康和谐发展,成为"阳光的学生"。如有些学校就针对"阳光体育"创设多种平台鼓励学生参与,学生的身心素质得到提高。

作为"课程改革研究基地",上海市一师附小 2005 年就确立了"每天锻炼一小时,健康学习一整天,幸福生活一辈子"的教育理念,开展了学生喜爱的快乐晨练活动。现在 20 分钟的"快乐晨练"发展成 25 分钟的"阳光健身",更突出了在校"健康学习一整天"的意识,并在运动形式上作出了新的探索,形成了"阳光健身"系列,富有特色。在每年学校传统的体育节里,各中队围绕体育组规定的主题来设计"创造性游戏"活动。这些游戏,每届不同,各具特色,深受队员们的欢迎。"快乐晨练"在内容上,注入了生命教育与民族精神教育的内涵,更注重学生创新精神的培养。今年元宵节,该校开展"大球小球闹元宵"活动,孩子们有的自制纸球,写上自己的心愿,画上漂亮的年画,抛一抛,乐一乐。在集体活动项目"彩球追云""骏马赛球""巧赶金猪"中,各班你追我赶,团队协作,整个操场都沸腾起来了。

"阳光体育"运动还在培育校园文化、创建和谐校园中发挥着作用。普陀区北海中学提出:要让校园充满三声——读书声、唱歌声、呐喊声,支持并引导学生自发成立足球、篮球、乒乓球、游泳等体育社团,同时分层次成立班队、年级队、校队,组织体育社团开展"我们自己的世界杯"等活动,形成了生动活泼的校园氛围和独特的学校体育文化,学生快乐健康地成长。

除了"阳光体育"活动以外,学生更经常的是通过体育课程实施、体育活动和体育社团的参与等经历,成为不同层次、不同项目的体育爱好者。

上海的体育课程名称由"体育"变为"体育与保健",再变为"体育与健身",不是简单意义上的名称改变,而是健康主旋律愈加清晰,本质特征愈加明显,对体育走向健康的关键流程——"健身",抓手更适切,意义更深远。这种更名使运动项目的课程化、亲民化和生活化逐步得到落实,学生得益更多。

学校实施"每天体育一小时"的保障还在于丰富的体育活动,包括普及性的兴趣活动和提高性的社团活动,学生在不同层次选择自己喜欢的体育项目,可以在玩中快乐锻炼,也可以在竞争心理驱动下享受成功。对上海学生体育素质的测评,除日常学校的评价(甚至考试)外,还有一些社会机制。如:

2007年开始,在上海市体育局和上海市教委的倡议和指导下,由东方绿舟、上海体育局东方绿舟训练基地和上海奇点文化有限公司共同主办,多动动学校和上海青少年阳光体育联盟承办,以"健康、运动、阳光、未来"为主题,开展由世界各国青少年学生组成的国际中小学生综合素质夏令营,上海中小学生的体育素质得以展示;综合素质夏令营以篮球、网球、游泳、羽毛球、足球、乒乓球、棒球、排球、田径、武术和体育舞蹈等运动项目为主,辅助以野外生存体验、野外拓展、军旅生活、科学探索、体育旅游、爱心公益和文化娱乐等。上海"阳光学生"

的体育素养展示得到大家的认可和赞誉。

（三）美育体系培养学生高雅气质

上海注重以艺术课程体系为主体的审美教育,增强了学生艺术审美的体验,拓展了学生的艺术视野,学生的艺术素养得到明显提高,收获良多。

课程结构中的艺术学习领域是支持学生全员艺术素养发展的政策基础。上海中小学 12 年艺术学习领域的课程结构分为 5 个段落(见表 6 - 9)。

表 6 - 9　上海市中小学艺术学习领域的科目设置

学段	一至二年级	三至五年级	五至七年级	八至九年级	高中年级
科目设置	唱游	音乐	音乐	艺术(音乐)	艺术(综合)
	美术		美术	艺术(美术)	

从课程功能维度,又将中小学的艺术课程分基础型、拓展型、研究(探究)型三种。普及而通识的艺术为基础必修;提高而专门的艺术为个性化拓展选修。所有科目都以课程标准实施,各门艺术课程都能开齐开足上好,学校艺术课程开课率达到 100%。学生的艺术素养培养得到了课程的保障。

在课程实施中,上海采取的具体措施比较多样,学生能享受到的艺术学习资源非常广泛。如高雅艺术进课堂,引进艺术大师和经典剧目,完善课程,支持校园原创剧创作和巡演;又如杰出艺术家、艺术教育家引进校园,经典艺术作品进校园展演、展播、展映;再如名家名作进校园,举办校园书香节、经典导读、优秀少儿读物推荐、名家名作诵读等系列活动,营造浓厚的美育氛围,促进学校艺术教育和育美成效紧跟时代步伐不断进步。上海将艺术素质测评纳入学生综合素质评价体系以及学生成长档案,作为综合评价学生素质发展状况的内容之一,也已经作为中考和高考录取的参考依据,从机制上为学生的艺术素质发展建立了十分有效的保障。

上海还通过颁发诸如《上海市“青少年艺术教育彩虹行动计划”实施意见》等文件,鼓励和指导区县学校的艺术教育。区域和学校的艺术社团课程同样十分丰富,为学校和学生搭建的培养渠道和展示平台体现了尊重学生艺术成就的理念。如:

学生艺术节、合唱节是闵行区进行“区域性整体推进学校艺术教育的普及和提高"的一个抓手。全区从改善师资队伍、完善活动场所、保证活动时间、搭建展示平台、优化奖励机制等方面，不断加大艺术教育普及和提高的力度。目前，全区88％的学校有艺术特色项目或社团，其中有8所学校被命名为"上海市艺术教育特色学校"，明强小学荣获2010年"全国学校艺术教育工作先进单位"，颛桥小学被教育部命名为"中华优秀文化艺术传承学校"。

上海中小学生的艺术素养在全国是有地位和有影响力的。如：

杨浦区代表上海参加了在厦门举行的全国第四届中小学生艺术展演活动。在包括31个省（市、自治区）、新疆生产建设兵团、港澳台的726所中小学校的7000余名师生参加的这届活动中，杨浦区学生民乐团——杨浦高级中学民乐团是唯一一支参加现场展演的团队。在器乐专场比赛中，以一曲民乐合奏《飞歌》从37个节目中脱颖而出，团员们丰富的艺术表现力、高超的演奏技艺，赢得了现场观众和评委们的一致好评，荣获器乐专场一等奖；在艺术作品类竞技中，学生的《一家去划船》《诗词》等三幅绘画和书法作品都获得了全国一等奖，展现了杨浦区学校艺术教育的水平和成果。

杨浦区的美育成绩是上海基础教育艺术学习领域学生艺术素质展现的一个缩影，其他区县在艺术学习领域也卓有成效，学生艺术素养得以明显提升，都可以代表上海在全国的美育平台上亮相。

（四）国际课程培育学生全球视野

上海在教育国际化要求的引导下，开发了诸如《国际理解》《模拟联合国》等拓展型课程。还通过一些中外联合办学机制的探索，在校本层面开发相应的课程，培育学生的全球意识，提高参与国际交流和理解多元文化的能力。

国际化是一个引进和输出的双向过程。引进就是一国由认识、理解、尊重进而吸收世界优秀文化成果的过程。输出就是一国把本国的优秀文化成果推广到世界，让世界各国认识、理解、尊重进而吸收本国优秀文化成果的过程。教育国际化亦然，是一个基于平等互利原则、进行跨国合作的动态过程。学生在教育国际化的环境中，知识视野得到拓展，文化认同得到增强，从自然人向社会人发展的过程中，进一步成为"地球人"。同时，教育国际化培养出来的国际性、开放型人才不仅是全球问题的解决者，也是本国发展的栋梁。

今天的学生就是明天的社会公民主体。时代要求现代公民具有最基本的全球意识、国际视野,要有一种开放的思维方式,要从小养成良好的国际意识、初步形成国际理解的态度与技能。只有这样,才能去参与国际竞争,去迎接各种挑战。上海已经有一批中小学与不同国家的学校建立了诸如"姐妹学校"的关系,每年有许多孩子在寒暑假到海外游学,直接感受他国的教育,同时外国学生也乐意来到中国的学校,感受中国文化,这种双向交流更好地丰富了学生的学习经历。浦东新区已经将"国际理解教育课程"纳入中小学的拓展型课程中,也出版了相应的教材,这符合浦东的地域文化发展需要。

在课程改革的进程中,上海借助课程推进教育国际化,在许多学校中已成为一种共识。如上海海事大学附属北蔡高中,多年来实践了"中芬教育合作"项目的研究与探索,注重在课程建设中提高教育合作的品质,助推学生国际化素养的逐步形成。在其项目小结中,有以下的认识:

学校重视跨文化交流志愿者团队的建构与课程开发,并进一步完善了《赴芬交流师生出国前培训方案》《上海海事大学附属北蔡高中接待芬兰学生住家课程》《上海海事大学附属北蔡高中学生外出交流文明礼仪课程》《上海海事大学附属北蔡高中中芬合作跨文化交流学生选拔机制》等建设,使得项目实施更规范。

芬兰学生入住中国学生家庭事宜,从家庭环境布置、为芬兰学生采购日用品、制定每日菜单、周末活动安排等细节出发,彼此分享计划,确保为芬兰学生提供干净卫生温馨的住家环境。芬兰学生感慨:The host families have been so kind to us. We thank you all so very much. The food is delicious! Thank you!(住家家庭成员对我们很友好。非常感谢你们,同时也感谢你们美味的食物。)

学校组织学生开展 English Club(英语俱乐部)活动,通过专题介绍,如我们的学校、我们的城市、我们的节日、我所了解的芬兰等,培养学生英语交流能力。以学校航海创新实验室为基地,探索体验课程,组织学生用中英文介绍展示实验室功能,培养学生创新意识与沟通能力。有学生在日记中写到:"我本来是个胆小的人,这次接待活动迫使我要大胆与他人交流,因为我知道家里没人会帮我,但我超越了自己,内心十分愉悦。"

作为国际大都市的上海的下一代普通市民,应该积极参与到教育国际化的学习中去,在让上海孩子面对未来全球化的挑战中为国家赢得竞争力的同时,也要让外国孩子在未来全球化的舞台中成为中国的朋友。

结　语

25年,在历史的长河中只是短短一瞬间。但是,对于一座特大型城市,让所有中小学校和幼儿园全面参加课程改革,并坚持25年以上,实属不易,这在我国教育史上是开天辟地的一件大事,在世界上也是少有的。

上海课程改革还在进行中,前面六章介绍了以往25年上海课程改革的全过程,使读者对上海课程改革有了一个基本了解,可以告一段落。这里从课程改革的逻辑角度和哲理层面,概括上海课程改革的十点重要突破和对转型的感悟。

第一,国家课程政策。上海的课程教材改革是由教育部委托和授权上海市人民政府独立进行的,在教育部和上海市人民政府的领导、关心和支持下,从幼儿园直至高中阶段,从课程方案到课程标准和教材的编制,从编制到实施,从试验到推广,从教学到中考和高考,进行系统全面的改革。实践证明,这个突破是正确的、可行的和成功的,不仅推动了上海的教育改革,对推动全国的课程改革也产生了很大影响。

第二,专门成立课程教材改革委员会。世界上有两种决策的机制,一种是政府领导和决策,一种是科研院校领导和决策。前者是领导力和推广力都强,后者是决策力强而推广力弱。上海市采取两者结合的机制,专门成立课程教材改革委员会,既具有强的领导力,又有强的决策力和推广力。实践证明,这个突破是成功的,当然,它并不是完美无缺的,重要的是委员身份的组成比例要合理。

第三,思维方式转型。课程改革中会遇到各种各样的关系,如果用二元对立的思维方式,就会格格不入,很难处理,而如果从实际出发,采用对立统一和多元化的思维方式,就能很好处理,相得益彰,相辅相成。例如,处理分科与综合科的关系,采用分合统一,就能使学生既看到树木又能看到树林,扩大视野,提高解决问题的能力。又如,继承与创新的关系,我们继承了传统的课外活动,"一期课改"将它创新为活动课程和研究性活动课程,"二期课改"又创新成为研究(探究)型课程。

第四,工作策略转型。课程改革是一件极其重要又极其复杂的事情,由于存在学校差异、师生差异、条件差异、发展水平差异等,工作策略不能整齐划一、齐步走,否则可能只看形式不抓本质。课程改革中的工作策略要转型:理念转变要贯彻在过程中和行动中;从学校实际出发,逐步校本化、精细化;抓典型,以点带面,逐步深入、扩大和提升;鼓励改革、开放、对话和研讨;反馈要及时,调整要适时等。

第五,顶层设计与实践创新相配合。不打无准备之仗,凡事预则立,要预先调查研究和谋划布局。"一期课改"花了一年时间到全国 19 个大城市进行调查研究,又花了一年时间进行顶层设计;"二期课改"花了一年时间进行发展趋势和对策研究,以及两门重点课程研究试验,又花了一年时间制定课程方案和各门课程改革的行动纲领,在此基础上再进入课程方案和课程标准的编制。当然,顶层设计再好、再有创新,它毕竟是纸上的、主观的和理想的东西,必须有实践创新的配合,有基层创新的配合。如果还是用老观念、老习惯、老方法,实践证明是不会有好结果的,改革就会失败,英语和小学低年级语文课程改革就曾经有过教训和经验。实践出真知,基层最有创造力。用新设计指导实践,以实践创新丰富和修改设计,上下配合和互动,有效地促进了课程改革的突破,提升了课程的质量。

第六,课程理念和课程目标的提升。课程理念和课程目标是课程和课程改革的灵魂,影响课程和课程改革的方向。不同的理念决定不同的课程和课程体系,有知识教育和应试教育的理念,就有知识和应试的课程和课程体系,而素质教育和"以学生发展为本"的理念决定了应当建立培育学生的基本素质和健康个性,为学生的终身发展奠基的课程和课程体系。

第七,课程结构多元化。课程结构是课程理念和目标的体现和物化。课程结构架构好了,课程改革和课程体系就能立于不败之地。课程结构多元化是上海课程结构的突破和特色,活动课程和研究(探究)型课程是上海课程结构的创新和亮点。一期课程结构从课程性质出发分为"三大板块",二期课程结构进一步提升,从课程的育人功能出发分为"三类型课程",更有利于完善学生的学习方式,拓展学习时空,加强学生的德性、社会责任感、创新精神和实践能力,健全人格;还提出义务教育"九年一贯、五四分段""高中教育二一分段或三年一贯"的纵向格局,使课程结构更符合学生的生理和心智发展的规律。

第八,实行课程方案和课程标准。从原来的教学计划和教学大纲改革成为今天的课程方案和课程标准,这是一大突破。新中国成立后,教学计划和教学大纲是全国所有学校统一的,教学只侧重内容、要求、方法和安排,而且比较简单,不易操作;上海从"一期课改"开始就将教学计划和教学大纲改成课程方案和课程标准,方案和标准是学校编制校本化的课程计划和学科教学基本要求的依据,由此加强了学校的办学自主权、学生的自主性和选择性,能使学校办出特色,学生发展个性。

第九,教师亲身投入课程改革实践,获得专业发展。教师是课程改革成败的根本。师范大学毕业生只能打下专业基础,在职教师光靠听报告是远远不够的。课程改革中采取各种措施提高教师的专业水平,但最根本的是教师要有爱心、责任心,靠自己在教学实践中亲身体验、感悟和反思,师傅带徒弟,自己静心教学、潜心钻研,加上校本教研的同伴互助和专家指导,假以时日必有长进。

第十,课程与信息技术融合。信息化是课程现代化的突破口。课程信息化不仅跟理念、师资、设施、技术有关,还跟互联网、计算机智能化水平有关。上海1982年就开始试验计算机课程、教材和课堂教学,20世纪80年代末通过等级考试实现高中生普及计算机教学,90年代实现初中生普及计算机教学,21世纪初实现小学生普及计算机教学;教师通过职称评定考试,逐步普及了计算机技术;20世纪90年代开始试验局域网,建设“校校通”,开发应用软件,计算器进入高考考场,图形计算器进入课堂。这些举措为课程信息化打下很好的基础。1998年“二期课改”开始,提出的三大课题是德育为核心、创新精神和实践能力为重点、信息化带动课程现代化。21世纪初开始,随着互联网、各种传感器、计算器、iPad、智能手机、电子书包,以及数字化技术、云计算和大数据等的介入,信息化程度从辅助教学和管理,逐步向课程内容、教学方式和科学实验的渗透、融合和突破。当然,距离教育信息化和课程现代化的要求还相差甚远。

上述十点突破和转型离党和国家的要求还有一定的差距,还有很多问题和薄弱环节有待解决和落实。

上海市是国家教育综合改革实验区,也是国家高校招生考试改革实验区。上海市深化课程改革正在进行时,在教育部和上海市人民政府的领导下,深化课程改革必将有更多突破、创新和发展。

参考文献

［英］A. V. Kelly. 课程理论与实践［M］. 吕敏霞, 译. 王斌华, 审校. 北京: 中国轻工业出版社, 2007.

［美］阿尔弗雷德·D. 钱德勒, 等. 信息改变了美国驱动国家转型的力量(第2版)［M］. 万岩, 等, 译. 上海: 上海远东出版社, 2011.

陈侠. 课程论［M］. 北京: 人民教育出版社, 1989.

［英］丹尼斯·劳顿, 等. 课程研究的理论与实践［M］. 张渭城, 等, 译. 北京: 人民教育出版社, 1985.

［英］菲利浦·泰勒, 等. 课程研究导论［M］. 王伟康, 等, 译. 北京: 春秋出版社, 1989.

关于成立上海市中小学教材审查委员会的通知(沪教委基〔1998〕34 号).

关于上海市中小学课程教材编写、审查、征订等工作的规定(沪教委基〔1999〕15 号).

何东昌等对上海中小学课程教材改革的肯定与希望(上海中小学课程教材改革委员会简报第内一期, 1991 年 4 月).

关于印发《关于上海市普通高级中学研究型课程的实施指导意见(试行)》的通知(沪教委基〔2000〕68 号.

国家教育委员会教育发展与政策研究中心, 等, 编. 世界中等教育发展与改革的趋向［M］. 北京: 人民教育出版社, 1987.

国务院关于基础教育改革与发展的决定(国发〔2001〕21 号).

胡瑞文, 等. 一流城市一流教育［M］. 上海: 上海教育出版社, 2002.

［英］怀特海. 教育的目的［M］. 徐汝舟, 译. 北京: 生活·读书·新知三联书

店,2002.

黄济.教育哲学[M].北京:北京师范大学出版社,1985.

基础教育课程改革纲要(试行)(2001年6月8日颁布).

靳玉乐,等.课程研究方法论[M].重庆:西南师范大学出版社,2000.

[美]拉尔夫·泰勒.课程与教学的基本原理[M].施良方,译.瞿葆奎,校.北京:人民教育出版社,1994.

[英]劳伦斯·斯坦豪斯·宾特雷伊.课程研究与课程编制入门[M].诸平,等,译.北京:春秋出版社,1989.

联合国教科文组织.学会生存——教育世界的今天和明天[M].华东师范大学比较教育研究所,译.北京:教育科学出版社,1996.

刘楚明.教育辩证法(第2版)[M].北京:教育科学出版社,2001.

吕达.课程史论[M].北京:人民教育出版社,1999.

吕立杰.课程政策制定过程的特征与本质[J].课程·教材·教法,2007,27(8).

《普通中学课程改革的研究与试验》总课题组综合组.世界中学课程设置博览[M].长春:吉林教育出版社,1989.

秦龙.马斯洛与健康心理学[M].呼和浩特:内蒙古人民出版社,1998.

上海市教育委员会.上海市普通中小学课程方案(试行稿)[S].上海:上海教育出版社,2004.

上海市教育委员会.上海市中小学语文课程标准(试行稿)[S].上海:上海教育出版社,2004.

上海市教育委员会关于进一步加强上海市中小学教材审查工作的若干意见(沪教委基〔2007〕14号).

上海市教育委员会教学研究室.课程教材改革专题研究论文选(1992—1997)[M].上海:上海市新闻出版局内部资料准印证(97)109号,1997年5月.

上海市教育委员会教学研究室.学科育人价值研究文丛[M].上海:上海教育音像出版社,2013.

上海中小学课程教材改革委员会,上海市教育委员会教学研究室.面向21世纪中小学新课程方案和各学科教育改革行动纲领(研究报告)[M].上海:上海教育出版社,1999.

上海中小学课程教材改革委员会办公室.教材编制指南[M].上海:上海教育出版社,2001.

上海中小学课程教材改革委员会办公室.上海中小学课程教材改革专辑[M].上海:上海教育出版社,1990.

上海中小学课程教材改革委员会办公室.上海中小学课程教材改革专辑 1[M].上海:上海教育出版社,1990.

上海中小学课程教材改革委员会办公室.上海中小学课程教材改革专辑 2——九年制义务教育使用教材简介[M].上海:上海教育出版社,1990.

上海中小学课程教材改革委员会办公室.上海中小学课程教材改革专辑 5——各学科新教材编写工作总结汇编[M].上海:上海教育出版社,1990.

上海中小学课程教材改革委员会办公室.全日制高级中学课程标准(草案)[S].上海:上海教育出版社,1991.

上海中小学课程教材改革委员会办公室.全日制九年制义务教育课程标准(草案)[S].上海:上海教育出版社,1991.

石筠弢.我国基础教育课程政策发展变化的历史轨迹[EB/OL].图书质量管理规定(新闻出版总署令第 26 号,2004 年发布).

吴增强,高国希.上海市中小学生生命教育研究[M].上海:上海教育出版社,2006.

[美]小威廉姆·E.多尔.后现代课程论[M].王红宇,译.北京:教育科学出版社,2000.

薛明扬.勇攀高峰上海课程改革十年精华[M].上海:华东师范大学出版社,2011.

尹后庆.见证变革——站在上海基础教育转折点上[M].上海:上海教育出版社,2014.

于海.上海学生民族精神教育研究报告[M].上海:上海教育出版社,2006.

[美]约翰·D.麦克尼尔.课程导论[M].施良方,等,译.沈阳:辽宁教育出版社,1990.

[英]约翰·怀特.再论教育目的[M].李永宏,等,译.励达广,等,审校.北京:教育科学出版社,1997.

中共中央国务院关于深化教育改革全面推进素质教育的决定(1999 年 6 月

13 日).

中小学教材编写审定管理暂行办法(教育部令第 11 号).

中小学教科书幅面尺寸及版面通用要求(中华人民共和国国家标准GB/T18358－2009).

钟启泉,崔允漷,张华.为了中华民族的复兴,为了每位学生的发展[M].上海:华东师范大学出版社,2001.

钟启泉.课程的逻辑[M].上海:华东师范大学出版社,2008.

钟启泉.现代课程论[M].上海:上海教育出版社,1989.

周林东.科学哲学[M].上海:复旦大学出版社,2005.

朱慕菊.走进新课程——与课程实施者对话[M].北京:北京师范大学出版社,2002.

后　记

在完稿之际写后记，我们首先想到的是要衷心感谢这 25 年来一批又一批亲身参与课程改革的各级领导、专家、师生和家长们，没有他们的悉心领导、认真指导、努力实践、积极支持和无私奉献，就没有上海课程改革的今天。至今，这些动人情景还历历在目，这些至深情感我们铭记在心，我们在书中无法一一列出，怕挂一漏万，在此深表歉意。

正因为如此，我们迟迟不敢接受《上海教育丛书》编委会领导夏秀蓉和刘期泽先生交给的这个光荣而艰巨的任务。推了两年，2013 年我们更老了，才感到责无旁贷，勇敢挑起了这副担子。经过两年多的策划、拟定提纲、收集资料、撰写文稿、听取意见，不断修改，几易其稿，终于完成任务，如释重负，也算了却著名教育家吕型伟先生生前的心愿和重托，以告慰他的在天之灵。

这本书定名为《上海课程改革 25 年（1988—2013）》，是因为 2013 年上海课程改革刚好进入课程调整、修订和深化改革阶段，从 1988 年算起，刚好走过 25年。写书是想通过实践的回顾和介绍，达到几个目的：一是普及为什么要进行课程改革、怎样进行课程改革和课程改革的效果；二是警示在课程改革中要重视什么和突出什么；三是呼应深化课程改革。书的主题定为素质教育的上海课程改革。本书内容，围绕课程开发分成六个章节展开，体现课程改革的整体性，两期课改一脉相承与深化；反映上海课程改革的历史，有概括，有事实，有案例；体现课程改革的突破、特点、亮点和创新，而不是全面总结。本书的呈现方式，采用主题语与课程改革专业用语相结合，即每一章正标题采用主题语，副标题采用专业用语，每一章有章首语介绍中心内容。

我们要特别感谢在成书过程中，丛书编委会执行主编夏秀蓉、主编尹后庆、编委宋旭辉和仇言瑾的多次研讨、指导和审查,尊敬的老领导袁采、张民生的悉心指导,上海市教委教研室叶伟良副书记和课程教材研究部许琳主任的帮助,以及金京泽、王月芬、张新宇、韩艳梅四位博士的修改,上海教育出版社社长贾立群、社老领导包南麟、副社长刘芳、心理学编辑室副主任谢冬华和全国职业教育中心主任宁彦锋等在编辑出版方面的具体指导或帮助。对于我们使用的参考文献的作者,我们也要表示深深的谢意。没有他们,我们将难以顺利出书。

我们是长期亲历上海课程改革的本书作者,孙元清和徐淀芳共同负责策划、统稿、结语和后记,孙元清负责第一章、第二章,张福生负责第三章,赵才欣负责第四章、第五章和第六章。

上海课程改革25年,时间跨度很大,科技和教育的发展又很快,有的概念和提法可能陈旧了,有些问题还没有很好解决和落实。但是,我们反映历史事实,相信我们的课程改革方向、课程理念、课程结构和课程改革实践的一些策略及做法等还是有所突破和创新的,期望本书对深化课程改革有所参考和帮助。当然,限于我们的水平,书中可能还存在不足或错误,敬请读者和专家不吝批评和指正。

孙元清　徐淀芳　张福生　赵才欣

于上海

2015 年 12 月 11 日

图书在版编目（CIP）数据

上海教育丛书：典藏版.综合卷 / 上海教育丛书编
辑委员会编. — 上海：上海教育出版社，2023.8
ISBN 978-7-5720-2197-8

Ⅰ.①上… Ⅱ.①上… Ⅲ.①地方教育 – 基础教育
– 教育改革 – 上海 – 丛书 Ⅳ.①G639.2-51

中国国家版本馆CIP数据核字(2023)第234567号

总 策 划　缪宏才
执行策划　刘　芳
统　　筹　公雯雯
责任编辑　谢冬华　贾立群
整体设计　陆　弦